Exilliteratur

Joseph P. Strelka

Exilliteratur

Grundprobleme der Theorie
Aspekte der Geschichte und Kritik

Peter Lang
Bern · Frankfurt/M.· New York

CIP-Kurztitelaufnahme der Deutschen Bibliothek

Strelka, Joseph:
Exilliteratur: Grundprobleme d. Theorie,
Aspekte d. Geschichte u. Kritik / Joseph P.
Strelka. – Bern; Frankfurt/M.; New York:
Lang, 1983.
ISBN 3-261-03250-2

ISBN 3-261-03250-2

© Verlag Peter Lang AG, Bern 1983
Nachfolger des Verlages
der Herbert Lang & Cie AG, Bern

Druck:Lang Druck AG, Liebefeld/Bern

„Der wichtigste Teil unserer Freiheit, die innere Freiheit, liegt immer in unserem Willen. Wenn wir sie der Korruption überlassen, verdienen wir nicht den Namen Mensch."

Alexander Solschenizyn

Inhaltsverzeichnis

VORWORT

Mehr als fünfzehn Jahre Beschäftigung mit Exilliteratur haben sich schließlich in diesem Buch als eine Art Brennpunkt niedergeschlagen. Es spiegelt die Tatsache wieder, daß der quantitativ größte Teil dieser Beschäftigung der deutschen Exilliteratur seit 1933, das heißt den Werken von Autoren gewidmet war, die aus Hitlerdeutschland vertrieben wurden oder geflohen waren. Abgesehen von den Werken einiger besonders bedeutender Autoren erweist sich dieses Gebiet trotz einer bereits gegebenen, relativ großen zeitlichen Distanz und trotz der Tatsache, daß die Beschäftigung mit diesem Gegenstand seit der Mitte der Siebzigerjahre zu einer Art Modeerscheinung wurde, als überraschend unerforscht. Die vergleichsweise wenig zahlreichen, ernsthaften und bedeutenden Beiträge zur wissenschaftlichen Erfassung wurden fast durchwegs in die folgenden Beiträge zur Theorie eingearbeitet.

Obwohl die Beschäftigung mit der deutschen Exilliteratur seit 1933 den breitesten Raum einnahm, ist es doch nicht ausschließlich dieses Phänomen, das hier zur Sprache kommt und deshalb lautet der Titel *Exilliteratur* im allgemeinen. Zur Erfassung spezifischer Eigenheiten der Exilliteratur, die sich von nicht im Exil geschriebener Literatur unterscheiden, erweist es sich als überaus fruchtbar, zur altbewährten vergleichenden Methode der Komparatistik zu greifen, weshalb denn ein Kapitel weiter ausgreift und als Beispiele Werke verschiedener Literaturen und Zeiten nebeneinanderstellt.

Außerdem wurde hier vor allem auch dem Umstand Rechnung getragen, daß es neben der längst zum historischen Phänomen gewordenen Literatur der Exilanten aus Hitlerdeutschland seit 1933 ein paralleles Thema von geradezu brennender Aktualität gibt, nämlich die zweite und neue deutsche Exilliteratur der Flucht aus dem Osten seit 1947. Ein erster, skizzenhafter Entwurf einer zusammenfassenden

Überschau über die bisherige Entwicklung dieser Erscheinung sowie die kritische Auseinandersetzung mit einem der bedeutendsten literarischen Ergebnisse dieser neuen deutschen Exilliteratur, mit Peter Huchels Gedichtband *Die Neunte Stunde*, gehören zu den wichtigsten Beiträgen dieses Buches. Nicht nur, weil damit ein Thema angeschlagen wird, das im Unterschied zum vorherigen weit davon entfernt ist, allgemeine, auch nur einigermaßen hinreichende Beachtung zu finden, geschweige denn eine Modeangelegenheit geworden zu sein, sondern weil durch Einbeziehung dieses weitaus aktuelleren Themas in einer weitaus allgemeineren, umgreifenderen Weise der Einsatz, die Bedeutung und die Größe jener aufrechten Autoren sichtbar wird, die in zeitloser Weise ungeachtet aller widrigen Umstände, ja aller Unterdrückung und Verfolgung, für Freiheit und Menschlichkeit einstehen.

Schließlich sei noch ein klärendes Wort zur Anlage der zwölf Aufsätze oder Kapitel gesagt, von denen sich je vier mit Problemen der Theorie, der Geschichte und der Kritik der Exilliteratur beschäftigen. Da alle drei dieser grundlegenden Zweige der Literaturwissenschaft nur dann zu fruchtbaren Ergebnissen führen, wenn sie nicht steril um ihrer selbst willen betrieben werden, sondern einander sinnvoll ergänzen, versteht es sich von selbst, daß es stellenweise zu Überlagerungen und Überschneidungen kommen muß. Wie es bei der riesigen Fülle der Werke der Exilliteratur auch in der Natur der Sache liegt, daß gewisse theoretische Voraussetzungen zur Gänze diskutiert werden können, während das Anstreben ebensolcher umfassender Totalität im Fall der Geschichte wie der Kritik zu einem Werk von zwölf Bänden anstatt von zwölf Kapiteln führen müßte. Bei dem gegebenen engen Raum eines schmalen Bandes kann es sich darum im Fall der Geschichte und Kritik lediglich um die Behandlung einzelner, wenngleich idealtypischer Beispielsfälle handeln.

Im Fall der Geschichte geht es dabei um das Aufzeigen bestimmter Grundstrukturen einerseits, was bei der gebotenen Knappheit die Gefahr eines Zusammenstellens von Autorennamen oder Werktiteln in kondensiert dargestellten überindividuellen Entwicklungsstrukturen führt, andererseits um das Aufzeigen der Möglichkeit, ja Fruchtbarkeit, mehrere Perspektiven nebeneinander zu stellen. Letzteres Bestreben ist im vorliegenden Fall im absichtlichen Nebeneinanderstellen einer Betrachtung spezifischer Eigenheiten des deutschen Exilromans nach 1933 allein und für sich einerseits und der Zusammenschau dieses Exilromans mit dem deutschsprachigen Roman der in Deutschland verbliebenen Autoren andererseits exemplifiziert.

Im Fall der Kritik vollends kann es nur um einzeln herausgegriffene Einzelbeispiele und Modelle gehen, und sind die behandelten Namen fast beliebig austauschbar. Allein es wurde versucht, insofern einen allgemeinen und über die Einzelbeispiele hinausreichenden Beitrag zu leisten, als zunächst das Werk von drei Autoren zur Betrachtung gewählt wurde, die verschiedene Stufen des Etabliertseins ihrer Autoren vertreten, ehe diese ins Exil gingen. Denn es ist zweifellos vor allem dieses Kriterium, das über die Chancen einer relativ frühen, ja oft überhaupt einer Möglichkeit der Rezeption der Werke innerhalb des deutschsprachigen Raums nach Kriegsende entschied. Im vierten Fall wurde ein einziger Gedichtband eines Autors als Gegenstand gewählt, der lange nach Ende des Zweiten Weltkriegs aus dem Osten in den Westen floh, wobei nicht nur die hohe Qualität des Werkes Anlaß für seine Wahl war, — es gäbe sehr viel mehr bedeutende Werke dieser Art — sondern auch der Umstand, daß in diesem Gedichtband viele Züge sichtbar werden, die sich ebenso in charakteristischer Weise in den Werken der früheren Exilwelle von Autoren finden, die Hitlerdeutschland verlassen hatten, vom besonders entwickelten Formbewußtsein bis zur Hinwendung zum Religiösen, oder im weitesten Sinn des Wortes Platonischen. Ohne sofort gewaltsame und „gesetzmäßige" Regeln daraus ableiten zu wollen, scheint dieses Beispiel doch in die Richtung auf die Möglichkeit des Hinneigens zu bestimmten Grundformen der literarischen Exilreaktionen hinzudeuten und weist damit unausgesprochen auf manches am Beginn dieses Buches mit seinen Ausführungen über die Theorie zurück, wodurch sich die Darstellung des Ganzen in gewissem Sinn schön abrundet.

I.

GRUNDBEGRIFFE DER THEORIE

Was ist Exilliteratur?
Zur deutschen Exilliteratur seit 1933

Eine Flut von Arbeiten über Exilliteratur bestätigt deren Wichtigkeit ebenso wie ein Blick auf den vor dem zweiten Weltkrieg erstellten Übersetzungsindex bereits damals ihre weltliterarische Bedeutung erhellt: Unter den fünfzehn meistübersetzten deutschen Autoren der Jahre 1933-38 befinden sich nicht weniger als elf Exilschriftsteller.[1] Was Heinrich Mann schon 1934, am Beginn der Entwicklung ausgesprochen hatte, nämlich daß das Exil „menschliche Werte von höherem Lebenswert" enthalte, „als alles, was in dem niedergeworfenen Land sich breitmachen darf"[2] beginnt in zunehmender Weise in das Bewußtsein der literarisch Interessierten einzudringen.

Eine genauere Begriffsbestimmung indessen, von dem, was diese wichtige Exilliteratur eigentlich ist, wurde nicht allzu oft und zudem seit jeher fast stets mit dem resignierenden Schluß versucht, daß es schwierig, wenn nicht unmöglich sei, zu einer klaren und eindeutigen Klärung und Abgrenzung zu gelangen. Die Einsicht in die Schwierigkeiten einer solchen Begriffsbestimmung findet sich bereits in den ersten Diskussionen darüber, in der Frühzeit des Exils, besonders deutlich etwa in Ludwig Marcuses Beitrag dazu im *Neuen Tage-Buch*[3], und sie reicht bis zu gegenwärtigen Versuchen einer literaturwissenschaftlichen Bestandsaufnahme von Manfred Durzak bis Michael Winkler.[4]

Die Schwierigkeiten einer klaren Begriffsbestimmung und Abgrenzung liegen dabei nicht nur in der Heterogenität und Komplexität des geschichtlichen Phänomens dieses Exils und seiner Literatur begründet, sondern reichen darüber hinaus in allgemeine Unsicherheiten und Ungenauigkeiten der allgemeinen literaturwissenschaftlichen Methodologie überhaupt. Denn das Grundwort des Kompositums Exil-Literatur, das Wort Literatur, scheint bereits Schwierigkeiten zu bereiten.

Tatsächlich wurde ernsthaft vorgeschlagen, nicht nur die sogenannte „schöne Literatur", sondern auch politische und wissenschaftliche Literatur einzubeziehen, eine Entgleisung, der bereits Manfred Durzak entgegengetreten ist.[5]

Selbst wenn aber der Begriff Literatur auf den üblichen Gegenstand der Literaturwissenschaft beschränkt wird, kann in diesem wie in anderen Fällen diese Literatur von verschiedenen Perspektiven her betrachtet werden: etwa als reines Material und historisches Dokument von der Perspektive einer rein fachhistorisch orientierten Exilgeschichte oder „interdisziplinär" gesehener „Exilforschung". Dies ist für den Historiker ebenso legitim, wie es für den Literaturwissenschaftler irrelevant, nein, mehr noch: eine unzulässige Reduktion und irreführend ist.

Aber auch wenn das Problem des Grundwortes Literatur gelöst und wenn diese Literatur nicht nur als solche verstanden, sondern auch literarisch gesehen wird, bleibt noch das Problem des Bestimmungswortes „Exil-" ungelöst. Die Fragen nach der Intention des Verbannenden oder des Verbannten als Bestimmungsfaktor, nach sogenanntem „freiwilligem" und „unfreiwilligem" Exil, nach der Zulässigkeit der Einengung auf den politischen Sektor als Motivation und noch andere erheben sich hier.

Nach Hermann Kesten ist der „Schritt ins Exil ein politischer Akt"[6]. Helmut Müssener unterscheidet zwischen „politischen, weltanschaulichen, rassischen oder religiösen Gründen".[7] Beide Ansichten schließen einander nicht aus. Der ursprüngliche Anlaß war zweifellos ein politischer, nämlich die Errichtung der Hitler-Diktatur. Die Motivation, ins Exil zu gehen, war verschieden, und man mag noch andere Gründe als die von Müssener genannten hinzufügen. Aber da der Anlaß ein politischer war, so war wohl auch die Antwort der Wahl oder des Schicksals des Exils darauf ein „politischer Akt", aus welchen Gründen immer er vollzogen wurde. Der politische Totalitätsanspruch des neuen Staates erwies sich als zwingender als die jeweiligen Intentionen der einzelnen Exilautoren.

Im grauen Altertum — wie bei manchen primitiven Stämmen noch heute — bedeutete Exil den mehr oder weniger unmittelbaren physischen Tod des Exilierten, sei es in der Wildnis, sei es als vogelfreier Fremder unter einem fremden Stamm. Im übertragenen Sinn zumindest ist es dabei geblieben und gilt das Wort des bereits im moderneren römischen Imperium nach Pontus verbannten Ovid, „Das Exil ist der Tod" bis heute.

Für die aus Hitlerdeutschland geflohenen Autoren konnte das Exil aber noch immer nur allzu leicht den physischen Tod bedeuten: direkt wie im Fall von Georg Hermann oder Fritz Heymann, die gefangen wurden, als ihre Gastländer fielen und die in Konzentrationslagern ermordet wurden oder aber indirekt: denn wie freiwillig war der „Freitod" eines Ernst Weiss, eines Hasenclever, eines Stefan Zweig?

Um wieviel mehr bedeutete das Exil den Tod im übertragenen Sinne, im Sinne Ovids? Hermann Kesten hat einmal geschrieben: „Der Großteil der emigrierten Dichter ist tot. Im Exil stirbt man doppelt schnell, als Person und als Figur". Und er fügt dem noch einen Zusatz über Nachleben oder Tod der Werke nach der Autoren Tod hinzu: „...die Dichter, die im Exil sterben, sind meist ganz verschollen, ausgerottet, allzuoft mit ihren Familien und Verlagen, ihre Bücher wurden verbrannt oder nicht mehr gedruckt... Die Totenrichter der Exil-Literatur sitzen meist in der Heimat".[8]

Auch die Rückkehr eines Exilautors wie Ernst Glaeser aus dem Exil nach Hitlerdeutschland – ähnlich der Rückkehr Maxim Gorkis 1928 in die Sowjetunion – war bestimmt zumindest teilweise, wenn nicht hauptsächlich von dem Aspekt der Flucht vor solchem Tod im Exil in das Leben der Heimat und war bestimmt nicht ausschließlich vom opportunistischen Vorziehen eines bequemeren Lebens und der Vermeidung der Exil-Strapazen diktiert.

Aber wie so vieles im Zusammenhang mit Leben und Dichtung im Exil ist auch dieser Todesaspekt paradox. Nicht nur entstand aus solcher Konfrontation mit dem Tod vieles dichterisch Bedeutendes für das Leben. Es ist wohl auch kein Zufall, daß gerade ein Exilautor aus dem Staat, der soziologisch gesehen die erste Vorform moderner totalitaristischer Massendiktatur war, aus dem Frankreich Napoleons III., über seine Tür schrieb: „Das Exil ist das Leben". Denn für den Autor ist das angenehmste, physische Leben in der Stickluft der Unfreiheit des modernen Totalitarismus tödlicher als Elend und Tod in einem freien Gastland des Exils.

Was also ist das Exil? Ist es der Tod oder das Leben oder aber beides? Matthias Wegner, einer der ersten, der das Problem von literaturwissenschaftlicher Seite her in Angriff nahm, stellte bereits fest, daß es eine allgemein verbindliche „Emigranten-Ideologie" nicht gab, selbst wenn einzelne, voneinander verschiedene Gruppen-Ideologien existierten.[9]

Wenn es Aufsätze zu einer einheitlichen gemeinsamen geistigen oder politischen Haltung im deutschsprachigen Exil seit 1933 gab, dann höchstens vom Negativen her: in der Ablehnung Hitlers und allem was direkt oder indirekt für ihn stand oder zu stehen schien, selbst wenn es ein Exilautor war wie Ernst Lissauer, der dadurch doppelt tot war: tot in der Heimat und tot im Exil.[10]

Wenn es Ansätze zu einer einheitlichen gemeinsamen geistigen oder einzelne Gruppen-Ideologien, dann, könnte man vielleicht annehmen, wäre hier der richtige Punkt um anzusetzen. Nun sind solche Gruppen oftmals eng verbunden mit bestimmten Grundtypen, und die Frage nach einer Typologie des deutschsprachigen Exils ist wiederholt gestellt worden.

Bereits 1937 hat Erich Stern, unabhängig von allen literarischen Problemen, eine Typologie der deutschen Emigranten entworfen. Er hat den beiden extremen Erscheinungen des Heimweh- und des Anschluß-Typus einen dritten, zwischen diesen beiden Möglichkeiten ausgleichenden Typus gegenübergestellt und hat diese grundsätzliche Dreiergruppe durch Hinzufügen von vier weiteren Typen weitergehend differenziert: den egozentrisch Isolierten, den heiter Resignierten, den Hasser und den Schmarotzer.[11] Besonders fruchtbar erweist sich wohl der Ansatz der ersten drei Typen, wobei jedoch ein Blick auf die Exilliteratur lehrt, daß sie nichts weniger als statisch sind, sondern daß sich da große Entwicklungen vollziehen können. Der Verlust des alten und Kampf um einen neuen Lebensraum sind jedenfalls allgemein verbindliche Merkmale des Exils überhaupt.

Mehr politisch soziologisch ist der Ansatz zu einer Exilanten-Typologie Hermann Kestens. Da ist jener, der an der Spitze der feindlichen

16

Armee die Heimat erobert, und jener, der die Revolution in die Heimat trägt. Da ist der Typus, der als friedlicher Bürger heimkommt und da ist jener, der nie heimkehrt.[12] Wenn man aus dem Heerführer einen simplen Armeeangehörigen macht, finden sich alle vier Typen unter den Autoren der deutschen Exilliteratur vertreten, ohne daß mit einer solchen Einteilung literaturwissenschaftlich das geringste gewonnen wäre.

Bliebe noch der Ansatz zu einer Typologie von Matthias Wegner, der von vier bestimmten Autoren als Beispielsfällen ausgeht und der vor allem auf die Erfassung der psychologischen Reaktionsweisen hinzielt und nicht auf die literarischen.[13]

Bei aller möglichen Fruchtbarkeit durch weitere Ausbildung und Anwendung derartiger Typologien wäre es natürlich von noch größerer Wichtigkeit, allgemein Merkmale oder wohl sogar noch Typologien zu finden, die sich auf den eigentlichen Gegenstand der Literaturwissenschaft beziehen, auf die Literatur selbst und nicht auf die Autoren.

Eine der ersten und bis jetzt fruchtbarsten Arbeiten über eine Typologie von Exilthemen von Werner Vordtriede nennt als erstes Thema das Heimwehthema und findet innerhalb dieses Themas besonders die Topoi der Krankheit und des Todes von besonderer Wichtigkeit. „Die erste Verbannte ist Persephone", schreibt er, „aus dem Totenreich sehnt sie sich ewig nach ihrem Frühling zurück".[14] Sodann nennt er als das zweite große, typische Thema das Bestreben, die alte Kulturtradition der Heimat in der Fremde fortzusetzen, nennt Exilparodie und Exilkomik und nicht zuletzt das Thema des Hasses, die sich indessen weitgehend diesem zweiten großen Thema unterordnen.

Wolfgang Frühwald findet, daß weder das Flucht- und Reisethema, noch die „Kampfliteratur", noch der historische Roman, das Thema des Spanienkrieges oder der Memoirenliteratur die deutsche Literatur ähnlich tief beeinflußt hat wie ein einziges Hauptthema, nämlich „die Auseinandersetzung um List, Mut und Überwindung der Angst", oder, wie er die Verbindung aller Topoi mit diesem Thema zusammenfassend betitelte: „Odysseus wird leben".[15]

Als ich einmal versuchte, grundlegende thematische Topoi der Exilliteratur zusammenzustellen, da reichte deren Kette vom Topos des

Exils selbst über die Utopie bis zum Thema der Infragestellung von Möglichkeit und Sinn der Dichtung überhaupt in einer Krisenzeit wie jener während des zweiten Weltkriegs.[16]

So sehr solche Betrachtungen und Zusammenstellungen das Verständnis in der Exilliteratur vertiefen können, so wenig sind sie imstande, feste und verbindliche Grenzziehungen herzustellen.

Nun wurde neben der Frage nach Thematik und Gehalt auch bereits wiederholt die Frage nach spezifischen Formstrukturen der Exilliteratur gestellt, eine Frage, die allgemein vom Dichtungsästhetischen her gesehen, mehr ins Zentrum zielt, als irgendeine andere.

Bei allen selbstverständlichen Einschränkungen, denen derartige typisierende Generalisierungen auf dem Gebiet der Literaturgeschichte überhaupt unterliegen, ist es überraschend, welche Ergebnisse Theodor Ziolkowskis Untersuchung der Verwendung des Sonetts in der Lyrik des Exils und der inneren Emigration zu Tage förderte.[17] Er hat überzeugend dargelegt, daß das Sonett als Form in unüblich häufiger und nachhaltiger Weise in der Exilliteratur gepflegt wurde und daß die deutliche Hinwendung zu dieser lyrischen Gestaltungsweise nicht so sehr um der ästhetischen Form an sich willen, sondern um der ästhetischen Idee der Form willen sich vollzog. Das strenge Formprinzip des Sonetts verkörperte wenngleich einen äußerlichen, so doch weitgehend durch die Tradition gesicherten Halt im Chaos der Wertauflösung der Zeit. Mehr noch in der 'inneren Emigration' als im Exil fand Ziolkowski, wie die ethische Idee der Form, die sich im Sonett konkretisiert, sozusagen selbst zum Thema des Protests gegen den Verfall der Zeit wird.

Über die äußere Form des Strophenprinzips hinaus und in differenziertere Schichten des Stils reicht Klaus Weissenbergers Versuch, eine Typologie der Exillyrik zu erstellen.[18] Er geht dabei von der praktischen Anwendung von Walter Muschgs gattungstheoretischen Grundbegriffen magischer, mythischer und mystischer Dichtung aus und gelangt zu Ergebnissen, die jenen der Untersuchung Ziolkowskis auf der Ebene der Form durchaus parallel sind: Für den ursprünglich „magisch" verfahrenden Lyriker, der im Exil in überraschend hohem Ausmaß zur „mythischen" Haltung überwechselt,

18

geschieht dies aus der Motivation heraus, einen inneren Halt zu gewinnen. Die größten Exildichter allerdings, findet Weissenberger, wenden sich nicht der „magisch-mythischen" Kompromißlösung zu, sondern einer „mystischen" Haltung, die eine echte Analogie zur Bewußtseinshaltung der Exildichter darstellt.

Den Versuch einer vereinfachenden Typologie des Exilromans habe ich einmal aufzustellen unternommen[19], indem ich zweierlei Typen direkt zeitbezogener zwei andere Grundtypen nur indirekt zeitbezogener Exilromane gegenübergestellt habe, denn überhaupt nicht zeitbezogene Romane gibt es in der Exilliteratur noch weniger denn sonst. Dabei stellte sich heraus, daß von der Perspektive der äußeren Gestaltungsform her gesehen, sich ebenso Beispiele dafür finden lassen, daß frühere Vertreter gesprengter oder offener Romanstrukturen im Exil zu formstrengen Gestaltungsformen übergingen — was eine Parallele zu Ziolkowskis Beobachtungen in der Lyrik darstellt — wie auch umgekehrt Fälle auftreten, in denen frühere Vertreter formstrenger Romanstrukturen diese alten Formen im Exil zu sprengen beginnen. Gewiß ist es mitunter nicht nur schwierig, sondern nahezu unmöglich, zu entscheiden, ob derartige Änderungen und Entwicklungen auf rein innerlich individuelle Transformationen in der Autorenpersönlichkeit zurückgehen oder ob sie mit dem Wechsel der sozialen Umwelt und besonders dem Einfluß der Exilsituation zusammenhängen. Dennoch scheint auf dem Gebiet des Romans vieles dafür zu sprechen, daß sich eher Parallelen zu jener Entwicklung nachziehen lassen, die Weissenberger, als jener, die Ziolkowski in der Lyrik gefunden hat.

Es mag aber auch sein, daß die Gesamtsituation auf dem Gebiet des Romans etwas komplexer und differenzierter liegt und daß sich die Romanautoren an zwei verschiedenen Formstrukturen der Vor-Exilzeit orientierten: an der einen geschlossenen, durchkomponierten, erzählerischen Fabel und an jener anderen, die vielleicht nur auf den ersten Blick oder nur anscheinend gesprengt und offen erschien und die jene Form des nach-joyceschen Romans kennzeichnet, dessen Formprinzipien in der deutschsprachigen Literatur von Broch, Döblin, Jahnn und Musil entwickelt worden waren.

Auch auf dem Gebiet der Lyrik bietet das Sonett nur das augenfälligste, wohl am weitesten verbreitete Beispiel. Ein Uriel Birnbaum aber,

der sich schon im Chaos des Ersten Weltkriegs der Sonettform zugewendet hatte, und der im holländischen Exil während des Zweiten
Weltkriegs wieder Sonette verfaßte, hat in diesem Exil auch eine
neue, kaum weniger strenge Strophenform, die Mediane, entwickelt,
deren Schaffung wie Verwendung durchaus Teile desselben, von
Ziolkowski am Beispiel des Sonetts aufgezeigten Phänomens darstellt.

Dabei soll, um bei dem schon einmal gewählten Beispiel zu bleiben,
die Frage nicht überschätzt werden, ob Uriel Birnbaum die Strophenform seiner Mediane bereits vor oder erst im Exil entworfen hat.
Was zählt, ist der Umstand, daß er im Exil sowohl viele Sonette wie
viele Medianen verfaßt hat, also sich strengen Strophenformen zuwandte. Fast durchwegs empfanden sich ja zumal die bedeutenderen
Exilautoren als die Bewahrer der eigentlichen, der positiven Tradition deutscher Kultur und Literatur.

Karl O. Paetal hat dies sehr scharfsichtig gesehen, als er schrieb:

> Bis auf wenige 'umgekippte Nationalisten' wie Emil Ludwig haben die mei-
> sten der deutschen exilierten Geistigen wirklich ihre ganze Arbeit irgendwie
> als einen Beitrag an der Weiterentwicklung oder Bewahrung des 'deutschen
> Erbes' angesehen, dem sie damit einen kleinen Teil dessen abzahlen wollten,
> was sie der deutschen Welt verdankten.[20]

Feuchtwanger ging sogar noch weiter, indem er im Hinblick auf die
Exilliteratur von einem „Sicheinschließen in die tote Vergangenheit",
und einem „Sichabsperren von dem wirklichen Leben ringsum", das
die schöpferische Kraft des Künstlers beeinträchtige[21], sprach. Dies
ist so halbwahr und windschief wie vieles bei Feuchtwanger, es gilt
für einige, wenige Autoren ganz, für viele weitere teilweise, aber es
verweist auf eines der echten und zentralen Probleme der Exilliteratur, nämlich auf die Situation des Exilautors und seiner Werke zwischen den Polen der Isolation und der Assimilation an das Gastland.
Ernst Bloch hat dies noch im Exil selbst in einem Vortrag vor dem
Schutzverband deutscher Schriftsteller in New York in selbst für einen Vortrag allzu primitiver Weise auf zwei Typen reduziert: auf
den Typus, der den Deutschlandhaß bis zum Selbsthaß getrieben
hat und die Vollassimilation wo nicht erreicht, so doch anstrebt und

auf den zweiten Typus, der sein „altes Sein und Bewußtsein behalten" will, „als wäre mit der Einreise in die U.S.A. nichts geschehen".[22]

Die literaturgeschichtliche Wirklichkeit verhält sich so, daß sich die Bewußtseinslage der Exilautoren — die zudem nicht statisch, sondern einer Entwicklung unterworfen ist — sich in vielfältiger Weise auf einer breiten Skala zwischen den Extremen völliger Isolation und Assimilation auffächert. Gerade die beiden extremen Pole werden dabei sogut wie niemals erreicht. Vor allem aber ist der Gesamtprozeß ein so komplizierter, daß man zumindest seine wichtigsten grundsätzlichen Schichten voneinander trennen und unterscheiden muß: es gibt die Möglichkeit mehr oder weniger weit reichender wirtschaftlicher, sozialer, politischer, kultureller, sprachlicher und literarischer Assimilation, die einander nicht immer notwendig einschließen.

Ein Werk wie etwa Robert Neumanns Roman *Der Pakt* zeigt weitgehende kulturelle Assimilation, ohne daß er jemals in seinen Werken die sprachliche Assimilation in das Gastland zu vollziehen versucht hätte. Obwohl ein Jahrhundert zurückreichend und Neumanns alten Lieblingsproblem der Macht gewidmet, zeigt die Darstellung des Protagonisten Walker und der kalifornischen Verhältnisse, daß der Autor aus einer gleichsam inneren Kenntnis des Landes heraus schreibt. Umgekehrt zeigt ein Roman wie Robert Picks *The Terhoven File* bei maximaler sprachlicher Assimilation an das Gastland in politischer, sozialer und kultureller Hinsicht eine einseitig konzentrierte Ausrichtung auf die menschliche Seite des Exilanten und Flüchtlings hin.

Totale Assimilation wie Isolation sind dabei unmöglich. Ja wo sie mehr oder weniger radikal zu erzwingen versucht wird, wie etwa im Fall Heinrich Hansers, der in einem winzigen Ort im Mittelwesten als Farmer „Wurzeln in der amerikanischen Erde" zu finden suchte[23], geschieht dies oft um den Preis eines völligen Umschlagens ins Gegenteil und wenige Jahre später kehrte der amerikanische Farmer aus dem Mittelwesten nach Deutschland zurück.

Weitgehende Assimilation gelang einem Autor wie Frederick Kohner wahrscheinlich nicht zuletzt auch dadurch, daß er die selbst nicht im Gastland verlebte eigene Kindheit und Jugend durch weitgehende Identifikation mit seiner Tochter später nachvollzog. Das Gelingen dieses Prozesses beweisen nicht zuletzt die Erfolge seiner Gidget-Bücher.[24]

Als Beispielsfall für weitgehende Isolation kann Richard Beer-Hofmann stehen, von dem ein Besucher im Exil schreiben konnte: „Er lebt hier, hoch über New York, das er kaum kennt und nicht braucht, in einer eignen, im Grunde unveränderten Welt, ganz umgeben von Dingen, die ihm jederzeit sein Leben reproduzieren können."[25]

Das Nichtgelingen totaler Assimilation oder aber Isolation und die daraus resultierende Spannung zwischen Erinnerung an eine Heimat, die es in der erinnerten Form nicht mehr gibt und das Fußfassen in einem Gastland, das erst innerlich erarbeitet werden muß, ist eines der wenigen wesenheitsbestimmenden Merkmale der Exilsituation, wie sie auch ihren mehr oder weniger direkten Niederschlag in der Exildichtung findet. Von hier aus wird es verständlich, weshalb zumindest der Großteil, wenn nicht alle Werke, auch wenn sie von Exilautoren in der Sprache des Gastlandes geschrieben werden, dennoch Exilliteratur sind und weshalb auch die Rückkehr aus dem Exil in die alte Heimat niemals die Exilerfahrung auslöschen kann.

Eng verknüpft mit diesem Problem sind die Beziehungen der Exilliteratur zur Sprache in der Exilsituation. Es ist überraschend, wie wenig bisher über dieses zentrale und wichtige Thema gesagt worden ist. Eine der Ausnahmen ist Manfred Durzak, der in einer Untersuchung allerdings den selbstverständlich vorhandenen und oftmals wichtigen negativen Aspekt allein in den Vordergrund gestellt hat. „Zwischen dem zur Trivialität absinkenden traditionellen Erzählduktus eines Lion Feuchtwanger und den die Grenzen der Verständlichkeit streifenden Sprachstauungen Hermann Brochs erstreckt sich die Skala der verbalen Reduktionen".[26]

Die Sache sieht aber ganz anders aus, wenn man die Sprache der deutschen Exilliteratur in einem größeren geschichtlichen Zusammenhang gemeinsam mit der Sprachentwicklung und besonders der literarischen Sprachentwicklung in Hitlerdeutschland sieht. Hier hat der wirkliche, radikale Reduktionsprozeß eingesetzt: durch die von jeglichem modernen totalitaristischen System bewußt oder unbewußt angestrebte Zerstörung des Bezugs zwischen Sprache und Wirklichkeit, die schließlich zu einem Überflüssigwerden und Aussterben der Zensur führt und zu einer Sprachstummheit, die den Ausdruck der Wahrheit gar nicht mehr ermöglicht. Dieser Entwicklung hat die literarische Sprache der „inneren Emigration" den Kode einer auf Anspielungen und Eigenausdrücken beruhenden Art von Geheimsprache gegenübergestellt und dieser Entwicklung gegenüber ist die von Durzak mit Recht aufgezeigte Not des Sprach-Exils eine Stätte des Reichtums und der Größe. Denn gerade auch auf dem Gebiet der literarischen Sprache hat zumal die bedeutende Exil-Dichtung tatsächlich die große deutschsprachige Kulturtradition hochgehalten und weitergeführt. Gewiß, es gibt, zumal bei den zweit- und drittrangigen Autoren gleichsam Verarmungs- und Schrumpferscheinungen und es gibt die Radikallösung der Hinwendung zur Sprache des Gastlandes. Aber es gibt auch das Hochhalten der großen Dichtungssprache und die gelegentliche Aufnahme der einen oder anderen idiomatischen Eigenheit aus der Sprache des Gastlandes, die gelegentlich sichtbar werdende Neigung zu einer Art von Manierismus kann die eigentliche Größe dieser Sprache kaum beeinträchtigen, geschweige denn zerstören. Ja, wenn Ernst Weiss einmal über die Sprache im Exil klagte, daß sie „gewissermaßen im Eiskasten steckt" und bestenfalls darin „konserviert werden" kann[27], so ist auch dies in manchen Fällen nicht richtig. Nicht nur gibt es Autoren, die gerade vom Sprachlichen her gegenüber ihrer vor dem Exil entstandenen Dichtung ihren dichterischen Höhepunkt erreichten, vom Lyriker Isaac Schreyer bis zum Erzähler Johannes Urzidil. Es gibt auch Autoren, welche das Bedeutendste, das die deutsche Literatursprache bislang überhaupt erreicht hatte, durch die Weiterentwicklung der Sprache im Hinblick auf die Erfassung neuer Imaginations- und Wirklichkeitsfacetten neuen Boden erobert haben. Vor allen anderen ist hier wohl Hermann Broch zu nennen, der eine Ausdrucksdehnung der Sprache herbeiführte, um „Realitätssegmente und Realitätsnuancen, die sich bisher sprachlich nicht haben erreichen lassen, sprachlich zugänglich zu machen."[28]

Nicht nur Sprachreduktion und Spracherweiterung finden sich aber in der deutschen Exilliteratur, sondern vom Sprachstil her lassen sich alle Facetten vom radikalsten Realismus bis zur reinen Romantik aufzeigen.

So kann man zunächst zusammenfassend feststellen, daß es zwar gewisse allgemein verbreitete Neigungen und Tendenzen gibt, daß sich aber weder im Inhalt, noch in der Form oder in der Sprache absolute und durchgehend verbindliche Kriterien feststellen lassen, die für alle Werke der Exilliteratur Gültigkeit haben und für kein Werk, das nicht der Exilliteratur zugezählt werden kann, von Gültigkeit sind.

Es gibt jedoch zweifellos relative Kriterien, die vor allem im Vergleich von Werken der Exilliteratur mit den Werken derselben Autoren vor ihrem Exil sichtbar werden. Die wichtigste Grundtendenz, die sich hier abzeichnet, kann vereinfacht als Abwendung von reinem Formalismus und Panästhetizismus und relativ stärkerer Hinwendung zum Humanistischen und Ethischen beschrieben werden. „Relativ stärkere" Hinwendung darum, weil eine solche Hinwendung oft auch schon vor dem Exil vorhanden war, die sich durch das Exil nur gesteigert oder verstärkt hat, oder aber weil sie sich in anderen Fällen im Exil erstmals vollzog. Nicht zufällig bezeichnete Hermann Kesten einmal als das „wichtigste Problem" der Exilliteratur „ihre Moral"[29] und spricht Hermann Broch von der neuen erzählerischen Kategorie eines „im Werden begriffenen 'ethischen Kunstwerkes'".[30] Nicht zufällig ist die Hinwendung zu strengeren Formstrukturen gehaltsmotiviert und weist Ziolkowski in seiner Untersuchung über die Vorliebe für Sonettform ausdrücklich darauf hin, daß es nicht so sehr um die ästhetische, sondern mehr um „die ethische Idee der Form" geht.[31] Nicht zufällig schließlich bestehen schon durch die vielfach parallele Befassung mit menschlichen Grenzsituationen deutliche Affinitäten zwischen Existenzialismus und Exilliteratur. Die Grenzsituationen, wie auch die oftmals als isoliert empfundenen Versuche, auf persönlich beschränktem Raum Ordnung dem Chaos einer übergewaltigen, hoffnungslosen, in Chaos zerfallenen Welt gegenüberzustellen, helfen die mystisch-poetologische Haltung zu erklären, die Weißenberger in der Exillyrik so verbreitet gefunden hat.

Diese relativen Tendenzen wurden indessen nicht nur mitunter fälschlich als absolut gesetzt, sondern trotz ausdrücklicher Warnungen, wie jener Hermann Kestens: „Mit Moral macht man keine Kunst, aber gibt es Kunst ohne Moral?"[32] haben wiederholt einzelne Kritiker und Wissenschaftler, die sich um das Sammeln, Ordnen, Beschreiben und Werten der Exilliteratur bemühen, mitunter das Kind mit dem Bad ausgegossen, Literatur auf Moral und oftmals beschränkt parteiliche politische Moral zu reduzieren gesucht und sie nicht als dichterische Kunst behandelt, die sie eigentlich ist.

Vor allem aber können selbst jene weiter gefaßten, relativen Eigenarten nicht zu einer wirklich ernsthaft und allgemein verbindlichen Bestimmung des Begriffs der Exilliteratur führen, um die es hier geht. Als wirklich allgemeingültiger erweist sich bei näherer Betrachtung nur das literaturtranszendente Kriterium der Exilsituation: Exilliteratur ist Literatur, die im Exil geschrieben wurde.

Auch diese Einsicht ist keineswegs neu und auch sie hat zu einem seltsamen Denkfehler geführt. Aus der Einsicht in die überragende Bedeutung der Exilsituation für die Exilliteratur hat man jene nicht nur mit anderen Phänomenen in das Großgebiet einer allgemeinen Exilforschung eingebettet, sondern hat man fälschlich auch geschlußfolgert: da die Exilliteratur jedes aus ihr entstandene literarische Werk zu Exilliteratur macht, macht sie auch jeden anderen Text zur Exilliteratur. Davor hat bereits Manfred Durzak eindringlich gewarnt.[33] Zwar ist jeder im Exil verfaßte Text eine Exiläußerung, aber auch das Exil verfügt nicht über die magische Kraft, aus nicht-literarischen Texten literarische Werke zu machen.

Was die Literatur selbst betrifft, um die es hier geht, so hat man die Exilsituation sowohl als fruchtbar wie als hemmend für ihre Hervorbringung erklärt und in verschiedenen Fällen, zu verschiedenen Zeiten, ist auch jeweils das eine wahr und einmal das andere. Manche Autoren legen Wert darauf, daß sich durch die Exilsituation an ihrer Art zu schreiben nichts ändert, andere werden durch die Exilsituation zu direkten, politischen Pamphletisten. Beide diese gegensätzlichen Verhaltensweisen sind gleicherweise mögliche Reaktionen auf dieselbe geschichtliche Exilvoraussetzung und zwischen Ihnen als extremen Grenzpolen entfaltet sich eine weite Skala von Abstufungen.

Da die Exilsituation selbst das ausschlaggebende Kriterium für die Exilliteratur darstellt, und da sie fast immer von mehr oder weniger starkem oder direktem Einfluß auf die Dichtung ist, bedeutet die

Untersuchung dieser Folgen eine Hauptaufgabe der Exilliteraturforschung. Grundsätzlich hat hier Manfred Durzak mit Recht darauf aufmerksam gemacht, daß man zwischen Asylländern und Gastländern unterscheiden sollte, das heißt zwischen Ländern, „in die Vereinzelte versprengt wurden und isoliert und ohne wesentlichen Kontakt mit anderen zu überleben versuchten, und Ländern, in denen sich bestimmte Kontakt- und Kommunikationsmöglichkeiten für die Exilierten ergaben: die Anteilnahme von Schicksalsgenossen, die Möglichkeit zu einer Neubestimmung der politischen Reflexion und künstlerischen Produktion unter Gleichgesinnten."[34]

Ernst Erich Noth aber hat darauf aufmerksam gemacht, daß es im Fall der deutschsprachigen Exilliteratur seit 1933 nicht immer nur um die Konzeptions- und Rezeptionsgeschichte von Werken in jeweils einem Gastland geht. Vielmehr wurden manche Werke schon vor der Flucht und Verbannung „ersonnen oder begonnen", und wurden auch nicht immer in einem und demselben Gastland, oder erst nach der Rückkehr zu Ende geführt.[35]

Neben solchen historischen und soziologischen Aspekten sind manche psychologischen Aspekte kaum weniger schwerwiegend und es war von hier aus, von der Perspektive der psychischen Belastung her, gesehen, daß Matthias Wegner seine Vierer-Typologie der Exilautoren aufzustellen unternommen hat.[36] Von hier aus, von diesem einen Punkt der psychologischen Belastung her gesehen, müßten sich Parallelen zu vielen in Deutschland verbliebenen Autoren herstellen lassen, denn Kerker, Krieg und Konzentrationslager waren gewiß von ähnlicher Wirksamkeit.

Ein Hauptproblem, das sich von der theoretischen Einsicht in das Wesen der Exilliteratur als durch die Exilsituation geschaffen stellt, ist die praktische Anwendung und Abgrenzung: wie eng oder wie weit ist in der literaturgeschichtlichen Wirklichkeit der Begriff zu fassen? Faßte man ihn besonders eng, so müßte man den Begriff Exilautor auf jene Schriftsteller beschränken, deren Namen auf den Ausbürgerungslisten der Nazibehörden standen. Nun hat man aus guten Gründen den Begriff von vornherein weitergefaßt, und man hat sogar neben dem äußerlich erzwungenen Exil von sogenanntem „freiwilligen Exil" gesprochen. Man hat dabei übersehen, daß der einzige

Unterschied in der Regel darin besteht, daß es im einen Fall äußerer, im anderen innerer Zwang ist, der den Autor ins Exil trieb und obwohl der innere Zwang in der Regel wissenschaftlich sehr viel schwerer faßbar ist, man doch nur schwer von echter und völliger Freiheit sprechen kann.

Zweifellos sind jedenfalls alle Autoren, die aus Ablehnung des totalitaristischen Regimes das Land verließen, Exilautoren. Aber das Problem ist noch komplizierter, wenn man die Frage aufwirft, wie weit man den Begriff fassen soll. Da sind etwa jene Autoren, die mit ihren Eltern ins Exil gingen, noch ehe sie begonnen hatten, zu schreiben, wie etwa Wolfgang Hildesheimer. Bei solchen Grenzfällen mag es entscheidend sein, ob der Autor noch während des Krieges zu schreiben begann, wie etwa Erich Fried, oder ob er, wenn er wie Hildesheimer erst in den Fünfzigerjahren zu schreiben anfing, nach Deutschland zurückkehrte oder weiterhin im Ausland lebt, wie dies bei Hildesheimer der Fall ist.

Einen anderen Grenzfall stellen jene Autoren dar, die wie etwa Paul Celan oder Alfred Gong, mehr noch durch die geographische Abgeschnittenheit als durch ihre Jugend an eine sofortige Flucht nicht denken konnten und die ihren Heimatstaat erst verließen, als die rechts-totalitaristische Staatsform von einer ebensolchen linken abgelöst worden war.

Alle diese Autoren sollten wohl mit ihrem Werk der Exilliteratur zugezählt werden. Nun wurde aber der Begriff noch weiter zu fassen versucht. Da sind jene Autoren, die Hermann Kesten einmal als „Nachkriegsemigranten" bezeichnet hat, wie Werner Bergengruen, Ernst Wiechert und Walter Bauer.[37] Hier kann man nicht nur von einer einfach späteren Flucht sprechen, sondern hier kommt es vielleicht vor allem darauf an, ob die betreffenden Autoren schon während der Zeit von Hitlers Herrschaft fort wollten, infolge der Umstände und besonders des Krieges, daran wirklich gehindert waren. In einem solchen Fall sollten sie wohl berücksichtigt werden.

Zu weit gefaßt erschien mir der Begriff der Exilliteratur indessen, wenn er auch Werke von Autoren einschließen soll, die „zwar in persona nicht emigrieren mußten, deren Werke aber nach 1933 bzw.

1938 nur außerhalb ihrer Heimatländer gedruckt bzw. verbreitet werden durften."[38] Ebenso wie die Werke der „Nachkriegsemigranten" Kestens erst nach diesem Schritt ins Ausland Werke der Exilliteratur darstellen, vorher aber der „inneren Emigration" zugehören, ist es wohl auch mit den Werken jener selbst nicht exilierten Autoren der Fall, die in Deutschland nicht gedruckt werden durften: sie scheinen einen besonders deutlichen Beispielsfall der inneren Emigration zu bilden.

Zu weit gefaßt ist wohl auch Hermann Kestens wohlgemeinte Deutung: „...auch ein Gerhart Hauptmann, der sich, seiner selbst unwert, vor einem Hitler verneigte, war ohne es zu wissen im Exil", einfach weil Deutschland für ihn und andere seines Schlages ein Land des Exils geworden war.[39]

Neben der praktischen Abgrenzung des Umfanges dessen, was noch unter den Begriff Exilliteratur fällt und was nicht mehr, ist von kaum geringerer Wichtigkeit praktischer Zuordnung das rein chronologische Problem: wann beginnt Exilliteratur und wann endet sie?

Natürlich haben Anhänger- und Gegnerschaft des Nationalsozialismus ihre Vorgeschichte und natürlich zeichnet sich diese in der Geschichte der deutschen Literatur mit großer Deutlichkeit ab. Es ist bezeichnend, daß eine ganze Reihe von kritischen Betrachtern bereits Hermann Hesse der Exilliteratur zuzählen.[40] Zwar geht es wohl zu weit, von einer Emigration Hesses „schon im Ersten Weltkrieg" zu sprechen[41], denn Hesses damaliger Aufenthalt war weniger ein Akt politischer Willensbildung als ein Zusammentreffen von Zufällen, und nicht zufällig hat er es während des Krieges abgelehnt, die deutsche Staatsbürgerschaft aufzugeben, aber die Annahme der Schweizer Staatsbürgerschaft 1923, die Veröffentlichung des Buches über seine *Nürnberger Reise* 1927 und der Austritt aus der Preußischen Dichterakademie 1930 sind eindeutige Akte einer bewußten Emigranten-Haltung. Daß dabei der vorgeblich zurückgebliebene weltabgewandte Romantiker eine schärfere Beobachtungsgabe und bessere Beurteilung der politischen Situation bewies, als viele der professionellen, linken, politisch aktivsten Autoren, sei hier nur am Rande vermerkt.

Der erste große Massen-Exodus deutscher Autoren setzte auch nicht sofort nach Hitlers Machtübernahme ein, sondern nach dem Reichtagsbrand.

Das Ansetzen des Beginns der Exilliteratur ist im Fall der einzelnen Autoren zumeist wenig problematisch und nur bei einzelnen Vorläufern, wie eben Hesse, mag die Entscheidung schwieriger sein, von welchem Zeitpunkt an er als Exilant zu zählen wäre.

In manchen Fällen war die Entscheidung den Autoren von vornherein selbst aus der Hand genommen, zumal jenen, die auf der schwarzen Liste „Literatur" standen, die am 23. April 1933 veröffentlicht wurde. Eine gewisse äußere Intentionalität spielte indessen nicht nur bei den Vorläufern eine Rolle. Bekannt ist das Beispiel von Oskar Maria Graf, der dagegen protestierte, daß er auf der „weißen Autorenliste" stand und innerem Zwang folgend ins Exil ging.

Schwieriger als die Bestimmung des Beginns ist das Ende der Exilphase in der Entwicklung der einzelnen Autoren. Etwas einfacher liegt der Fall da, wo der Autor nach Ende des Zweiten Weltkriegs in die alte deutsche oder österreichische Heimat zurückkehrte. Auch wenn selbstverständlich Folgen seiner Exilerfahrung in den nach seiner Rückkehr geschriebenen Werken direkt oder indirekt Ausdruck fanden, so handelt es sich doch nicht mehr im echten Sinn um Exilliteratur.

Wo aber — wenn überhaupt — ist das Ende der Exilphase bei jenen Autoren anzusetzen — und es ist dies die Mehrzahl —, die nicht zurückkehrten, weder nach Kriegsende noch später. Theoretisch könnte man annehmen, daß in diesen Fällen die Erreichung einer Totalassimilation an das Gastland der Schnittpunkt für das Ende der Exilphase sei.

Dies ist indessen theoretisch leichter zu statuieren als praktisch durchzuführen. Denn welche Kriterien wären dafür wohl ausschlaggebend? Die Annahme der Staatsbürgerschaft des Gastlandes kann es kaum sein, denn so manche Exilautoren sind nach dem Krieg mit einem ausländischen Paß zurückgekehrt, ohne daß sie jemals aufgehört hätten, deutsche oder österreichische Autoren zu sein. Aber auch die Adaptierung der Sprache des Gastlandes als literarisches

Ausdrucksmittel allein kann kein ausschlaggebendes Kriterium darstellen.

Gewiß, die Beseitigung der ursprünglichen Ursache, der Zusammenbruch Hitlerdeutschlands, die Möglichkeit in der alten Heimat wieder zu leben und als Schriftsteller zu arbeiten, ist von größerer Wichtigkeit. Es ist nicht mehr, als die formale Anerkennung der realen Situation, wenn das bereits 1934 gegründete „PEN Zentrum deutscher Exilautoren" in London nach dem Zweiten Weltkrieg seinen Namen in „PEN Zentrum deutschsprachiger Autoren im Ausland" abgeändert hat. Warum aber kam es zu einer Namensänderung anstatt zu einer Auflösung, warum blieb dieses Zentrum bestehen? Ebenso wie in manchen Fällen die Intention der einzelnen Autoren der Anlaß war, das Exil zu wählen, so war es nun in sehr viel mehr Fällen die Intention der einzelnen Autoren, dieses Exil nicht mehr aufzugeben. Gewiß mögen verschiedene Gründe — auch nichtpolitische — eine Rolle gespielt haben. Gewiß wird keiner der Exilautoren anzweifeln, daß er theoretisch zurückkehren könnte. Aber gleichgültig wie sehr diese Anschauung objektiv berechtigt ist oder nicht: in der Bewußtseinslage der meisten nicht zurückgekehrten Exilautoren standen im weitesten Sinn politische Erwägungen im Vordergrund, die sie eine Entscheidung gegen eine Rückkehr treffen ließen.

Für die Beendigung ihrer Rolle als deutschsprachige Exilautoren und den Beginn einer neuen Laufbahn als Autoren des jeweiligen Gastlandes, genügt jedoch keinesfalls die politisch-soziale oder die rein sprachliche Assimilation, sondern ist das wohl einzig ausschlaggebende Kriterium ihre literarische Assimilation.

Ein so scharfer, analytischer Geist unter den Exilautoren wie Hermann Broch hat — wenngleich in anderem Zusammenhang — diese Unterscheidung selbst nur allzu klar gesehen. Seine Integration in die amerikanischen Einflüsse auf seine Dichtung hat er mit „Null" veranschlagt. Obwohl bewußt und aus im Grunde politischen Gründen nicht in seine Heimat zurückgekehrt, hat der amerikanische Bürger Hermann Broch in demselben Brief seine politische Beeinflussung durch Amerika außerordentlich hoch angesetzt. Er trennt ausdrücklich zwischen seiner dichterischen und außerdichterischen Einstellung zu den U.S.A.[42]

Gewiß, die Geschichte der Weltliteratur kennt einzelne Fälle totaler literarischer Assimilation als echte Ausnahmen von der Regel: Joseph Conrad ist mit großer Bestimmtheit ein solcher, Wladimir Nabokov mit großer Wahrscheinlichkeit. Es fällt — nach allem, was wir bis jetzt über die deutschsprachige Exilliteratur seit 1933 wissen — nicht leicht, auch nur ein Dutzend von Autoren aufzuzählen, die hier genannt werden könnten. Für die weitaus überwiegende Mehrzahl von ihnen gilt das Wort Ludwig Marcuses: „Einmal Emigrant — immer Emigrant".

Obwohl zu einem Dasein zwischen den Polen von totaler Isolation und literarischer Cliquenwirtschaft verurteilt, in jedem Fall aber abgeschnitten vom eigenen Land und der eigenen Sprache, haben die meisten Exilautoren, abgesehen wohl von jenen, die ihrem Leben selbst ein Ende setzen, den Glauben an die Dichtung und die Hoffnung auf literarische Wirkungsmöglichkeiten nie verloren. Vor dem Krieg versuchten die Exilautoren durch camouflierte Literatur das Lesepublikum zu erreichen. Während des Krieges waren diese Bemühungen hauptsächlich auf Wirkungsversuche durch den Rundfunk beschränkt. Nach dem Krieg glaubte selbst ein so überragender Geist wie Hermann Broch in fast rührender Weise, durch die Massenverbreitung seiner grandiosen dichterischen Darstellung der Fragwürdigkeit des Dichterischen in Zeiten äußerster Krise, durch eine weitreichende Verteilung seines *Tod des Vergil* als eine Art Volksbuch, zur Beförderung der Humanität in Deutschland beitragen zu können.[43]

Ein in seiner Radikalität besonders verdeutlichendes Beispiel für die allgemeine Lage stellt hier wohl Paul Zech dar, dessen innere Zweifel, ja dessen Überzeugung von der Nutz- und Hilflosigkeit seines Werkes und des ganzen Exils ihn wiederholt an den Rand des Freitods heranführte und der dieser Versuchung dennoch nicht nachgegeben hat, aus irrationaler Hoffnung heraus auf ein Gelingen seiner dichterischen Arbeit.

Es ist also nebst der äußeren Exilsituation selbst, vor allem die trotz dieser Exilsituation behauptete Haltung des persönlichen Einsatzes für eine humanistische Dichtung und die besondere Auffassung von Dichtung und ihrer Funktion überhaupt, welche die Exilliteratur allgemein bestimmt und welche besonders klar und prägnant im

Programm einer der bedeutendsten Exilliteraturzeitschriften, der Zeitschrift *Maß und Wert* ausgesprochen wurde.

> Künstler wollen wir sein und Antibarbaren, das Maß verehren, den Wert verteidigen, das Freie und Kühne lieben und das Spießige, den Gesinnungsschwund verachten, wo er sich in pöbelhafter Verlogenheit als Revolution gebärdet. Weit entfernt von der Meinung gewisser Sozialintellektueller, die Kunst habe ausgespielt auf Erden, ihre belletristische Müßigkeit sei erwiesen, sie gestalte bloß noch, sie verändere nicht, sie lenke nur schönselig ab von Kampf und Pflicht — glauben wir vielmehr, daß Kunst als Gesinnung und menschliche Haltung nie beispielhafteren, nie hilfreicheren, ja rettenderen Berufes gewesen ist, als eben heute.[44]

Ein solches Eintreten für die Dichtung als Kunst ist mehr als Protest gegen ihre ideologischen Zwangs- und Unterdrückungsversuche durch den Nationalsozialismus. Es ist ein Engagement für ein Positives, den negativen Versklavungstendenzen gegenübergestellt. „Ich anerkenne jede Pflicht für den Menschen", läßt Broch einmal seinen Vergil sagen, „denn er allein ist Träger der Pflicht, aber ich weiß, daß man der Kunst keinerlei Pflichten aufzwingen kann, weder staatsdienende noch sonst welche...[45]

Die erstaunliche Hingabe an die Dichtung als Kunst unter härtesten Belastungen, wie sie fast alle zumindest bedeutenden Exilautoren auszeichnet, ist nicht nur Ablehnung der „Ausrichtungs-" und Gängelungsversuche der Literatur in Hitlerdeutschland, sondern bedeutet Hinwendung, Verpflichtung, Bekenntnis zur Freiheit.

Dies ist nicht der unwichtigste Aspekt des großen, alle Seelenschichten durchforschenden Werkes der Exilliteratur, *Der Tod des Vergil*, dem es vor allem um Erkenntnis geht, und nicht zuletzt auch um diese Erkenntnis und um die existenzielle „Erweckungspflicht" zu ihr. Erweckung zur Freiheit — war dies nicht das mehr oder weniger direkt geäußerte Hauptanliegen der Exilliteratur aller Völker und Zeiten — nicht nur der deutschen Exilliteratur nach 1933?

Anmerkungen

1 Diese und weitere erhellende Angaben bei Hans Albert Walter: Die Helfer im Hintergrund. In: *Frankfurter Hefte*, 20. Jg. (1965), Heft 2, S. 121-132.

2 Zitat aus zweiter Hand, nach Hans-Helmuth Knütter: Zur Vorgeschichte der Exilsituation. In: Manfred Durzak: *Die deutsche Exilliteratur 1933-1945*, Stuttgart 1973, S. 27.

3 „Zur Debatte über Emigranten-Literatur" In:*Neues Tage-Buch*, III/2 (1935), S. 43 ff.

4 Manfred Durzak (Hg.): *Die deutsche Exilliteratur 1933-1945*, op.cit., S. 10- Michael Winkler (Hg.) *Deutsche Literatur im Exil 1933-45*, Stuttgart 1977, S. 9-10.

5 Die deutsche Exilliteratur 1933-1945, op.cit., S. II. Vgl. dazu auch Joseph Strelka, Robert F. Bell und Eugene Dobson (Hg.): *Protest, Form, Tradition*, University, Alabama 1979, S. I-14.

6 Hermann Kesten (Hg.): *Deutsche Literatur im Exil. Briefe europäischer Autoren 1933-1949*, Frankfurt am Main 1973, S. 13.

7 Helmut Müssener: *Die deutschsprachige Emigration in Schweden nach 1933*, Stockholm 1971, S. 1.

8 Hermann Kesten: Deutsche Literatur im Exil. In: Heinz Ludwig Arnold (Hg.): *Deutsche Literatur im Exil 1933-1945*. Band II: Materialien, Frankfurt am Main 1974, S. 66.

9 Matthias Wegner: *Exil und Literatur*, Frankfurt am Main-Bonn 1968, S. 109-110.

10 Vgl. Matthias Wegner, op.cit., S. 103-105.

11 Erich Stern: *Die Emigration als psychologisches Problem*, Paris 1937, S.72-88.

12 Hermann Kesten (Hg.): *Deutsche Literatur im Exil. Briefe europäischer Autoren 1933-1949*, Frankfurt am Main 1973, S. 15.

13 Matthias Wegner, op.cit., S. 10.

14 Werner Vordtriede: Vorläufige Gedanken zu einer Typologie der Exilliteratur. In: *Akzente*. 15.Jg. (1968), Heft 6, S. 564.

15 Wolfgang Frühwald: Odysseus wird leben. In: Werner Link (Hg.): *Schriftsteller und Politik in Deutschland*, Düsseldorf 1979 S. 100-113.

16 Joseph Strelka: Topoi der Exilliteratur. S. 51-66 dieses Buches.

17 Theodore Ziolkowski: Form als Protest. Das Sonett in der Literatur des Exils und der inneren Emigration. In: Reinhold Grimm und Jost Hermand (Hg.): *Exil und innere Emigration*, Frankfurt am Main 1972, S. 153-172.

18 Klaus Weissenberger: Dissonanzen und neugestimmte Saiten. Eine Typologie der Exillyrik. In: *Literaturwissenschaftliches Jahrbuch*, Neue Folge, Bd. XVII (1976), S. 321-342.

19 Joseph Strelka: Zum Roman in der deutschen Exilliteratur. In: *Auf der Suche nach dem verlorenen Selbst*, Bern und München 1977, S. 95-105. Vgl. hier, weiter unten S. 89-100.

20 Karl O. Paetel: Das deutsche Buch in der Verbannung. In: *Neues Europa*, 3.Jg. (1948), S. 31.

21 Zitat aus zweiter Hand, nach Matthias Wegner, a.a.O., S. 90.

22 Zitat aus zweiter Hand, nach Matthias Wegner, a.a.O., S. 92-93.

23 Werner Vordtriede: *Das verlassene Haus*. Tagebuch aus dem amerikanischen Exil 1938-1947, München, o.J. S. 148.

24 Im deutschen Sprachraum als April-Bücher bekannt geworden.

25 Werner Vordtriede: *Das verlassene Haus,* a.a.O., S. 136.

26 Manfred Durzak: Laokoons Söhne. Zur Sprachproblematik im Exil. In: *Akzente,* Heft I, Februar 1974, S. 62.

27 Zitat aus zweiter Hand, nach Heinz Ludwig Arnold (Hg.) *Deutsche Literatur im Exil.* Band II: Materialien, Frankfurt am Main 1974, S. 34-35.

28 Hermann Broch: *Briefe,* hg. v. Robert Pick, Zürich 1957, S. 397.

29 Hermann Kesten: „Deutsche Literatur im Exil". In: *Deutsche Universitätszeitung,* II. Jahrgang (1956), Heft 22, S. 17.

30 Hermann Broch: *Schriften zur Literatur,* Bd. I, hg. v. Paul Michael Lützeler, Frankfurt am Main 1975, S. 392.

31 Theodore Ziolkowski: op.cit., S. 171.

32 Hermann Kesten: „Deutsche Literatur im Exil", op.cit., S. 17.

33 Manfred Durzak (Hg.): *Die deutsche Exilliteratur 1933-1945,* op.cit., S. 11.

34 Manfred Durzak (Hg.): *Die deutsche Exilliteratur,* 1933-1945, op.cit., S. 41.

35 Ernst Erich Noth: Die Exilsituation in Frankreich. In: Manfred Durzak (Hg.): *Die deutsche Exilliteratur 1933-1945.,* op.cit., S. 85.

36 Matthias Wegner, op.cit., S. 94-110.

37 Hermann Kesten: Deutsche Literatur im Exil. In: *Deutsche Universitätszeitung,* op.cit., S. 18.

38 Hildegard Brenner: Deutsche Literatur im Exil. In: Hermann Kunisch (Hg.): *Handbuch der deutschen Gegenwartsliteratur.* München 1965, S. 678.

39 Hermann Kesten: Deutsche Literatur im Exil, op.cit., S. 18.

40 Beispielsweise Karl O. Paetel in „Das deutsche Buch in der Verbannung", op.cit., S. 27, Hermann Kesten: „Deutsche Literatur im Exil" op.cit., S. 18 — Theodore Ziolkowski in seinem Vorwort zur englischen Ausgabe des *Glasperlenspiels:* Hermann Hesse:-*Magister Ludi,* New York 1969, S. VI — Auch ich habe Hesse einmal gemeinsam mit Carl Sternheim als Vorläufer und erste Auswanderer in ein ungewisses Exil genannt. In: Probleme der Erforschung deutschsprachiger Exilliteratur seit 1933, in: *Colloquia Germanica,* Jg. 1976/77, Heft 2, S. 143.

41 Hermann Kesten, op.cit., S. 18.

42 Hermann Broch: *Briefe,* op.cit., S. 404-406.

43 Vgl. Werner Vordtriede: Hermann Broch als Volkserzieher. In: Joseph Strelka (Hg.): *Broch heute,* Bern und München 1978, S. 77-88.

44 Zitat aus zweiter Hand nach Hildegard Brenner: Deutsche Literatur im Exil 1933-1947, op.cit., S. 688.

45 Hermann Broch: *Der Tod des Vergil,* Zürich 1945, S. 367.

34

Probleme der Erforschung der deutschsprachigen Exilliteratur seit 1933

Das Verständnis des Exils um der Exilliteratur willen ist seit jeher von Bedeutung für die Literaturwissenschaft gewesen. Exil war — und ist — in einem sehr direkten, engeren, historischen und politischen Sinn ein Grundanliegen vieler literarischer Werke und eine Grundvoraussetzung zu ihrem Verständnis. Vieles an den Werken von Ovid bis Dante und von Victor Hugo bis Heinrich Heine bleibt ohne Wissen über ihre Exilsituation unserem Verständnis verschlossen. Ja, in unseren Tagen, mehr als ein Vierteljahrhundert nach Hitlers Tod, verfaßte ein deutscher Exilautor, Peter Huchel[1], eines der schönsten Exilgedichte, in dem er beschreibt, wie seine Freunde, die Dunkel oder Schatten, Gespräche mit seinem Schweigen führen.

Bedauerlicherweise und glücklicherweise wird das Exilproblem auch weiterhin und später immer wieder in den Vordergrund treten: bedauerlicherweise, weil die äußeren Verhältnisse dazu herausfordern werden, glücklicherweise weil immer wieder viele der besten Autoren diese Herausforderung mit dem bitteren, teuer zu bezahlenden und undankbaren Protest des Exils beantworten werden.

So betrachtet scheine ich, auf den ersten Blick, hier nur einen bestimmten einzelnen Beispielsfall zu behandeln, wenn ich einige Probleme der deutschen Exilliteratur seit 1933 bespreche. Tatsächlich ist es jedoch ein ganz besonderer Beispielsfall. Handelt es sich doch zum ersten Mal in der Geschichte der deutschsprachigen Literatur geradezu um ein Massenphänomen des Exils als Antwort auf die größte Gefährdung menschlicher und geistiger Freiheitsrechte in der ersten Hälfte unseres Jahrhunderts durch den nationalsozialistischen Totalitarismus, eine Weltgefährdung geradezu, an deren Stelle in der zweiten Jahrhunderthälfte nun die Gefährdung durch den kommunistischen Totalitarismus getreten ist.

Die Hauptprobleme bei der Erforschung der deutschsprachigen Exilliteratur seit 1933 sind mit deren Eigenart auf das engste verknüpft und zwei der wichtigsten Merkmale dieser Eigenart bestehen darin, daß es sich erstens um eine Massenerscheinung und zweitens um ein überaus heterogenes Phänomen handelt.

Schon die erste, fast noch rudimentäre Auflage von Sternfeld-Tiedemanns Bibliographie der deutschen Exilliteratur[2] enthält mehr als einundhalbtausend Autorennamen und diese Massenauswanderung kennzeichnet die besondere Eigenart des modernen totalitären Staates und des von ihm verursachten modernen Exils. Nach Benedikt Kautsky muß aber ein Terror, der Millionen in Schrecken versetzen soll, „ganz andere Mittel anwenden als einer, dessen Objekt nur Tausende oder selbst Hunderttausende sind."[3] Aber nicht nur das: in der Massenerscheinung selbst, in der unpersönlichen Bürokratisierung des Terrors liegt seine Steigerung. Immer schon hatte es politische Verfolgung und Grausamkeit gegeben, immer schon einzelne Exilautoren, aber die individuelle, gleichsam persönliche Unmenschlichkeit war vergleichsweise menschlich gegenüber der anonym-bürokratischen und technisierten Unmenschlichkeit; und die Auswanderung eines wesentlichen Teils, *des* wesentlichen Teils einer ganzen Nationalliteratur stellt ein bei allen Parallelen doch verschiedenes Phänomen von jenem der Flucht einzelner oder einer Gruppe von Autoren dar.

Die Massenerscheinung der deutschsprachigen Exilliteratur nach 1933 bedingt aber auch automatisch eine große Heterogenität: Vertreter der verschiedensten literarischen Stilhaltungen wählten das Exil und die Skala reicht gleichzeitig von Autoren von Werken höchster, ja weltliterarischer Qualität bis hinunter zu Autoren von Trivialliteratur. Schließlich aber verließen Autoren der verschiedensten politischen Überzeugungen das Hitlerreich. Nicht einmal nur solche flohen, die geistige und politische Freiheit über alles stellten. Es wanderten Autoren aus, die beispielsweise überzeugte Anhänger des Austrofaschismus gewesen waren, und die nur die spezifisch nazi-faschistische Spielart der Diktatur von rechts ablehnten. Es wanderten kommunistische Autoren aus, die eine Diktatur von links an Stelle einer solchen von rechts errichtet haben wollten, und ein Skeptiker könnte sagen, daß sie nur um der Freiheit willen auswanderten, einer anderen Art von Unfreiheit anhängen zu können.

Hieraus ergibt sich bereits das erste große Problem kritischer Sichtung und Darstellung dieser Exilliteratur, denn unsere Distanz von den Phänomenen selbst ist viel zu gering, als daß ein vollständiger und vollendeter Überblick gewonnen werden könnte. Gewiß, die Bestrebungen nach einer Erfassung zumal der Hauptphänomene setzte schon früh ein: in den USA war es ein Exilautor selbst, Friedrich Torberg, der schon 1948, selbst noch nicht nach Hause zurückgekehrt, das „Zehnjahrbuch 1938-1948" des Exilverlages Bermann Fischer, das er zu redigieren hatte, bewußt zu einer Art erster Überschau über die Exilliteratur gestaltete.[4] Wenn er sich hier notwendigerweise auf die Bermann Fischer-Autoren zu beschränken hatte, dann ging doch nur einige Jahre später, als einer der ersten nach Walter A. Berendsohn, der amerikanische Germanist William K. Pfeiler[5] daran, einen ersten Gesamtüberblick über die Exilliteratur in den USA zu geben. Freilich zeigt diese Darstellung ihre geographische Herkunft aus der Wildnis des Mittelwestens, in die kaum jemals ein Exilautor seinen Fuß gesetzt hatte, durch Schwierigkeiten der Erfassung dieses literarischen und für Nebraska so fremden Phänomens.

Allein, es ist nicht nur zu geringe oder zu große Distanz, und es ist nicht nur die Masse der Autoren und Werke und deren ungeheure Heterogenität, die verhältnismäßig rascher Sichtung und Klärung im Wege stehen: es ist vor allem der Umstand, daß nicht nur die Autoren eine oft ungewöhnliche und verschlungene geistige und literarische Entwicklung durchliefen, sondern daß sich gleichzeitig mit diesen vielfältigen und schwer überschaubaren Einzelentwicklungen die äußeren geschichtlichen Verhältnisse mit besonderer Schnelligkeit veränderten. Ja oft ging es gar nicht um einen Wechsel der Persönlichkeitsstruktur oder einen Wandel der Überzeugungen einzelner Autoren, sondern dadurch, daß sie in einer Umbruchszeit, einer Krisenzeit, einer Übergangszeit lebten, die viele der lange und ehrwürdig überlieferten Prinzipien und Einsichten, Glaubensbekenntnisse und Werte gründlich veränderte, wenn nicht umstülpte oder vernichtete, war gerade eine sich selbst treu bleibende Persönlichkeit zu manchmal wiederholtem Wechsel ihrer äußeren Haltung gezwungen, um die innere Haltung unverändert aufrecht erhalten zu können. Aus diesem Grund sind hier die Einbeziehung und das Verständnis des historischen Kontexts besonders wichtig.

Die Geschichte der deutschsprachigen Exilliteratur seit 1933 hat nicht nur eine Vorgeschichte, wie längst bemerkt wurde, sondern sie hat eine Vorgeschichte, die noch wesentlich weiter zurückreicht als etwa bis zu Thomas Manns Flucht durch Hintergänge aus dem Berliner Beethovensaal im September 1930 nach seiner „Deutschen Aussprache" genötigt, auf solche Weise den im Publikum verteilten, randalierenden SA-Männern zu entgehen, oder noch weiter zurück als etwa bis zur „Diffamierung, Behinderung und Verfolgung progressiver Intellektueller in der Weimarer Republik"[6], wie es formuliert wurde. Dabei zeigt schon die Formulierung selbst eine subjektiv-einseitige, wenn nicht engstirnig-parteipolitische Verständnisbegrenzung.

Mir scheint die Vorgeschichte der deutschsprachigen Exilliteratur zumindest bis zur Katastrophe und Umstürzung wesentlicher Lebenshaltungen und Ideen nach 1914, verursacht durch den Ersten Weltkrieg, zurückzugehen, in jene zumindest europäische, wenn nicht atlantisch-westliche Umsturz-Ära, in welcher die deutsche Szene nur einen besonders zentralen und empfindlichen Erdbebenherd neben anderen darstellte, unter denen das russische Umsturz-Zentrum nicht das unwichtigste war, vom österreichischen nicht erst zu sprechen.

Einige der allersensitivsten deutschsprachigen Autoren zogen sich denn auch schon besonders früh von den Gefahrenzentren zurück. So hat etwa Hermann Hesse schon 1923 die schweizerische Staatsbürgerschaft angenommen, trat 1930 aus der Preußischen Dichterakademie aus und wurde aus guten Gründen auch bereits als „emigré" bezeichnet.[7] Auch Carl Sternheim verließ Deutschland schon früh, nämlich gleich nach dem Ersten Weltkrieg. Wobei es sich in beiden Fällen nicht einfach um einen zufälligen Wechsel des Wohnsitzes handelt, sondern zumindest die indirekten politischen Zusammenhänge klar auf der Hand liegen.

Dieses Problem der Geschichte und Vorgeschichte der deutschsprachigen Exilliteratur seit 1933 ist aufs innigste mit einem anderen sehr wichtigen Problem verbunden: mit der Abgrenzung des Begriffes Exil-Autor. Wer ist ein Exil-Autor? Muß es direkte Flucht vor Folterung, Exekution oder Gaskammer sein, oder „genügt" die Flucht in die geistige Freiheit? Man hat von „freiwilliger" Emigration offenbar gegenüber „unfreiwilliger" zu sprechen versucht. Wie unfreiwillig ist solche „Freiwilligkeit" eines Autors, der geistige Freiheit für sein Schaffen so dringend benötigt wie die Luft zum Atmen oder der Schuster Leder für seine Schuhe braucht?

Die Vorgeschichte der Exilliteratur verweist aber auch schon durch ihren Namen auf das Kernproblem derselben Sache: auf ihre Nachgeschichte. Auch diese ist innig verbunden mit der Abgrenzung des Begriffes Exil-Autor und Exil-Literatur.

Einer, der es am eigenen Leib erlebt hatte, sah es folgendermaßen:

> Der Weg ins Exil war hart für die meisten von den vielen, die ihn gehen mußten. Nicht wenige blieben auf der Strecke. Tausende verdarben und starben im fremden Land, das Zuflucht schien und Falle wurde... Die das Glück hatten, durchzukommen, lernten vorher die Schrecken und Ängste der Flucht und des Verfolgt-Seins gründlich kennen... Endlich an ein sicheres Ufer gelangt, hatten die meisten erst Zeiten kläglicher Not durchzukämpfen, ehe sie in so etwas wie eine Illusion der Ruhe oder gar in die eines neuen Lebens hineinfanden. Und ganz heil, nebenbei, ist an solches Ziel, von den Älteren zumindest, nur eine Mindestzahl gekommen. Im Organismus der übrigen steckt, was sie ausgestanden haben, als eine Art Zeitbombe. Es hängt von Gott ab, vom Klima und von den ökonomischen Verhältnissen, wann sie explodiert.[8]

Alfred Polgar, der selbst zu den „Älteren" gehört, die ins Exil gingen und der diese Zeilen geschrieben hat, bezeugt hier, mit guten Gründen, daß für die meisten dieser Autoren, abgesehen von einer „Mindestzahl", das Exil niemals wirklich ein Ende hatte. Die wiederholt vorgebrachten gegenteiligen Hinweise auf die rechtliche Möglichkeit der Rückkehr in die Heimat oder auf die wiederum gegebene Publikationsmöglichkeit in der Heimat — wie ungeheuer wichtig dies auch sein mochte — haben trotz dieser Wichtigkeit nichts mit einem wirklichen Ende des Exils zu tun. Im Hinblick auf ein solches wirkliches Ende wirken jene Hinweise vielmehr — abgesehen von einer Mindestzahl von Autoren — wie das gleichwohl berechtigte Lob der technischen Perfektion künstlicher Gliedmaßen für einen Amputierten.[9]

Nicht erst zu reden von der Enttäuschung der Heimkehr, die manches Mal erschütternde Formen annahm. So etwa schrieb Irmgard Keun, aus dem Exil nach Deutschland zurückgekehrt, an Hermann

Kesten: „Hier fühle ich mich so fremd und verloren — so wie damals, als ich aus Deutschland ging. Oder noch schlimmer. Ich hasse es, hier zu sein, und ich habe nur den einen Wunsch, wieder fort zu können."[10]

Doch dies sind keineswegs alle Aspekte der Nachgeschichte, die noch weitere Probleme in sich birgt, welche in viel spätere Jahre hinüberreichen. Ich spreche von den jüngeren und jungen Exilautoren. Als etwa Wolfgang Hildesheimer mit seinen Eltern siebzehnjährig nach Palästina emigrierte, da hatte er noch gar nicht wirklich zu schreiben begonnen. Seine eigentliche Schriftstellerlaufbahn begann erst nach dem Zweiten Weltkrieg. Dennoch lebt er nicht in Deutschland, sondern in der Schweiz. Als er von einem Vertreter des westdeutschen Fernsehens einmal gefragt wurde: „Warum leben Sie nicht in Deutschland?", da antwortete er: „Weil ich nicht muß."

Das klingt lustig. Aber es ist eine Oberflächenlustigkeit, ähnlich der Heiterkeit Mozartscher Musik, die das abgründig Dunkle, Tragische kaum jemals völlig zu verhüllen vermag und wenn, dann höchstens für die Tauben, während es für die Hörenden nur um so beklemmender zur Schwingung gebracht wird.

Da ist schließlich der Sonderfall der Spätemigranten, die — kaum viel älter als Hildesheimer — überhaupt erst nach dem Zweiten Weltkrieg ins wirkliche Exil gingen, weil es ihnen früher einfach versperrt gewesen war, weil sie in einer geographischen Falle gesessen hatten. So etwa Paul Celan, der schließlich nach Paris ging, oder sein Czernowitzer Landsmann Alfred Gong, der sich in New York City niederließ. Nicht daß sie im neuen Gastland etwa glücklich gewesen wären, aber noch immer weniger unglücklich als in ihrer ursprünglichen Heimat der Bukowina, die vom rechten zum linken Totalitarismus übergewechselt hatte und weniger unglücklich sogar als in Westdeutschland oder Österreich mit der wiederhergestellten geistigen Freiheit. Der Versuch Alfred Gongs, der Kommunikationslosigkeit und Echolosigkeit seiner dichterischen Existenz in den USA zu entgehen, und sich in Wien, in einer deutschsprachigen Umgebung mit Publikum und der Atmosphäre direkter Anregung durch andere Autoren anzusiedeln, scheiterte vollständig und in Verzweiflung. Er floh zurück und zog die Fremdsprachenbarriere der Einsamkeit des Steinmeeres von Manhattan der anderen Einsamkeit, einer gleichartig isolierten Ausgesetztheit vor muttersprachlichem Hintergrund vor.

Gewiß, es gab auch den Typus des Exilautors, den es in die Heimat zurücktrieb, um lieber in ihr als im Exil fremd zu sein. Aber es war eine Minderheit, die so fühlte und die Zahl der Motivationen, warum Exilautoren zurückkehren wollten, war kaum so groß wie die Vielzahl der Motivationen anderer, im Exil zu verbleiben.

Zahlreicher noch als alle diese Motivationen waren die verschiedenen Reaktionsweisen der Autoren auf das Exil. Die breite Skala reicht vom direkten Selbstmord eines Stefan Zweig oder dem indirekten Selbstmord eines Joseph Roth[11] bis zur völligen Assimilation an das Gastland, wie sie die kometenhafte Hollywood-Karriere etwa eines Billy Wilder kennzeichnet.

Auf dieser breiten Skala fanden verschiedenartigste innere Reaktionsweisen Raum, die von reiner Empörung und heiligem Zorn bis zu tiefer Traurigkeit und hoffnungsloser Resignation reichten. Auch eine pikareske Note fehlte nicht, wie Werfel sie — erweitert um die Dimension verzweifelter Traurigkeit — in seinem „Jacobowsky" literarisch gestaltet hat, und wie sie etwa der Exilautor Wolfgang Cordan in Wirklichkeit durchlebt hatte, als er, nach Holland emigriert und von Hitlers Armee überrannt, unter dem Namen Heinz Horn in der Naziarmee selbst untertauchte, während die Gestapo ihn als Wolfgang Cordan überall nur nicht in der Deutschen Wehrmacht suchte: ein reziprokes Spiegelbild dessen, was Gottfried Benn gemeint hatte, als er von der Armee als der aristokratischen Form des Exils sprach.

Eine Steigerung dieser Haltung noch in mancher Krisensituation war jener „Galgenhumor", dem Robert Minder attestierte, daß er zu Zeiten Alfred Döblin wie auch ihn selber aufrecht hielt.[12]

Es ist gleichfalls Döblin, der auf weiten Strecken seines Exildaseins für eine noch andere Form der Reaktionsmöglichkeit, die Form der reinen Absage steht; „Was tut man", fragte er einmal, „um dem Übel abzuhelfen? Man lädt zur Politik ein ('lädt' ist ein schwacher Ausdruck; man lockt, man drängt, man zwingt.) Und was da geschieht, heißt den Teufel mit dem Beelzebub austreiben." Döblins Schlußfolgerung aus solcher Absage an Tages- und Parteipolitik aber lautet:

„Man soll uns in Ruhe arbeiten lassen. Wir sind die deutsche Literatur im Ausland und lassen uns über unsere Aufgaben von keinem Politiker belehren."[13]

Was beileibe nicht bedeutet, daß jene Absage an kurzfristige Tages- und Parteipolitik einfach Resignation und Passivität bedeuten müssen. Im Gegenteil: es gibt da etwa die Möglichkeit des Umschlagens aus blasser Todesangst in Todesüberwindung, aus schier endloser Leidensbereitschaft und Leidensfähigkeit in Aktivität. „Der lachende Hiob" betitelte Mynona seine Exil-Grotesken, und der Held der Titelerzählung, Josua Zander, reagiert mit Gelächter auf sein eigenes Todesgrauen wie auf das Grauen der Weltbedrohung, und der vom Tod wieder auferstandene Geist des Konzentrationslageropfers wird zum Schrecken und Überwinder der hetzenden Verfolger. Es ist, auf den individuellen Wiedergeburtsakt Josua Zanders als lebendes Symbol reduziert, der vorgeformte Mythos des neuerstandenen Israel.

Aber nicht nur die Vielzahl der inneren Reaktionsweisen stellt ein wesentliches literaturkritisches Problem der Exilliteratur dar, sondern in wohl noch höherem Ausmaß die Vielzahl der verschiedenen Arten, wie jene Reaktionsweisen in ihren jeweiligen literarischen Ausdruck umgesetzt wurden.

Werner Vordtriede hat eine thematologische Überschau zusammengestellt: das Heimweh, die Liebe, nicht zuletzt zur eigenen, älteren Kulturtradition, die Isolierung, den Haß, selbst die Exilkomik.[14]

Es gab Exilautoren, die versifizierte Gebrauchsanweisungen über das rechte politische Verhalten erließen, denn im glücklichen Besitz einer unzerreißbaren Weltanschauung wußten sie alles und jedes ganz genau. So hat etwa Brecht in seine frühe, im Exil erschienene Sammlung von Liedern, Gedichten und Chören, die 1934 herauskam[15], sein „Lob der Partei" aufgenommen. Derselbe Brecht hat allerdings auch so wunderschöne Exilgedichte geschrieben wie „Lao Tse geht in die Emigration" oder das Rollengedicht „Klage des Emigranten", dessen Schlußvers in verhaltenem Pathos ausklingt: „Ich bin nicht unverschämt. Ich bin verloren."

Auf dem einen äußersten Pol der gleichfalls unerhört breiten Skala des dichterischen Ausdrucks, den das Exil gefunden hat, stehen jedenfalls die politischen Schulungsleiter, auf dem anderen Pol die restlos vereinsamten Einzelgänger, die auch dann kein politisches Echo fänden, wenn sie eines suchten, denn sie stehen jenseits all solcher Absicht, selbst in einer auseinanderbrechenden Welt, in der die Politik alles und jedes bestimmt und um deren Zerbrechen sie sich auch nicht kümmern, obwohl es sie selbst zu verschlingen droht. Hierin, in solch selbstsicherer Unbekümmertheit, der weder Angst noch Elend, weder Haß noch Ausgesetztheit etwas anhaben können, besteht ihre Größe wie etwa die Größe des durch und durch dichterischen Beer-Hofmann, von dem gesagt worden ist: Er war

> vollkommen egozentrisch, aber in der wirklichen Bedeutung des Wortes, da ihm alles aus seiner eigenen Mitte hervorgeht und wieder in sie einmündet... Nicht er selber kommt sich gleichnishaft vor, aber das ganze Leben scheint ihm als Gleichnis für seine eigenen Träume und Gedanken zu dienen. Eben daraus entsteht der starke Eindruck, daß nämlich, während so viele andere, vom Leben Verwöhnte, durch ihre Verpflanzung und die Nöte des Exils wie Bilder ohne Rahmen sind (wie Alewyn es [unlängst] ausdrückte), er geblieben ist, was er war und ist.[16]

Zwischen jenen beiden extremen Haltungen, Brechts auf der einen, Beer-Hofmanns auf der anderen Seite, finden sich die verschiedensten Schattierungen von Ausdrucksmöglichkeiten. Da sind etwa jene Autoren, die nichts weniger als von Natur aus politisch interessierte und ehrgeizige Menschen sind, die jedoch unter dem Druck der politischen Stunde keinen anderen verantwortungsbewußten Ausweg sehen, als in einem allgemein humanen und humanistischen Sinn politisch im weitesten Sinn Stellung zu beziehen. In einer durch die moderne Technologie gleichzeitig stets kleiner werdenden und heftiger gefährdeten Welt, unter der Drohung des erbarmungslosen und terroristischen Zugriffs der Formen des Totalitarismus des 20. Jahrhunderts geht es nun im Unterschied zur älteren Exildichtung nicht mehr nur um Selbstrechtfertigung oder das Ansprechen von Schicksalsgenossen, sondern geht es nun plötzlich auch um eine Warnung an die Gastländer als dem Rest der noch frei verbliebenen Welt: Warnungen ausgesprochen von einem, der aus einer peinvollen Erfahrung spricht, die dem Unerfahrenen anschaulich zu machen wahrhaftig eines bedeutenden Autors bedarf.

Thomas Manns große Rede „Dieser Friede" 1938 im New Yorker Madison Square Garden gehalten, gehört hier ebenso genannt wie etwa die gleichartige Warnung vor trügerischen Hoffnungen ähnlich geartetem Appeasment Willens, wie sie Alexander Solschenizyn 1975 in Washington D.C. in seiner „Warnung an den Westen" im Zusammenhang mit dem Vietnam-Frieden ausgesprochen hat.[17]

Daneben gibt es als eine der bedeutendsten anderen Möglichkeiten die Reaktionsweise eines Hermann Broch, der den unmittelbarsten und tiefsten Drang zu dichterischer Produktion wieder und wieder bewußt unterdrückte, nicht um in das politische Geschehen durch Ansprachen direkt einzugreifen, sondern um durch ausgedehnte massenpsychologische, theoretisch politologische und naturrechtsorientierte Studien die geistigen Voraussetzungen schaffen zu helfen, um zu einer vollständigen Diagnose möglicher Pestbekämpfung und einer Therapie der Heilung von totalitaristischer Versklavungsgefahr zu gelangen.

Wie es ja überhaupt, um eines der wesentlichsten Probleme zu berühren, nicht nur einfach ein Exil gibt, sondern eine ganze Reihe verschiedenartigster Formen von Exilen.

Literaturgeschichtlich kann es einen gewaltigen Unterschied ausmachen, ob ein Exilautor in den frühen Vierzigerjahren in Los Angeles oder New York City lebte, wo er durch eine Gruppierung von anderen, freundlichen oder feindlichen Exilautoren und auch literarisch nichtproduktiven Freunden als eine Art Miniaturpublikum umgeben war und seine geistige wie literarische Entwicklung unter relativ günstigen Voraussetzungen fortsetzen konnte, oder ob er durch die äußeren Umstände dazu gezwungen war, in völliger Vereinsamung zu leben.

Als ein Beispiel richtiggehend totaler literarischer Vereinsamung gegenüber jener Situation etwa von Los Angeles als einem „Weimar des 20. Jahrhunderts" sei hier ein Gedichtband Stella Rotenbergs angeführt.[18] Einzelne der Gedichte wie z.B. „Epilog" oder „Der Hausierer" oder „Im Zoologischen Garten" zeigen, welch bedeutender Leistungen diese Autorin fähig ist und was sich aus ihr hätte entwickeln können. Andere Gedichte desselben Bandes sind dafür trotz allen Talents infolge dieser völligen Isolierung in einer britischen Provinzstadt in Formen fast von Gymnasiastendichtung stecken geblieben, die auf die doppelte Datierung des Zeitpunkts der Flucht ins Exil verweisen: ihre eigene Jugend und Wien 1938.

Natürlich macht es auch einen großen Unterschied aus, ob eine bereits längst voll entwickelte literarische Persönlichkeit solch völliger Vereinsamung ausgesetzt ist oder ein Anfänger. In Karl Wolfskehl etwa, der zunächst unter der Wucht der Krise des Ersten Weltkriegs als Lyriker verstummte und nur den literarischen Essay weitergepflegt hatte, brach durch die neuerliche Katastrophe eine neue schöpferische Phase auf und trotz schwierigster Exilexistenz, trotz totaler literarischer Isolation in Neuseeland und trotz fast völliger Blindheit entrang sich ihm ein neuer dichterischer Höhepunkt mit den Bänden *Hiob oder die vier Spiegel* und *Sang aus dem Exil* und mit einem vom leisesten Zweifel freien, berechtigten Selbstbewußtsein konnte er sagen: ,,Wo ich bin, ist deutscher Geist.''

Was umgekehrt nicht heißen soll, daß das Exilleben für alle begabten Autoren in Zentren wie New York City oder Los Angeles angenehm und leicht oder auch nur entwicklungsförderlich gewesen wäre. Als Beispiel sei Hans Sahl angeführt, der durch die schwierige, literarische Marktlage so sehr in das literarische Übersetzungsgeschäft gedrängt wurde, um überleben zu können, daß er zu guter Letzt als Übersetzer abgestempelt war, kaum Eigenschöpferisches von ihm erwartet wurde, und er schließlich kaum mehr Gelegenheit fand, neben der Übersetzungsarbeit eigene Werke zu schaffen. Als den ,,Mann im Stein von Manhattan'' hat er sich in der ,,Stunde der verlorenen Söhne'' in seinen Gedichten selbst dargestellt, dazu noch das allgemeine Elend des Exils, aber dieser eine, für ihn selbst schicksalhafte Punkt wird kaum angetönt.[19]

Literatur des Exils ist jedenfalls Literatur zumeist entstanden unter Umständen äußerster Belastung und verbreitet zunächst unter Verhältnissen äußerster Behinderung. Aus diesem Grund war das Exil für seine Autoren ein Fluch und eine Gnade zugleich: hat doch schon Jakob Burckhardt darauf hingewiesen, daß die Verbannung vollends die Eigenschaft hat, den Menschen entweder aufzureiben oder aber auf das Höchste auszubilden.

Was die Verbreitung und Bekanntmachung der deutschsprachigen Exilliteratur seit 1933 betrifft, nicht nur als für sich allein und selbständig bestehende Fortsetzung der älteren deutschen Literaturtradition, sondern im Hinblick auf ihre Integration in den Corpus und Kanon der einen, gesamten, deutschsprachigen Literatur, von der sie der wesentlichste Teil ihrer Zeit ist, so ist noch vieles zu leisten. Fritz Martini schrieb darüber:

> Die Emigration hat die Trennungslinie zwischen den Generationen verschärft. Welche Einbuße der Abbruch einer kontinuierlichen Entwicklung bedeutet hat, wird an der immer noch in ihrer geistigen und formalen Physiognomie unklaren, im Schöpferischen und Eigenen stark reduzierten, vielfach in das Provinzielle, Traditionalistische oder gewaltsam Avantgardistische getriebenen deutschen Literatur seit 1945 bewußt. Die junge Generation konnte trotz mancher Ansätze noch kein geprägtes eigenes Gesicht gewinnen.[20]

Obwohl wesentliche erste Arbeit nicht nur der Faktensammlung, sondern auch der Klärung verwirrter und verwirrender Perspektiven und Probleme von verschiedenen Literaturwissenschaftlern wie Werner Vordtriede, Manfred Durzak, Peter Lämmle und anderen geleistet wurde[21], ist es noch ein weiter Weg bis zu einer kritischen Zusammenschau der deutschsprachigen Literatur der gesamten Periode.

Um nur ein weiteres wichtiges Problem im Zusammenhang damit aus der engeren Exilliteraturforschung herauszugreifen, sei hier noch auf das Wertungsproblem verwiesen.

Für den Literaturwissenschaftler, der sich mit Exilliteratur beschäftigt, wäre dies ein literarisches Problem, sollte man meinen, und gerade wegen der Krisen- und Umbruchszeit gespiegelt in der Literatur der Zeit gäbe es schon Schwierigkeiten genug. Aber nicht einmal jene erste, allerelementarste Prämisse scheint im Zusammenhang mit Exilliteratur gesichert zu sein. Dies hat keineswegs immer direkt und bewußt mit jener östlich zentral gelenkten Renaissance ältester Tricks kommunistischer Volksfrontpolitik zu tun, die darauf hinausliefen, Literatur mit einem agitatorischen Pamphlet in Roman-, Drama- oder Gedichtform zu verwechseln und die einen absoluten Wertmaßstab der Beurteilung je nach der Nützlichkeit und aktiven

Überzeugungskraft des einzelnen Werkes für die Ziele dieser Politik bereit hält. Sondern das Problem hängt auch damit zusammen, daß viele der Leute, die sich zumindest bis jetzt für deutschsprachige Exilliteratur zu interessieren begannen und darüber arbeiten, dies aus einer Motivation heraus tun, die menschlich zwar edel aber methodologisch falsch ist. Es geht ihnen nämlich nicht um literarische, sondern um politische Wiedergutmachung. Vieles jedoch, was an Werken der Exilliteratur politisch bedeutend, interessant und wichtig ist, ist vom Literarischen her gesehen ziemlich irrelevant und umgekehrt. Die politischen Kreuzfahrer der Exilliteraturforschung, von denen sich zudem besonders viele aus dem großen Heerzug methodologischer Dilettanten rekrutieren, sind eifrig dabei, ein ebenso großes wie schiefes und unrichtiges Bild der deutschsprachigen Exilliteratur aufzurichten.

Die Rezeption der größten Exilautoren und ihre angemessene Einordnung in den Zusammenhang der deutschen, wenn nicht der Weltliteratur, ist zwar nicht abgeschlossen, scheint aber doch kaum mehr aufzuhalten zu sein. Schon gleich nach den Allergrößten gibt es jedoch eine ganze Reihe von Exilautoren, deren Werke bis heute das traurige Schicksal erleiden, noch immer wenig oder fast gar nicht bekannt zu sein und deren Rolle innerhalb des Bildes der deutschen Gesamtliteratur völlig ungeklärt ist. In manchen Fällen, etwa in jenem von Hermann Grab, Alfred Neumayer oder Isaac Schreyer scheint dies eher verständlich — wenngleich nicht gerechtfertigt — weil ihr Oeuvre trotz seines literarischen Wertes außerordentlich schmal ist. In anderen Fällen aber, wie jenen von Bruno Frank und Joachim Maß, von Soma Morgenstern und Leo Perutz oder Albrecht Schäffer, um nur einige zu nennen, fällt auch diese Entschuldigung weg.

Es gäbe noch eine ganze Reihe weiterer Probleme, die ich kaum beim Namen nennen, geschweige denn auch nur kurz umreißen kann: etwa das Problem der anfänglichen gegenseitigen Unkenntnis und Ablehnung von Vertretern des Exils und der „inneren Emigration". Hier liefert die Exilliteratur einen interessanten Modellfall von Rezeptionsschwierigkeiten unter bestimmten kulturellen Voraussetzungen: nämlich im Spannungsfeld von gesteigerter Unsicherheit und weitgehender Isolierung, die zur Entstehung fast unvermeidlich erscheinender Vorurteile führen können.

Verwandt damit ist ein anderes Problem der Exilliteratur, daß diese Literatur nämlich wegen ihrer psychologischen Hintergründe und besonders der oft unerhört großen und ungewöhnlichen Spannungen und Belastungen eine verständliche Anfälligkeit zu Heroisierung und Mythisierung besitzt, selbst zur Erfindung von nicht tatsächlich vollbrachten Taten, zur Gerüchtegläubigkeit, Spionenfurcht, Verleumdungssucht etc. Was sich diesbezüglich an Berichten über das Exilleben etwa in Klaus Manns *Vulkan*, Friedrich Torbergs *Hier bin ich, mein Vater* oder Gustav Reglers Erlebnisbericht *Das Ohr des Malchus* findet, hat oft auch seinen direkten oder indirekten Niederschlag in der Haltung der Exilautoren selbst gefunden. Ja, die entmythisierende Analyse als reinigende Erkenntnis des Heils und in einem sehr übertragenen literarischen Sinn gleichsam als Therapie der menschlichen Mißverständnisse und folgenschwer-fatalen Unzulänglichkeiten im Werk so verschiedener Autoren wie beispielsweise Thomas Mann, Hermann Broch, Alfred Döblin und Franz Werfel scheint oft nicht nur mit dem Blick auf die Gefahren des Totalitarismus, sondern oftmals auch mit dem Blick auf die daraus entsprungene Exilsituation entstanden zu sein: als Wirklichkeitsbewältigung gegenüber jeglicher Art abstrakt verkürzender Systeme und Theorien, ja geradezu als Wirklichkeitshinwendung und Wirklichkeitsfrömmigkeit.

Auf den ersten Blick mögen dabei die Positionen oft schier gegensätzlich sein. Etwa wenn Thomas Mann für eine Entmythisierung vor allem von einem zutiefst irrationalen Mythos aus grauer Vorzeit eintritt, den er psychologisierend ganz ins Rationale zu wenden scheint, während Broch sich gegen einen ganz anderen „Mythos" nämlich jenen eines naiven, total rationalistischen Positivismus wendet, indem er erklärte: „Der Positivismus, zu dem die Russelsche Einstellung letztlich gehört, ist ein integrierender Teil des Weltzustandes, der einen Hitler hervorgebracht hat."[22]

Der scheinbare Widerspruch ließe sich wohl klären, doch würde dies tief hineinführen in eine weitere Problematik der Exilliteratur, die hier auch nur anzuschneiden viel zu weit gehen würde. Handelt es sich doch um nicht weniger als die von der Exilliteratur erstellten Klärungs- und Lösungsversuche angesichts der wahrhaft existentiellen Bedrohung des Menschen durch den Totalitarismus unserer Zeit, ein Problem, das zur Zeit nicht weniger aktuell ist als während des Zweiten Weltkrieges, auch wenn der Hauptbazillenträger längst nicht mehr Adolf Hitler heißt. Diese Klärungs- und Lösungsversuche der deutschsprachigen Exilliteratur seit 1933 einsichtig zu machen, darzustellen und einer größeren Öffentlichkeit zu vermitteln, scheint mir gerade in unserer Zeit eine nicht unwichtige Aufgabe der Literaturwissenschaft zu sein. Auf diese Weise kann sie am ehesten in entscheidener Weise mit dazu beitragen, dem zum Durchbruch zu verhelfen, was Alfred Döblin einmal „die leise große Macht der Kunst" genannt hat. Er hat im Zusammenhang mit der Exilliteratur darauf hingewiesen, und er hat im Anschluß daran an jenen Aspekt des dichterischen Orpheus-Mythos erinnert, wonach jener durch die Größe und den Zauber seiner Kunst Wildheit und Barbarei zu bezwingen und zu veredeln vermochte.[23]

Anmerkungen

1   Peter Huchel: „Exil", abgedruckt in *Europäische Ideen*, Jg. 1973, Heft 1, S. 42.
2   Wilhelm Sternfeld Eva Tiedemann: *Deutsche Exil-Literatur 1933-1945*, Heidelberg-Darmstadt 1962.
3   Benedikt Kautsky: *Teufel und Verdammte*, Wien o.J., S. 21.
4   *Zehnjahrbuch 1938-1948* des Verlages Bermann Fischer, hg. v. Friedrich Torberg, Wien und Stockholm 1948.
5   William K. Pfeiler: *German Literature in Exile*, Lincoln 1957.
6   Hans Albert Walter: *Bedrohung und Verfolgung bis 1933. Deutsche Exilliteratur 1933-1950*, Bd. I. Darmstadt und Neuwied 1972, S. 33. Vgl. auch Helmut Knütter: Zur Vorgeschichte der Exilsituation. In: Manfred Durzak (Hg.): *Die Deutsche Exilliteratur 1933-1945*, Stuttgart 1973, S. 27-39.
7   Theodore Ziolkowski: Foreword. In: Hermann Hesse: *Magister Ludi*, New York 1970, S. VI.
8   Alfred Polgar: Der Emigrant und die Heimat. In: *Anderseits*, Amsterdam 1948, S. 221.
9   Vgl. bspw. Hans Albert Walter, a.a.O., Bd. I., S. 30.
    Vgl. auch Hildegard Brenner: Deutsche Literatur im Exil 1933-1947. In: *Handbuch der deutschen Gegenwartsliteratur*. Unter Mitwirkung von Hans Hennecke hg. v. Hermann Kunisch, München 1965, S. 678.

10 Hermann Kesten (Hg.): *Deutsche Literatur im Exil*, Frankfurt a.M. 1973, S. 221.

11 Joseph Roth „hat nicht Selbstmord begangen, doch ein indirekter Selbstmord zumindest war auch sein Tod gewesen." Irmgard Keun: Begegnung in der Emigration. In: David Bronsen (Hg.): *Joseph Roth und die Tradition*, Darmstadt 1975, S. 38.

12 Robert Minder: Begegnung mit Alfred Döblin in Frankreich. In: Heinz Ludwig Arnold (Hg.): *Deutsche Literatur im Exil*, Bd. II. Materialien, Frankfurt a.M. 1974, S. 279.

13 Heinz Ludwig Arnold (Hg.): *Deutsche Literatur im Exil*, Bd. I. Dokumente, Frankfurt a.M. 1974, S. 214 f.

14 Werner Vordtriede: Vorläufige Gedanken zu einer Typologie der Exilliteratur. In: *Akzente*, 15. Jg., Heft 6/68, S. 562-573.

15 Bertolt Brecht: *Lieder, Gedichte, Chöre*, Paris 1934.

16 Werner Vordtriede: *Das verlassene Haus*. Tagebuch aus dem amerikanischen Exil, München o.J., S. 188.

17 Alexander Solschenizyn: *Warning to the West*, New York, N.Y. 1976, S. 31.

18 Stella Rotenberg: *Gedichte*, Tel-Aviv o.J.

19 Hans Sahl: *Wir sind die Letzten*, Heidelberg 1976.

20 Fritz Martini: Das Schicksal der Emigration. In: Heinz Ludwig Arnold, a.a.O., Bd. II, S. 74.

21 Werner Vordtriede: Vorläufige Gedanken zu einer Typologie der Exilliteratur, a.a.O., Manfred Durzak: Deutschsprachige Exilliteratur. In: Manfred Durzak (Hg.): *Die deutsche Exilliteratur*, a.a.O., S. 9-26 — Peter Lämmle: Vorschläge für eine Revision der Exilforschung. In: *Akzente*, 20. Jg., Heft 6, Dezember 1973, S. 509-519.

22 Hermann Broch: *Briefe*, hg. v. Robert Pick, Zürich 1957, S. 128.

23 Alfred Döblin: Die deutsche Literatur. In: Heinz Ludwig Arnold (Hg.): *Deutsche Literatur im Exil*, a.a.O., Bd. I, S. 216.

Topoi der Exilliteratur

Als Werner Vortriede 1968 erstmals eine „vorläufige" Typologie der Exilliteratur" versuchte[1], da ergab es sich gleichsam vom Gegenstand her, daß er sie aus Motiven und Themen von Exilwerken heraus entwickelte. Einzelne, bestimmte Arten, Perspektiven oder Haltungen dichterisch-gestalteter Gedanken, die in diesen Werken in typischer Wiederholung auftreten, bezeichnete er dabei — allerdings nur in zwei Fällen, da er sie nicht absichtlich bedachte und methodenkritisch bewußt anwandte — als „Topoi".

Nun ist es aus mehr als einem Grund naheliegend, bewußt und systematisch die Frage nach grundlegenden Topoi der Exilliteratur zu stellen, zumal es auch kein Zufall war, daß der Topos-Begriff sich gleichsam unbewußt schon am Beginn der grundsätzlichen Überlegungen eingestellt hatte.

Erstens ist es den Werken der Exilliteratur eigen, kaum jemals rein formalistisch ausgerichtet zu sein, so daß — im Unterschied etwa zur Literatur des Dada, der konkreten Lyrik oder des roman nouveau — bestimmte topos-artige, gehaltsbezogene Bestandteile, wie zum Beispiel einzelne Motive, Thementeile, Unterarten von Themen oder gar ganze Themen gegenstandsgenuine Grundelemente der Werke bilden.[2]

Zweitens kommt noch dazu, daß gerade jene Art historischer Rhetorik, wie sie Ernst Robert Curtius bei seiner Schaffung der neueren Toposforschung vorschwebte[3], im Unterschied zur rein formalistischen Rhetorik der alexandrinischen Schultradition, es ermöglicht, nicht nur äußere Formen und Nomenklaturen, sondern infolge der geschichtlichen Vergleichsmöglichkeiten und der ausgesprochenen Dichtungsorientiertheit dieser Methode zweierlei verschiedene Aspekte in den Blick zu bekommen, die für die Klärung der Exilproblematik von besonderer Wichtigkeit sind.

Zum einen ermöglicht diese Methode ein Eingehen auf literatur-qualitative Probleme, was besonders auf dem Gebiet der bisherigen deutschen Exilliteratur-Kritik, die bis jetzt auf weiten Strecken völlig unzulänglich, weil einseitig politisiert oder ideologisiert war, noch vordringlicher erscheint als auf anderen Gebieten.

Zum anderen, und dies hängt mit dem ersten Problem zusammen, bietet diese Methode ein fruchtbares Mittel, Werke der deutschen Exilliteratur in einen weitaus größeren, vergleichenden Rahmen von Exilwerken anderer Länder und Zeiten zu stellen, um so ihren tat-sächlichen jeweiligen Standort durch derart zutage tretende Ge-meinsamkeiten oder Verschiedenheiten genauer zu bestimmen.

Drittens aber ermöglicht gerade eine derartige, breitere Grundlage die methodenkritische Möglichkeit, nicht nur im Sinn von Curtius die Entstehung und Entwicklung „literaturbiologischer" Art[4] von neuen Topoi zu verfolgen und darzustellen, sondern auch die litera-turgeschichtlich und literatursoziologisch aus der Exilsituation heraus gegebene Entstehung und Entwicklung von Topoi zu verfolgen.

Von hier aus gesehen — von der breiten Grundlage komparatistischer Betrachtungsweise wie von der Möglichkeit her, gerade durch die Verwendung dieser Methode literarisch besonders gewichtige Werke als Beispielsfälle auszuwählen, um charakteristische und typische Züge aufzuzeigen —, versteht sich die Auswahl der folgenden Beispie-le; sie beschränkt sich auf wenige, fast durchwegs bedeutende Autoren.

Der wichtigste Topos der Exilliteratur, mit dem fast alle anderen ihrer Topoi mehr oder weniger direkt zusammenhängen, ist der To-pos des Exils selbst. Als etwa Heinrich Mann, nicht zuletzt zur Huldi-gung seines eigenen, geliebten Gastlandes, als Flüchtling seinen Ro-man über *Die Vollendung des Königs Henri Quatre* schrieb, da flocht er nicht nur Anspielungen auf die damalige Situation in Deutschland — das Deutschland der Hitler-Ära — ein; er stellte auch gleichsam nebenbei — wie auf mittelalterlichen Heiligendarstellungen mitun-ter in eine Ecke der Stifter des Bildes ganz klein hineingemalt ist — einen ehemaligen Flüchtling und Exilanten in die Handlung hinein. Es ist Mornay, König Heinrichs Sonderbotschafter in England, der dieses Land seiner Jugend als Emigrant kennengelernt hatte.

Zusammen mit der Einführung dieser Nebenfigur folgt auf engstem Raum eine kondensierte Darstellung der Psychologie des Exils, des Exilanten und seiner doppelten inneren Spannung der alten Heimat wie dem neuen Gastland gegenüber; als eines der hervorstechendsten Merkmale findet sich die Verständnislosigkeit auch der wohlmeinendsten und besten Menschen im Gastlande gegenüber der Exilsituation und mehr noch gegenüber den Zuständen, die dazu geführt haben.

Erfahrungen, die scheinbar die ganze Welt aufbringen sollen, so furchtbar sind sie und schreien zu Gott so laut: schon hundert Meilen weiter, es ist dieselbe Christenheit, machen sie höchstens soviel Aufsehen wie eine Erfindung und die könnte besser sein.[5]

Die Ausnahme von der Regel, der einzige Mensch, den Mornay in seinem Gastland trifft, der wirklich zuhört *und* versteht *und* teilnahmsvoll reagiert, wird durch die Erzählungen dazu angetrieben, eine Art surreales Bild Europas zu entwerfen, das auf die Enthüllung der komplementären anderen Seite des Exils seines Freundes zielt, auf die Darstellung des Landes der Flucht, in diesem Falle des Frankreich der grausamen Protestantenverfolgungen.

Fast bestürzend, zumal für einen so rationalen, vernunftehrenden Autor wie Heinrich Mann ist nun die Reaktion des Flüchtlings Mornay, mit dem der Autor selbst als Flüchtling sich offenkundig weitgehend identifiziert, auf jenes Bild: „Das Unrecht ist geheimnisvoll", „Ihr Entwurf" (und er meint damit seinen Freund, den „Maler") „bedeutet nichts geringeres als das Mysterium des Unrechts."[6]

Hier wird bereits sichtbar, daß, entgegen mancher Behauptung, die Topoi der Exilliteratur und die ganze Exilliteratur überhaupt nichts besonderes oder gar gänzlich anderes darstellen als jegliche andere Art von Literatur. Sie zielt genau so wie alle übrige Literatur auf allgemein Menschliches, und der Umstand, daß sie unter besonderen Erschwernissen und Krisen der Exilsituation geschaffen wird, bedeutet äußerstenfalls eine oft weitgehende, vielleicht selbst radikalere Verdeutlichung der Conditio Humana. Daß dabei durch Angst und Verfolgung, Krisen und Leiden des Exils sowohl die niederen Instinkte, das Böse und Barbarische im Menschen, wie auch das Höhere, Große, Bedeutende ausgelöst werden können, versteht sich von selbst.

Als etwa der große russische Exilflüchtling der Menschlichkeit, Alexander Solschenizyn, seine erste größere, im Exil erschienene und zu großen Teilen auch erst im Exil geschriebene Erzählung herausbrachte, da war sie zur Gänze dem Topos des Exils untergeordnet, dem Thema eines nicht weniger großen — wenn ihm auch völlig entgegengesetzten — russischen Exilflüchtlings der Unmenschlichkeit und trug den Titel *Lenin in Zürich*.[7]

So sehr dabei das persönliche Schicksal Lenins und das Schicksal Russlands das Hauptanliegen bilden, ist doch die Entwicklung Lenins vor dem Exilhintergrund gezeichnet, und zwar überaus realistisch gezeichnet. Dieser Lenin verachtet die Emigrantenwelt wegen ihres Mangels an Realismus, ihrer Effektlosigkeit, ihres „After"-Intellektualismus, da sie nichts anderes ist als Rederei, leere Phrasen, ohne Macht und wirkliche Kraft und Einsatz.[8] Seine Vorstellungen der Durchschnittstypen des Exils, jener vielfach hoffnungslos einseitigen, verrannten, in ihren unrealistischen Meinungen so eminent sicheren und überzeugten Gestalten, die weder gut noch überhaupt orthographisch richtig schreiben können und dennoch Herausgeber, politische Schriftsteller und Strategen der politischen Verhältnisse sein möchten[9], sie betrifft nicht nur die kommunistischen Exilanten, die wie Lenin zur Zeit des Ersten Weltkrieges in der Schweiz saßen, sondern auch viele Opfer des Exils überhaupt, wobei den zahllosen durchschnittlichen und unterdurchschnittlichen Vertretern solcher Schicksale eine kleine Handvoll großer und bedeutender Menschen gegenübersteht. Das zeigen die Exil-Topoi aller Exilromane von Klaus Manns *Vulkan*[10] bis zu Walter Hasenclevers *Irrtum und Leidenschaft*.[11] Ja, Friedrich Torberg, einer der aufrechtesten und entschlossensten Kämpfer im Exil, hat in seinem Roman *Hier bin ich, mein Vater* sogar einen Juden dargestellt, der im Pariser Exil als Gestapospitzel wirkt.[12] Dabei versteht es sich von selbst, daß solch unerbittlicher Mut zur Wahrheit zusammen mit der künstlerischen Darstellungskraft, wie sie gerade auch in den Topoi der Exiltypen vergleichsweise sichtbar wird, bedeutendere Literatur schafft, als dies billige und verlogene Glorifizierung je fertig brächte.

Das besagt nicht, daß es nicht auch bei den Topoi der Exilautoren jenseits aller Wahrheitsliebe literarische Stilisierung als echtes und positives Kunstmittel gibt. Der exilierte Ovid etwa wertet in seinem Gedicht *Abschied von Rom* die eigentliche Heimat dadurch auf, daß „alles" in Rom, das „alles ihm Teure" nennt.

Solcher Übertreibung durch Glorifizierung steht die nicht weniger effektvolle Untertreibung gegenüber. Wenn etwa der französische Renaissancedichter Joachim Du Belley sich aus dem großen, reichen, herrlichen Rom zu seiner kleinen Hütte in der französischen Heimat zurücksehnt, dann braucht es keine überragend literarhistorische Bildung, um zu wissen, daß diese kleine Hütte immerhin ein Loire-Schloß war.

Vladimir Nabokow hat den Heimweh-Topos in seinem Roman *Pale Fire*[13] ähnlich gestaltet: der imaginäre Herausgeber und Kommentator der Dichtung, Exilant und eigentlicher Autor des Romans, Charles Kinbote, mietet im amerikanischen Exil eine komfortable Villa mit zentralem Heizsystem, das er dem primitiven Ofen in einer Bauernstube seiner utopischen Heimat weit unterlegen findet.

Was wieder keineswegs besagt, daß Exilliteratur immer Heimwehdichtung im positiven Sinn bedeutet, gleichgültig wie der Heimwehtopos gestaltet ist. Es wird mitunter die ganze verlassene Heimat auch negativ gesehen, indem sie in ihrer literarischen Funktion zur reinen Folie der dort bestehenden Tyrannenherrschaft wird, die den flüchtigen Autor vertrieb. In diesem Sinn etwa assoziiert Solschenizyns Romanfigur Lenin Rußland mit permanentem Winter, die Exilländer jedoch mit Winterlosigkeit und Abwesenheit von Kälte.

Aber auch ambivalente Gestaltungsweisen finden sich. So hat beispielsweise die Heimatbeziehung der Exilliteratur eine ihrer großartigsten literarischen Gestaltungen in Thomas Manns Darstellung des Doktor Faustus, seiner Theorien und musikalischen Schöpfungen gefunden. Im allgemeinen gibt es durch das ganze Buch hindurch kaum eine scharfsichtigere und ironischere, schneidendere und erbarmungslosere Analyse von Manns deutscher Heimat in jener Epoche als jene, die in der literarischen Gestalt Adrian Leverkühns und dessen musikalischen Werken literarisches Ereignis geworden ist. Typisch für das ganze Buch, da der Topos der Beziehung zur Heimat eine so sehr ins Symbolische transformierte und sublimierte Gestaltung gefunden hat, ist etwa jene Charakteristik von Leverkühns frühem Werk *Apocalypsis* durch Serenus Zeitblom: er findet im unwiderstehlich rührenden Sphären- und Engelsgetön des Kinderchors in diesem Werk keine Note, die nicht streng korrespondierend auch im erschütternden Höllengelächter desselben Werkes vorkäme. Typisch ist auch jene Apologie der Dissonanz durch Leverkühn, in welcher er den polyphonen Charakter um so entschiedener und damit großartiger findet, je dissonanter er ist.

Dennoch wird zuletzt, im Werk „seines Nachlasses, seines Untergangs" in jener versuchenden Kundgebung der Einsamkeit des Menschen, und zwar ganz am Schluß jener Faust-Kantate, alles Negative gleichsam aufgehoben und so eine ambivalente Haltung erzielt.

Zeitblom fordert uns auf:

> Hört nur den Schluß, hört ihn mit mir: Eine Instrumentengruppe nach der anderen tritt zurück, und was übrig bleibt, womit das Werk verklingt, ist das hohe g eines Cello, das letzte Wort, der letzte verschwebende Laut, in pianissimo-Fermate langsam vergehend. Dann ist nichts mehr, – Schweigen und Nacht. Aber der nachschwingend im Schweigen hängende Ton, der nicht mehr ist, dem nur die Seele noch nachlauscht, und der Ausklang der Trauer war, ist es nicht mehr, wandelt den Sinn, steht als ein Licht in der Nacht.[14]

Ein verbreiteter Topos in der Exilliteratur ist die Trennung zwischen den guten und den bösen Bürgern, die in der Heimat zurückgeblieben sind. Oft vertreten die ersteren ebenso wie die Exilanten die kontinuierlich fortgesetzte, positive Kulturtradition der Heimat, während die anderen, als tyrannische Gewaltherrscher, und deren Helfershelfer das Land in die Barbarei stürzen. In Hermann Kestens Roman *Die Zwillinge von Nürnberg*[15] etwa sind der richtige Vater und der Pflegevater der Zwillinge direkt als die Vertreter des „hellen und des dunklen" Deutschland einander polar gegenübergestellt.

Selbst führende Vertreter aus der Gruppe der Bösen werden dabei mitunter in einem tragischen Zwiespalt gesehen und mit sehr menschlichen Attributen ausgestattet, so etwa die Schlüsselfigur für den deutschen Luftwaffengeneral Udet in Zuckmayers Drama *Des Teufels General*. [16]

Zuletzt bleibt oft nur der Tyrann selbst übrig, und selbst er wird mitunter zu der echten Tradition des Landes, das er beherrscht, in weitgehenden Gegensatz gestellt. So unterstreicht Alexander Solschenizyn in *Lenin in Zürich*, daß Lenin nur zu einem Viertel russisches Blut hat und eigentlich nicht als Russe gezählt werden kann. Umgekehrt werden in manchen literarischen Analysen der Situation nicht nur die Führer der Barbarei und ihre Mitläufer der Schuld am Geschehen bezichtigt, sondern auch jene Neutralen, Abseitsstehenden, die durch ihre Gleichgültigkeit die Geschehnisse erst ermöglichen. Ein Beispiel dazu ist Hermann Brochs Roman *Die Schuldlosen*. [17]

Die direkten Darstellungen des freiheitsunterdrückenden Führers der Heimat — z.B. die direkte literarische Darstellungen Hitlers — gehören in der Exilliteratur eher zu den Ausnahmen als zur Regel. Wenn er aber dargestellt wird, dann zumeist nur am Rande; so etwa in ganz wenigen der zahllosen zeitgeschichtlich-dokumentarisch gestalteten Szenen in Theodor Plieviers *Berlin*-Roman. [18] Eher taucht er in indirekter Darstellung, beschränkt auf Anspielungen im Zusammenhang mit Figuren historischer Romane auf oder aber symbolisierend transformiert als eine Art Versucher oder Teufelsfigur wie in Hermann Brochs *Versucher* [19] oder Thomas Manns *Doktor Faustus*.

Das Ausweichen in indirekte Gestaltungen historischer Situationen, die oftmals alles andere als echte Parallelen darstellen, jedoch Anspielungen erlauben, ist so häufig, daß man von einer Art Renaissance des Typus eines gegenwartsbezogenen historischen Romans in der Exilliteratur sprechen kann. Damit haben die Topoi des Tyrannen und des Unterdrückten verschiedenartige Entwicklung erfahren. Die Figur des edlen Las Casas gegenüber der skrupellosen Politik der Kolonisatoren wird nicht nur in Alfred Döblins Roman *Das Land ohne Tod* [20] zum Topos des positiven Helden, während negative Helden, etwa Struensee in Edgar Maass' Roman *Der Arzt der Königin* [21], Oberst Walker in Alfred Neumanns Roman *Der Pakt* [22] oder

Ferdinand und Isabella und die unter ihrer Regierung in Spanien durchgeführte Vertreibung der Mauren und Juden im gleichnamigen Roman Hermann Kestens[23] zeitbezogene Chiffren sind.

Phantastische und surreale Elemente, wie etwa ein ins Exil getriebener Gott in Döblins *Babylonische Wandlung*[24] oder das Auftreten des ewigen Juden und des heiligen Franz von Assisi in Franz Werfels Stück *Jacobowsky und der Oberst*[25], sind selten. Dafür gibt es jedoch eine sehr entwickelte Topik des Utopischen in der Exilliteratur. Diese ergibt sich gleichsam von selbst aus einer gewissen Fremdheit, ja Unwirklichkeit der Exilsituation, die Alfred Polgar einmal auf die schlagende Formel gebracht hat: „Die Fremde ist nicht Heimat geworden. Aber die Heimat Fremde."[26] In Franz Werfels utopischem Exilroman *Der Stern der Ungeborenen* findet sich dies fast wörtlich wieder, als der weitgehend autobiographische Held F.W. durch eine Mischung aus Zufall und Wunder in die „Astromentale Gesellschaft" einer fernen Zukunft verschlagen, dem hohen „Geoarchonten" dieser Gesellschaft gegenübertritt, der ihm erklärt: „Die Fremde, die in die Heimat kommt, macht sich selbst nicht heimisch, die Heimat aber fremd."[27]

Dem weltlichen Geoarchonten mit seinen Mondaugen steht als geistliches Äquivalent ein in jeder Weise überkonfessioneller Großbischof mit Sonnenaugen gegenüber, der dem fremden Besucher aus der fernen Welt des 20. Jahrhunderts erklärt, daß die Welt jetzt in dieser utopischen Ära um hunderttausend Jahre böser, sündiger, das heißt von Gott entfernter ist als zu seiner Zeit. Als F.W. daraufhin entsetzt bekennt, dann könne er nicht leben, sagt ihm der Großbischof allerdings, daß er ihm damit nur die eine Hälfte der Wahrheit gesagt habe und enthüllt ihm auch die andere:

> Die andere Hälfte der Wahrheit ist sehr einfach, mein Sohn: Wir entfernen uns nicht nur von Gott durch die Zeit, sondern wir nähern uns auch Gott durch die Zeit, indem wir uns vom Anfang aller Dinge weg und dem Ende aller Dinge zu bewegen.[28]

Hier wird wiederum besonders deutlich, daß sich die Topik der Exilliteratur von jeglicher anderen Literatur keineswegs grundsätzlich unterscheidet, und daß eine allfällige Verschiedenheit – wenn überhaupt — höchstens in der Verdeutlichung und in den vielleicht radikaleren Konsequenzen besteht, die aus dem Paradox der menschlichen Existenz gezogen werden, und selbst dies beschränkt sich auf einige Spitzenwerke.

Die Funktion des Utopischen ist denn auch in der Exilliteratur wie in der Nicht-Exilliteratur gleicherweise eine Relativierung der jeweils gegenwärtigen Situation, um sie aus der Distanz der Utopie klarer, schärfer und besser zu sehen und zu verstehen. Ja, tausende Jahre zurückblickend, wird es aus der Perspektive der astromentalen Gesellschaft für F.W. überraschend schwer, den Wahnsinn der Versklavungstendenzen und der Mordgier seiner eigenen Zeit einem Vertreter jener utopischen Gesellschaft zu erklären:

Ja, worum ging es ...? Wenn sich das so leicht sagen ließe. Es ging um ein trübes Spüllicht, um ein schmutziges Gebräu von Arbeitskrisen und Ersatzreligionen. Je unechter nämlich eine Religion ist, umso fanatischer beißen ihre Anhänger um sich. Meine ehemaligen Zeitgenossen waren fanatisch darauf versessen, keine Seelen und keine Persönlichkeiten zu besitzen, sondern Ichlose Atome menschlicher Großkomplexe zu sein. Die Einen hingen dem Großkomplex „Nation" an, indem sie die Tatsache der Zuständigkeit, daß sie nämlich in irgendeinem Lande und unter irgendeinem Volke geboren waren, zum ewigen Wert erhoben. Die anderen hingen dem Großkomplex „Klasse" an, indem sie die Tatsache, daß sie arm und niedrig geboren waren und dies nicht länger sein wollten, zum obersten Wert erhoben. Beide Großkomplexe waren jedoch für ihre Anhänger ziemlich leicht austauschbar, da beinahe jedermann sowohl arm war als auch einer Nation angehörte...[29]

Die Situation der Lebenswirklichkeit, selbst in den idealsten Gastländern der flüchtigen Exilautoren, erscheint mitunter so sehr unerträglichem Zwang und namenlosen Leid unterworfen, daß als einziger möglicher Ausweg in ein wirkliches Reich der individuellen Freiheit nur die Flucht in eine positive Utopie reinen Traum- und Wunschdenkens bleibt.

Natürlich ist auch der Topos des Utopischen bipolar und doppelseitig. Der Möglichkeit, die Schrecknisse der Zeit in einer utopisch übersteigerten Gestaltungsform als Warnung und Abschreckung darzustellen, steht die positive Utopie gegenüber, in der sich die Chance zur Verwirklichung höchster Entwicklungsformen in einem idealen

Reich persönlicher Freiheit bietet. Hermann Hesse (wenn man ihn als Exilautor gelten lassen will) und die kastalische Provinz seines *Glasperlenspiels* gehören hierher. In gleichsam doppelter dichterischer Meisterschaft hat Vladimir Nabokov ein anderes utopisches Reich solcher Art in seinem Roman *Pale Fire* gestaltet.

Sein Exilant und Flüchtling aus dem Leben, der selbst fiktionale Charles Kinbote, erfindet und formt ein imaginäres Reich namens Zembla, als eine Art Reich der Freiheit und der Phantasie, in dem er selber einmal unumschränkt echter König war, dem leidenschaftlichen Studium der Literatur ergeben, ehe er zum Exilkönig wurde und zum Literaturprofessor absank. Den Namen jenes imaginär-utopischen Reiches hat Nabokov dem zweiten Brief aus Alexander Popes *Essay on Man* entlehnt, wo es heißt: „At Greenland, Zembla, or the Lord knows where ..." Die große Kunst, der große Trost, die tiefe Beglückung von *Pale Fire* sind in der Gestaltung des literarischen Topos von jenem „fernen, nördlichen Land" Zembla begründet, der weitgehend dem imaginären „Atlantis" in E.T.A. Hoffmanns Märchen vom *Goldenen Topf* entspricht, von dem die Figur des Archivarius Lindhorst sagt:

> Still, still, Verehrtester! Klagen Sie nicht so! — Waren Sie nicht soeben selbst in Atlantis, und haben Sie denn nicht auch dort wenigstens einen artigen Meierhof als poetisches Besitztum Ihres inneren Seins? — Ist denn überhaupt des Anselmus Seligkeit etwas anderes als das Leben in der Poesie, der sich der heilige Einklang aller Wesen als tiefstes Geheimnis der Natur offenbart?[30]

Ein auch noch so kursorischer Überblick über kennzeichnende Topoi der Exilliteratur wäre indessen in unverantwortlicher Weise unvollständig, wenn nicht auch der gehaltlich genau entgegengesetzte Topos, der Topos von der Infragestellung eines solchen „Lebens in der Poesie" als unstatthafter und schuldhafter Luxus genannt würde, ein Luxus, wie er zumal in einer Zeit der Gefährdungen und Barbarei des modernen Totalitarismus gar nicht gestattet ist. Dabei meine ich keineswegs jene Art von Verwechslung von Dichtung mit politischer Rhetorik, wie sie gerade jene Totalitarismen selbst als vermeintliche Literatur hervorbringen, um damit gelegentlich auch die ihnen jeweils innerlich parallelen, doch äußerlich feindlichen anderen Systeme anzugreifen. Ich meine vielmehr jenes Paradox eines zutiefst dichterischen Topos, der auf eine Infragestellung des Dichterischen, wenn nicht sogar auf ein Dichtungsverbot – zumal in Krisenzeiten wie jener einer bestimmten Exilperiode – hinausläuft.

Die wohl bedeutendste Gestaltung dieses Topos des versuchten Verbots von den Früchten des Baumes der Poesie zu essen, stammt von Hermann Broch und hat seinen gleichwohl selbst großartigsten literarischen Ausdruck in seinem Werk *Der Tod des Vergil* gefunden. Die besondere Gestaltungsweise dieses Topos durch Broch führt nicht nur in das innerste Zentrum bestimmter Ideen der Exilliteratur als Ausdruck der Exilsituation hinein, sondern darüber hinaus in das Problem von Sein oder Nichtsein der Literatur überhaupt, ihrem möglichen Wert und ihrer Funktion für die Menschheit.

Wie sich nämlich Hermann Broch auf dem Gipfel einer Menschheitskrise im Zweiten Weltkrieg, mit der Gefährdung des Zusammenbruchs aller menschlichen Beziehungen und Werte konfrontiert sah, so seine Romangestalt des Vergil mit seinem Tod. Beide stellen angesichts der Katastrophensituation dieselbe Frage nach Sinn und Wert der Dichtung überhaupt. Der Brochsche Vergil aber – in seiner Todesstunde plötzlich gewärtig, daß er in seinem größten Werk, der Äneis, versagt hat, da es nur partielle Erkenntnis des Menschlichen darstellt: nur Erkenntnis des Lebens, nicht aber Erkenntnis des Todes enthält – will das Manuskript darum vernichten.

Als er diesen Wunsch seinen beiden Freunden Plotius Tucca und Lucius Varius mitteilt, die den Sterbenden besuchen, lacht Plotius zunächst und will die Idee für einen reinen Bescheidenheitstopos halten, einen Topos von jener Art, der sinnentleerte, rhetorische Phrase darstellt, konventionelle Floskel, die man nicht ernst nimmt.[31] Aber dem Vergil Brochs ist es bitter ernst; und obwohl auch der Vergilroman und Vergils bitterer Ernst Literatur sind, geht es zwar um einen parallelen Topos, jedoch um einen insofern „echten" und ernstgemeinten, weil sinngeladenen, der zu ernstem Nachdenken aufrufen soll.

Weshalb will Brochs Vergil das Manuskript der Äneis vernichten? Weil sie infolge des Mangels an Todeserkenntnis unzulänglich ist, weil sie darum die wichtigsten Einsichten und Werte des dichterisch gestalteten Menschlichen, wie Vergil sie plötzlich erst in der Todesstunde selbst in aller Klarheit und Deutlichkeit erkennt, nicht vermittelt. Weil sie gekennzeichnet ist durch Unfähigkeit zur Hilfe, Mangel an Erkenntnis und versäumte Liebe.

In den Fieberphantasien des sterbenden Vergil tauchen drei visionäre Besucher auf, die verschiedene Aspekte seines Unterbewußtseins verkörpern und zugleich in ihrer bestimmten Gestalt zu drei verschiedenen Aspekten versäumter Liebe werden. Da ist zunächst der Knabe Lysanias mit typischen Zügen aus Vergils eigener Kindheit in Mantua, der die versäumte Liebe zum tieferen Selbst, das Bewußtsein *und* Unbewußtes, Leben *und* Tod umschließt, repräsentiert; weshalb er auch mit den Attributen eines Führers in das Totenreich auftritt. Dann ist da die Figur eines namenlosen Sklaven, die einerseits den Aspekt versäumter Liebe zum Nebenmenschen darstellt und andererseits, zumindest stellenweise, den Tod selbst zu repräsentieren scheint. Schließlich und nicht zuletzt ist da auch die verlassene Geliebte aus Vergils Jugend, Plotia Hieria, die den Aspekt des geliebten Partners vertritt, und ihn überdies belehrt, daß dem Einsamen der Tod verschlossen, das Wissen um den Tod zweisam ist.

Das große Thema verbindet mehrere einzelne Topoi: den Topos von der Eitelkeit alles Irdischen und besonders aller Literatur mit dem Topos der Bescheidenheit und Demut und dem Topos der Liebe. Auch hier wird wiederum die grundsätzliche Einheit aller Exil- und Nichtexilliteratur sichtbar. Wobei es freilich sein mag, daß so viel Haß — natürlich findet sich auch eine Topik des Hasses in der Exilliteratur — und so viel Enttäuschung, so viel Angst und Leid und Verrat und Elend, durch das viele der Exilautoren zu gehen hatten, sofern sie menschlich nicht völlig zerstört wurden, zu besonders weiträumigen wie intensiven Gestaltungen von Liebestopoi führten.

Bei Hermann Broch kam zu einem ungewöhnlichen Liebesbedürfnis und einer ungewöhnlichen Liebesfähigkeit noch eine Art geradezu messianisch wirkender Vorstellung von der Pflicht zu praktischer Hilfe, die seine Infragestellung des Dichterischen und auch die Lösung, die er im Vergilroman dafür fand, erklären helfen.

Brochs Vergil gibt seinen Plan, das Manuskript der Äneis zu vernichten, schließlich auf. Der erste Grund für seine Sinnesänderung ist derjenige, daß kein geringerer als Cäsar Augustus, der Herr des damals bekannten westlichen Erdkreises, in langem Gespräch das Manuskript zu retten trachtet und Vergil ihm zuletzt nachgibt. Zwar behält Vergil in der ganzen langen, theoretischen Auseinandersetzung mit seinem Vernichtungswunsch die Oberhand. Er gibt indessen nach, als sich jenseits aller Argumente, jenseits aller ästhetischen und ethischen Theorien plötzlich etwas in Wirklichkeit ereignet.

> Oh, selbst die kleinste stürzende Sekunde, die aus einer Menschenseele sich löst, um in den Zeitenabgrund zu verschwinden, ist größer in ihrer Unerfaßlichkeit als jegliches Werk, und aus des Cäsars Seele löste sich nun eine solche Sekunde, eine Sekunde der Freundschaft, eine Sekunde der Zuneigung, eine Sekunde der Liebe ...[32]

Ein zweiter Grund nachzugeben ist wohl, daß Vergil sich der Zustimmung des Kaisers gewiß sein will, wenn er in seinem Testament eine Art sozialen Liebesaktes durch die Freilassung der Sklaven auf seinem Landgut vermachen will. Ein Akt echter Hilfe, der Liebe zum Nebenmenschen entsprungen, der rechtlich der Zustimmung des Kaisers bedarf.

Ein dritter, unausgesprochener und zunächst verborgener Grund aber scheint zu sein, daß Broch in seinem Vergilroman gerade jene Botschaft nachdrücklich verkündet, die seine Vergilfigur in ihrer Äneis verabsäumt zu haben glaubt: die Botschaft der Liebe.

So zieht sich denn auch die Liebestopik als ein Haupt- und Leitmotiv durch das ganze Buch. Schon beim ersten Besuch der beiden Freunde Plotius und Lucius am Sterbebett Vergils entringt sich aus dessen Unterbewußtsein plötzlich die Einsicht: „Die Wirklichkeit ist die Liebe."[33]

Die immer deutlicher werdende Erkenntnis im Laufe der folgenden Stunden, daß es diese Liebeswirklichkeit ist, die den Tod in sich einschließt und damit aufhebt, um ihn so zu wahrer Unsterblichkeit zu verwandeln, und daß gerade sie ihm versagt geblieben ist, wodurch alles, was er geschrieben hatte, zur Hohlheit verurteilt war, bestärkt ihn zunächst in seinem Wunsch, das Manuskript zu vernichten. Da er sich aber aus persönlicher Freundschaft zu Augustus, in jenem wirklichen und echten Augenblick wahrhafter Liebe selbst überwunden und seinen Vernichtungsplan aufgegeben hat, macht er in den letzten Stunden seines Daseins jene Entwicklung durch, die er sein ganzes Leben hindurch versäumt hat. Er erreicht den Punkt, an dem der imaginäre Sklave aus seinem eigenen Unterbewußtsein die letzte Aufforderung an ihn richtet:

> 'Laß deinen Haß fahren.'
> 'Ich hasse niemanden...'
> .....
> 'Du hassest das Irdische', sagte der Sklave.
> Es gab keine Widerrede; der Sklave sprach wahr,
> und es hieß sich beugen ...[34]

Wird damit nicht auch eine ganz neue Perspektive des bereits längst aufgegebenen Vernichtungswunsches seiner großen Dichtung sichtbar? In großartiger Gestaltung aber vollzieht der Sterbende in seiner inneren Traumfahrt auf dem Todesnachen gleichsam alle versäumte Liebe nach, indem der Reihe nach der Knabe Lysanias, die Geliebte Plotia und der Sklave zu seinen Führern ins Jenseits werden. Ein Schimmer von der wegweisend ausgestreckten Hand des Knaben weist voraus und schwebt voran wie ein Sternenlächeln, bis sich das Knabenantlitz in jenes der Plotia verwandelt. Er sieht sie nicht mehr als Frau, sondern als das zum Lächeln geöffnete Menschenantlitz, das schambefreit über sich selbst hinausgehoben ist, bis er schließlich selber in dem Dunkelheitsgrund der Plotia gespiegelt war:

...da erkannte er Kind und Mutter in ihr, erkannte sich selbst geflüchtet in das Mutterlächeln, erkannte er den Vater und den ungeborenen Sohn, erkannte er den Lysanias in der Plotia, und der Lysanias war er selber; er erkannte Ur-Enkel und Ur-Ahn im Zusammenschluß des Ringes, der von Plotias Hand zum Himmel hinaufgewandert war, emporziehend mit sich den Ursprung der Strahlung, und er erkannte darin die All-Verschmolzenheit der Wesensschichten und Wesensglieder, erkannte des Wesensgrundes Einheitssein, das sein eigenstes war und doch nicht nur sein eigenes, sondern auch das von Plotias Seele, oh, so sehr das ihre, daß sie, obwohl aus anderer Wurzel entsprossen, aus anderem Stamm entlöst, aus anderer Tierheit emporgestiegen, dennoch zu ihm hatte gelangen müssen, hindurchgegangen durch viele Spiegelflächen, durch Spiegel und Aber-Spiegel, gekommen als

Spiegelbild seiner Seele, und abermals in ihr sich spiegelnd, das entfaltete Gleichgewicht aller Wesenheit.[35]

Hier schließt sich der Kreis der großen Bedeutung der Liebestopik nicht nur in Brochs *Vergil*, sondern in der Exilliteratur überhaupt. Denn schon viele hundert Jahre früher hat einer nicht nur der bedeutendsten, sondern auch gerechtesten und strengsten Exilautoren, dem kein anderer als Vergil als Führer durch die Unterwelt diente, hat Dante eines der größten Werke der Exilliteratur wie der Weltliteratur mit dem Topos und der Botschaft von der Liebe beschlossen, „die Sonne und Sterne bewegt."

Anmerkungen

1 Werner Vortriede: *Vorläufige Gedanken zu einer Typologie der Exilliteratur*. In: *Akzente* 15, 1968, S. 556-575.

2 Was einen Gesamtüberblick über die deutsche Exilliteratur nach 1933 betrifft, so sind noch immer die besten Bücher Matthias Wegners *Exil und Literatur*, Frankfurt am Main und Bonn, 1968, und *Die deutsche Exilliteratur 1933-1945*, hg. v. Manfred Durzak, Stuttgart 1973. Alexander Stephans *Die deutsche Exilliteratur 1933-1945*, München 1979 vermeidet in einigen wesentlichen Punkten die notwendige Klarstellung oder die Probleme überhaupt. Es bietet viele Details und auch bibliographische Angaben, ist in den Schlußfolgerungen aber mitunter übersimplifizierend. Ein unvergleichlich großer Teil der Sekundärliteratur zur Exildichtung besteht in ideologischem Nebelschießen oder in methodenkritisch unzulässiger Reduktion der Exilwerke auf politische und soziale Umstände und ist durch Hilflosigkeit und kritischen Dilletantismus gegenüber den literarischen Werken gekennzeichnet.

3 Ernst Robert Curtius: *Europäische Literatur und Lateinisches Mittelalter*, Bern 1948, S. 90.

4 Ebd., S. 90.

5 Heinrich Mann: *Die Vollendung des Königs Henri Quatre*, Reinbek bei Hamburg 1964, S. 103 (Erstdruck: Amsterdam 1935).

6 Ebd., S. 104.

7 Alexander Solschenizyn: *Lenin in Zürich*, New York 1976.

8 Ebd., S. 122.

9 Ebd., S. 61.

10 Klaus Mann: *Der Vulkan*, Amsterdam 1939.

11 Walter Hasenclever: *Irrtum und Leidenschaft*, München 1977.

12 Friedrich Torberg: *Hier bin ich, mein Vater*, Stockholm 1948.

13 Vladimir Nabokov: *Pale Fire*, New York 1962.

14 Thomas Mann: *Doktor Faustus*, Stockholm 1947, S. 732-733.

15 Hermann Kesten: *Die Zwillinge von Nürnberg*, Amsterdam 1947.

16 Carl Zuckmayer: *Des Teufels General*, Stockholm 1946.

17 Hermann Broch: *Die Schuldlosen*, Zürich 1950.

18 Theodor Plievier: *Berlin*, München 1954.

19 Hermann Broch: *Versucher*, Zürich 1953.

20 Alfred Döblin: *Das Land ohne Tod*, Amsterdam 1937.

21 Edgar Maass: *Der Arzt der Königin*, Hamburg, Stuttgart 1950.

22 Alfred Neumann: *Der Pakt*, Stockholm 1950.

23 Hermann Kesten: *Ferdinand und Isabella*, Amsterdam 1936.

24 Alfred Döblin: *Babylonische Wanderungen*, Amsterdam 1934.

25 Franz Werfel: *Jacobowsky und der Oberst*, Stockholm 1944.

26 Alfred Polgar: *Anderseits*, Amsterdam 1948, S. 233.

27 Franz Werfel: *Der Stern der Ungeborenen*, Stockholm 1946, S. 158 und S. 708.

28 Ebd., S. 708.

29 Ebd., S. 102-103.

30 E.T.A. Hoffmann: *Der goldene Topf*. In: E.T.A. Hoffmanns Sämtliche Werke, hg. v. C.G. von Maassen, Bd. I, München und Leipzig 1908, S. 337-338.

31 Hermann Broch: *Der Tod des Vergil*, Zürich 1958. Gesammelte Werke, Bd. 3, S. 265 (Erstdruck 1945).

32 Ebd., S. 431.

33 Ebd., S. 276.

34 Ebd., S. 473.

35 Ebd., S. 512-513.

Von den Umsetzungsmöglichkeiten der Exilsituationen in Ausdrucksformen literarischer Darstellung

Das einzige übergreifende und wirklich alle Exilliteratur wesensbestimmende Element ist ihre Entstehung aus einer Exilsituation heraus. Auf welche Weise sich im Schaffen eines Autors diese jeweilige Exilsituation auf spezifische und eigenartige Weise niedergeschlagen hat, scheint auf den ersten Blick leicht feststellbar zu sein, wenn man gemeinsame Grundzüge dieses Schaffens vor dem Exil und während dem Exil einander gegenüberstellt. Tatsächlich liegen die Verhältnisse jedoch schwieriger, denn auch ohne ins Exil gegangen zu sein, könnte derselbe Autor innere Entwicklungen durchgemacht haben, welche zur Herausarbeitung der anderen Grundzüge geführt haben könnten, – vorausgesetzt daß überhaupt ein wesentlicher Wandel festzustellen ist. Um einigermaßen objektiv und genau zu erfassen, welche neuen Züge im Exilwerk eines Autors exilspezifisch sind und welche auf andere Faktoren beziehbar erscheinen, dient am besten die Methode des Vergleichs einer größeren Anzahl von Autoren und deren Werk, um eine möglichst breite Induktionsbasis zu schaffen.

Grundsätzlich ist natürlich die Zahl der Möglichkeiten auf welche Weise Veränderungen in Thematik wie Struktur der Werke durch die Exilsituation eingetreten sind, nahezu unendlich. Denn nicht nur ist die große Vielfalt der Autorenindividualitäten mit ihren unterschiedlichen Motivationen und Reaktionsweisen hier in Rechnung zu stellen, sondern ist es im Grunde auch eine unzulässige Vereinfachung von nur einer Exilsituation zu sprechen, allein was die deutsche Exilliteratur seit 1933 betrifft.

Entsprechend der Verschiedenheit der einzelnen Gast- und Asylländer[1], wie der jeweiligen Lage der individuellen Autoren innerhalb dieser Länder, gab es sehr verschiedene Formen der Exilsituation.

Nun scheint es aber doch so zu sein, daß sich ähnliche gemeinsame Züge wie bei den überindividuellen Gemeinsamkeiten von Periodenstilen auch im Exilschaffen als gewisse Eigenheiten zeigen, die dadurch zustande kommen, daß es überindividuell typische Reaktionsweisen auch hier im Hinblick auf die literarischen Ausdrucksformen gibt, die dadurch zustande kommen, daß aus der potenziellen Vielzahl vorhandener Möglichkeiten einzelne besonders häufig und weitgehend entwickelt werden, während die anderen ungenützt bleiben.

Da bei diesem Prozeß werktranszendente Elemente besonders psychologischer und soziologischer Natur eine wesentliche Rolle spielen, sollten sie besonders berücksichtigt werden. Es ist in diesem Zusammenhang interessant zu beobachten, daß die literaturwissenschaftlichen Arbeiten über Exilliteratur, soweit sie nicht im Nebel politischer Ideologiebefangenheit stecken bleiben, bis jetzt über einzelne Ansätze zur Bewältigung dieses Grundproblems nicht hinaus gelangt sind. Anders liegen die Verhältnisse bei der Exilliteratur selbst, von der einzelne Werke sich mit diesem zentralen Anliegen auseinandersetzen. Auch hier ist es jedoch so, daß die bekanntesten Beispiele exilliterarischer Darstellung der allgemeinen Bedingungen und Zusammenhänge wie etwa Klaus Manns *Vulkan*[2] in Äußerlichkeiten, an der Oberfläche und in zusammenhanglosen Details stecken bleiben und die echten Ergebnisse dort zu finden sind, wo sie nur wenige suchen, da die Werke — und dies gilt vor allem von dem bisher wichtigsten, nämlich Werner Vordtriedes *Geheimnisse an der Lummer*[3], kaum allzu bekannt geworden sind. Zudem scheint die treffende Phänomenologie des Exilanten, wie Vortriede sie in der Person des Protagonisten seines Romans dargestellt hat, auf den ersten Blick weniger herzugeben als die Schilderungen klaus Manns, zumal die literaturwissenschaftlichen Schlußfolgerungen, wenn einem daran liegt, erst gezogen werden müssen.

Was Vordtriedes Phänomenologie des Exilanten aber in fast übertriebener Weise — wie sie der künstlerischen Darbietung fast schon wieder abträglich ist — liefert, sind die Hauptmotive des Doppelwesens, des Rollenverhaltens und der Farbenblindheit verbunden mit dem Thema der Vermeidung, das den negativen Hauptaspekt der wichtigsten Gemeinsamkeit aller Exilhaltungen jenseits individueller oder gruppenbedingter Verschiedenheiten kennzeichnet. Daß es sich bei Vordtriedes Romanfigur nicht nur um einen Emigranten, sondern um einen Remigranten, einen zurückkehrenden Exilanten handelt, macht im wesentlichen keinen Unterschied, sondern verdeutlicht die Lage nur um so mehr.

Das Doppelwesen kommt dadurch zustande, daß der Exilant der verlassenen Heimat niemals mehr ganz und dem Gast- oder Asylland auch niemals ganz zugehört, wie weit die verschiedenen Assimilationsmöglichkeiten auch getrieben werden. Daraus entspringt mit einer gewissen Notwendigkeit ein Rollenverhalten, bedingt durch das Schlüpfen in nicht von Grund aus selbst aufgebaute Lebensverhältnisse, in Vordtriedes Roman in skurril-übersteigerter Weise durch das Schlüpfen des Protagonisten in die Persönlichkeit eines Toten dargestellt. Damit hängt die symbolisch zu verstehende Farbenblindheit auf das engste zusammen, denn natürlich wird der Exilant niemals die gesamte Breite der Farbenskala total erkennen, weder jene der verlassenen Heimat noch jene des neuen Gastlandes.

Das Grunderlebnis dieser Situation ist das einer gesteigerten Unsicherheit. Gesteigert, weil ein gewisser Unsicherheitsfaktor auch im Leben des nicht exilierten Schriftstellers, selbst wenn er als etabiliert gelten kann, eine wesentliche Rolle spielt. Die durch das Exil herbeigeführte Steigerung dieser Unsicherheit macht sie zur alles andere überflügelnden Hauptmotivation in der Haltung der Exilautoren. Dies wiederum führt zu drei grundsätzlich parallelen, wenngleich verschiedenen Reaktionsweisen, deren jede einzelne sich in vielfältigster Weise und nach den verschiedensten Richtungen hin entwickeln kann.

Die erste Reaktionsweise ist ein verstärktes Bedürfnis nach „Sicherheiten" und der Versuch, solche Sicherheiten zu erlangen. Die zweite Reaktionsweise ist der Versuch des Findens eines Standpunktes, von dem aus die gesteigerte Unsicherheit bewältigt und überstanden werden kann. Die dritte Reaktionsweise ist eine Kombination oder Synthese von eins und zwei. Eine vierte Reaktionsweise könnte man allenfalls nennen, wenn keine der ersten drei zum Tragen kommt und aus innerer – nicht äußerer – Notwendigkeit ein völliges Scheitern des Exilautors die Folge ist, das sich in Verminderung oder Versagen der schöpferischen Kraft oder sogar im Freitod äußern kann.

Das Streben nach gößerer Sicherheit und Geborgenheit in der durch äußere und innere Not des Exils gesteigerte Unsicherheit fand seinen Ausdruck auf literarischer wie auf empirisch-biographischer Ebene und beides fand seinen Niederschlag in den Werken des Exils. Was die rein literarische Ebene angeht, so lassen sich in gewisser Hinsicht Aspekte des Gehalts von denen der Form unterscheiden.

Was die Aspekte des Gehalts betrifft, so zeigt sich eine solche Suche nach Sicherheit in einer Hinwendung zur eigenen Kulturtradition, sei es, daß die Sicherheit in einer „echten" deutschen Kultur- und Literaturtradition gesucht wird, die der verratenen, barbarisierten Lebensform Hitlerdeutschlands entgegengestellt wird, sei es, daß es sich um eine Hinwendung zu umfassenderer, europäischer oder westlicher Tradition, Einbettung und Geborgenheit in sie handelt, wobei der verengten und verfälschten deutschen Tradition des Nationalsozialismus als negativem Element oder als Verirrung diese größere abendländische Tradition entgegengesetzt wird, deren integralen und unverlierbaren Teil die wahre deutsche Kulturtradition bilde.

Wichtig für solche bezeichnende Haltung sind nicht so sehr jene Exilautoren, deren Schaffen seit eh und je solchem Traditionsbewußtsein eingebunden gewesen waren wie etwa Rudolf Borchardt, Albrecht Schaeffer oder Franz Werfel, sondern Autoren, die zumal in ihren Werken vor dem Schritt ins Exil kaum vieles von einer solchen Haltung gezeigt hatten. Thomas Mann kann hier genannt werden, der mit den *Buddenbrooks*[4] und dem *Zauberberg*[5] eher Darstellungen eines Zerfalls geliefert hatte, und der im Exil sich um Geist und Wesen Goethes als verbindlichem Vorbild in *Lotte in Weimar*[6] zuwandte. Sehr viel komplexer, doch nicht weniger auf die Darstellung und die Verbundenheit mit der spezifisch deutschen Kulturtradition hin gerichtet ist seine Gestaltung des deutschen Themas im *Doktor Faustus*.[7]

Als Thomas Mann am *Doktor Faustus* arbeitete, besuchte ihn gelegentlich Leonhard Frank und las ihm aus seiner *Deutschen Novelle*[8] vor, einem trotz geringerer künstlerischer Bedeutung kaum weniger interessanten Beispiel einer Exildichtung, in der die Hauptfigur — hier die Baronin Josepha von Uffendorf — symbolisch zu einer beispielhaft für Deutschland stehenden Figur sublimiert erscheint, deren unerwiderte Liebe und Todesverfallenheit die ambivalente Haltung wie die gesteigert sehnsuchtsvolle Haltung des Exilautors der verlassenen Heimat gegenüber widerspiegelt.

Bei Heinrich Mann, der sich zunächst ebenfalls von seiner *Jagd nach Liebe*[9] über *Professor Unrat*[10] bis zum *Untertan*[11] der epischen Analyse und positiv wirkenden Kritik von Zerfallserscheinungen zugewendet hatte, ist es nicht so sehr die deutsche Tradition im engeren Sinn, sondern die europäische Geisteswelt deren Untergang in seinem Exilwerk *Der Atem*[12] in Trauer beschworen wird, von der sterbenden Protagonistin ebenso im Rückblick gesehen wie vom Autor aus dem kalifornischen Exil.

Bei Hermann Broch ist der thematische Wandel von der Zerfallsatmosphäre seiner weiteren Gegenwart in den *Schlafwandlern*[13] zum ambivalenten, weil ebenfalls Zerfall darstellenden, Gehalt des Vergilromans ebenso zu verstehen, zumal er nicht zufällig den ganzen Roman dem *Tod des Vergil*[14] widmet, der in der Todeserkenntnis seines Sterbens den ursprünglichen Sinn der antiken Kulturtradition noch einmal dem Zerfall seiner Zeit entgegenstellt.

Mit einem Vergils Grabschrift entlehnten Topos beginnt nicht zufällig Ernst Toller das große Exilwerk seiner Autobiographie *Eine Jugend in Deutschland.*[15] Georg Kaiser aber hat in der letzten Phase seines Exilschaffens, da er von der politischen und sozialen Wirklichkeit seiner Zeit hoffnungslos desillusioniert, dieser als Gegenpol einen dichterischen Mythos eines Reichs der Kunst und der Sterne gegenüberstellt, als thematischen Vorwurf nicht zufällig Griechendramen gewählt.

Mag auf den ersten Blick die Rückwendung zu deutscher Kulturtradition einerseits, zu antiker oder abendländischer andererseits einen scheinbaren Widerspruch darstellen, so entspringen sie beide doch derselben Grundhaltung und wird nur Hitlerdeutschland als Gegensatz zur älteren deutschen wie zur abendländischen Tradition

gesehen, während die beiden letzteren einander gegenseitig über-
schneiden und bedingen.

So gesehen stellen die deutsche Geistigkeit von Leonhard Franks
Deutscher Novelle[16] und die europäische Geistigkeit von Bruno
Franks vor dem Exil erschienener *Politischer Novelle*[17] nicht nur
keine Gegensätze, sondern thematische Parallelen dar. So gesehen
faßt der Exilroman Renée Brands *Niemandsland*[18] die Situation
geschichtlich wie kulturgeographisch in symbolischer Form auf
das klarste zusammen, wenn hier die Doppelrolle der Exilautoren
durch ihre Ansiedlung in einem Niemandsland, „außerhalb von
Mond und Erde" als dritter Sphäre geschildert wird, neben der
Sphäre Hitlerdeutschlands als erster und der irrational und unbe-
stimmt gehaltenen zweiten Sphäre der anderen Seite jenseits der
Grenze, bei der es gleichgültig ist, ob sie französisch, schweizerisch
oder holländisch ist, ist westlich, europäisch, im Sinn der positiv
gesehenen, ungebrochenen Kulturtradition des Abendlandes. Und
so gesehen hat Wolfskehl die Überwindung solch scheinbarer Widersprüche, nachdem ihm die reine Deutschorientiertheit seiner Vor-
Exil-Periode unmöglich gemacht worden war, schlagend in den
Vers zusammengefaßt: „Verblieb ich, jüdisch, römisch, deutsch
zugleich ..."[19]

Widerspruchsvoller noch als das scheinbare Gegeneinanderstehen
zunehmender Rückwendung einerseits zur deutschen, andererseits
zur europäischen Kulturtradition ist der scheinbare Gegensatz, was
die Umsetzung der Exilsituation in charakteristische Formtendenzen
betrifft. Hier scheinen eine gleichsam zentrifugale Tendenz des
Aufbrechens aller traditionellen Formen und eine zentripedale Tendenz zu strengen Formstrukturen hin einander oft diametral ge-
genüberzustehen.

Einerseits scheinen die direkten Schrecken der Flucht und die
Belastungen der Exilsituationen als Motivation zum Aufbrechen
traditioneller und strenger Formen zu dienen: der Zusammenbruch
der alten Ordnungen und Werte wird in die unregelmäßig langen,
oftmals abgehackten, reimlosen freien Verse der Lyrik transformiert,
in das Aufbrechen oder gar den Verlust der geschlossenen Fabel

im Roman, der Überwindung der strengen Akt-Einteilung und der geschlossenen Komposition im Drama.

So kommt es zu einem Aufbrechen oder einer Auflösung der Form gegenüber den frühen, konventionell geformten Gedichten in der Exillyrik von Rose Ausländer wie Nelly Sachs. Auch bei Brecht finden sich vor der Exilzeit zumindest häufiger Gedichte in konventionellen Formen während gerade die späteren Gedichte, die das Exil selbst zum Thema haben, zu einem Aufbrechen dieser Formen neigen.

Ein ähnlicher Formenwandel zeigt sich auf dem Gebiet des Dramas im Schaffen Ödön von Horváths. Zwar scheint auf den ersten Blick die dramatische Komposition seines ersten im Exil geschriebenen Stücks *Die Unbekannte aus der Seine*[20] mit ihren drei Akten strenger durchgeformt als das ältere Stück *Geschichten aus dem Wiener Wald*[21] mit seinen drei Teilen, doch täuscht der Schein. Denn die poetisch-märchenhafte Verfremdung der *Unbekannten aus der Seine* führt jene lyrisch-musikalischen Elemente ein, die das im engeren Sinn dramatische Wesen des Stückes von innen her auflockern, atektonisch, die geschlossene, rein dramatische Kompositionsform durchlöchernd. Zu einer völligen Sprengung dieser strengen Form kommt es zuletzt in den späten Stücken mit ihren lockeren und losen Bilder-Folgen, in *Der jüngste Tag*[22], in *Ein Dorf ohne Männer*[23] und besonders in *Pompeji*.[24]

Eine parallele Entwicklung des Aufbrechens von streng geschlossener Kompositionsform zu offenerer zeigt sich auf dem Gebiet des Romans in Albrecht Schaeffers Exilwerk *Rudolf Erzerum*.[25] Auch von Stefan Zweigs Tatsachen-Dichtungen sprengt zum ersten Mal die letzte, im Exil entstandene große *Balzac*-Biographie[26] den üblichen Rahmen geschlossener Einheitlichkeit der Komposition.

Die häufigere Spielart ist indessen die genau entgegengesetzte, zentripedale Tendenz, daß nämlich aus der gesteigerten Unsicherheit der Exilsituation heraus mit ihrem Streben nach Halt und Sicherheit, aus dem Zusammenbruch der alten Ordnungen und Werte heraus, der ein Verlangen zu retten, was zu retten ist, erzeugte, eine Hinwendung zu überkommen, strengeren und geschlossenen Formen einsetzte, da jene Formen fast das einzige schienen, das nicht fragwürdig geworden war.

In Franz Werfels Lyrik etwa, spielt die besonders strenge Form des Sonetts in den Jahren vor dem Exil höchstens eine Ausnahmerolle, während sie in den Gedichten der Exilzeit plötzlich in den Vordergrund zu treten beginnt und vor allem auch die Verse „Traumstadt eines Emigranten"[27] geprägt hat. Hans Sahl schrieb zunächst im französischen Exil seine „Pariser Sonette".[28] Uriel Birnbaum aber, der allerdings schon nach dem Ersten Weltkrieg zwei Sonett-Sammlungen verfaßt hatte, schrieb nicht nur seine umfangreichste Sonett-Sammlung „Biblische Sonette" im holländischen Exil, er schrieb hier auch eine Gedichtsammlung „Poetische Poetik", in welcher jedes Gedicht der lyrischen Darstellung einer anderen, überkommenen, strengen Gedichtform diente, und er schuf schließlich eine eigene, neue, besonders strenge Strophenform, die „Mediane", in welcher ebenfalls eine umfangreiche Gedichtsammlung entstand.[29] Stella Rotenberg schließlich, hat in ihrem Gedicht „Modern oder Man nimmt mir das Reimen übel"[30] den Zusammenhang lyrisch beschrieben.

Als der rücksichtslose Sprenger aller herkömmlichen Romanform, Alfred Döblin, in sein französisches Exil ging, da schrieb er zunächst noch den fabulierlustig-weitschweifigen Roman *Babylonische Wanderung*[31] aber daraufhin *Pardon wird nicht gegeben*[32], einen Roman von klassisch strenger Komposition. Der Autor des überaus locker gebauten Romans *Nourraine, der Geschichtenerzähler*[33], Alfred Neumeyer, wurde im kalifornischen Exil zum Verfasser streng gebauter Novellen.

Georg Kaiser, der in seinen letzten Dramen vor der Exilzeit in jeder Hinsicht offene Formen geschaffen hatte, wandte sich in seinen letzten Stücken im Exil dem Versdrama und dem Blankvers der deutschen Klassik zu. Auch Ferdinand Bruckner, der zunächst vom formzertrümmernden Expressionismus hergekommen war, schrieb zuletzt mit *Pyrrhus und Andromache*[34] ein Stück, das sich nicht nur thematisch an der antiken Tragödie orientierte, sondern vor allem in der Struktur eine Verstragödie im Sinn der strengen Form des klassizistischen Dramas von Racine darstellt.

74

Die am weitesten getriebenen und am idealsten verwirklichten Phänomene charakteristischer Formprinzipien der Exilliteratur stellen aber jene Werke dar, in denen beide, einander anscheinend widersprechende und ausschließende Tendenzen des Zerbrechens der Formen und der strengen Kompositionsform miteinander verbunden und verschmolzen sind. Es ist wohl kein Zufall, daß sie durch die literarische Übernahme und Adaptierung musikalischer Formen bestimmt sind.

Als lyrisches Paradigma sei hier ein Gedicht genannt, das einerseits dem Schrecken und Entsetzen der Zeit durch Abhacken und Abbrechen begonnener Sätze, durch irrationales Aneinanderfügen solch abgerissener Satzfragmente Rechnung trägt und all diese Teile zugleich doch durch eine übergreifende, strenge Kompositionsform, die der musikalischen Fuge nachgebildet ist, zusammenfaßt: Paul Celans „Todesfuge".[35]

Als dramatische Beispiele seien die von innen her aufgebrochenen beiden Dramen Horváths angeführt, die kontrapunktisch zwei einander verschiedene Elemente zusammenfassen, nach außenhin ebenfalls die umgreifende strenge Kompositionsform dreiaktiger Stücke aufweisen und nebenbei beide Themen von Mozart-Opern neu aufgreifen: *Figaro läßt sich scheiden*[36] und *Don Juan kommt aus dem Krieg.*[37]

Auf dem Gebiet des Romans aber erscheint diese Tendenz über die Verwirklichung in Thomas Manns kontrapunktisch durchgeführten Musikroman *Doktor Faustus*[38] und — wenn man ihn als Exilwerk rechnen kann — über Hans Henny Jahnns Trilogie *Fluß ohne Ufer*[39] hinaus am weitesten fortgetrieben und entwickelt in Hermann Brochs *Tod des Vergil*[40], der das Formprinzip des entfabelten Romans mit seinem Zerbrechen aller strengen Kompositionsform und seiner Auflösung in einen einzigen inneren Monolog mit dem lyrisch-musikalischen strengen Formprinzip der literarischen Übernahme und Adaptation der Form einer Symphonie verbindet.

Nicht nur auf der literarischen Ebene zeigte die gesteigerte Unsicherheit indessen ein besonderes Verlangen nach Sicherung und Geborgenheit, nicht weniger ausgeprägt brach dasselbe Bedürfnis auf der persönlichen, biographischen Ebene durch und äußerte sich in den meisten Fällen in einem Identifikationsbedürfnis mit verschiedenartigen sozialen Gruppen, die selbst wieder oftmals mit kulturellen, religiösen, politischen, ethnischen und anderen Traditionen zusammenhingen.

Die direkteste, bewußteste, praktischste und am leichtesten verständliche Reaktion war es natürlich, sich mit einer politischen Gruppe zu identifizieren, die in organisierter Opposition, wenn nicht in organisiertem Kampf gegen Hitlerdeutschland stand. Hier wiederum gehört es zu den Paradoxa der Exilliteratur, daß sich des öfteren unter solchem Zeitdruck Autorenpersönlichkeiten, die von sich aus zu größter individueller Freiheit neigten, sich gerade den straffest und strengst organisierten Gruppen anschlossen, von denen die eine oder andere selbst schon wieder eine Art geschlossenes ideologisches System verkörperte, weil in solch einheitlicher Ausrichtung bessere Aussicht auf Erfolg in der politischen Auseinandersetzung zu liegen schienen.

Aus diesem Grund näherte sich Theodor Plievier den Kommunisten an und wählte das sowjetrussische Exil, ohne selbst hier jemals Mitglied der kommunistischen Partei zu werden und aus diesem Grund auch wurde der nach den U.S.A. emigrierte Stefan Heym in immer nachdrücklicherer Weise ein Parteigänger des Kommunismus bis er schließlich 1953 sogar nach Ostdeutschland ging, wo er indessen alsbald und praktisch ohne Unterbrechung in die verschiedensten Schwierigkeiten mit den Behörden geriet, weil seine „linke" Haltung nicht auf die Unterdrückung persönlicher politischer wie literarischer Freiheit eingestellt war.

Überflüssig ist es wohl, besonders zu betonen, daß solche politische Haltungen zumeist auch ihren Niederschlag im literarischen Schaffen fanden, wofür hier für Plievier als Beispiel sein Roman *Stalingrad*[41] für Heym *The Eyes of Reason*[42] genannt seien.

Besonders was die verfolgten jüdischen Autoren betrifft, steigerte sich natürlich im Exil auch besonders das ethnische Selbstverständnis: Emil Bernhards *Grazia und Francisco*[43] und Franz Werfels *Weg der Verheißung*[44] mögen hier als Beispiele für Dramen stehen, Hermann Kestens *Ferdinand und Isabella*[45] und Lion Feuchtwangers Trilogie *Der jüdische Krieg*[46] als Beispiele historischer Romane, Irmgard Keuns *Das Mädchen, mit dem die Kinder nicht verkehren durften*[47] und Arthur Koestlers *Thieves in the Night*[48] als gegenwartsbezogene Romane.

Die Steigerung österreichischen Nationalgefühls, wie es sich etwa in Ernst Lothars Roman *Der Engel mit der Posaune*[49] abzeichnet oder das gesteigerte Assimilationsbedürfnis an das Gastland, das etwa vorübergehend Otto Hauser wünschen ließ, ein bodenverbundener Farmer im amerikanischen Mittelwesten zu werden, gehören in denselben Zusammenhang. Von einem Drehbuchautor wie Billy Wilder wissen nur wenige, daß er nicht gebürtiger Amerikaner, sondern exilierter Österreicher ist.

Es versteht sich von selbst, daß sich die Hinwendung zur ethnischen Tradition mit einer ebensolchen Hinwendung zur religiösen Tradition sich nicht nur oft berührt, sondern sich manche Male weitgehend überlagert. Ein Musterbeispiel ist die großartige Legende Stefan Zweigs *Der begrabene Leuchter*[50], in welcher sich der Autor, der zur Zeit des Ersten Weltkriegs in seinem *Jeremias*-Drama[51] noch das Lob der Diaspora gesungen hatte, sich nun im Exil zumindest einem ästhetischen oder religiösen Zionismus zuwendet.

Arnold Hahns *Das Volk Messiahs*[52] — übrigens eine Sammlung von Sonetten — oder die späteren, jüdisch orientierten Gedichte Isaac Schreyers in seinem Band *Das Gold der Väter*[53] sind Beispiele eines solchen Überlagerns von ethnischer und religiöser Tradition.

Wie es sich auch von selbst versteht, daß diese gesteigerte Hinwendung zur religiösen Tradition sich keineswegs auf die jüdische Religion beschränkte. Robert Musil lag in den letzten Monaten seines Exils besonders sein Plan, eine „Laientheologie" zu schreiben, am Herzen, die geistige Bedeutung, die Werfels spätes religiöses Bekenntnis *Theologumena*[54] für ihn selbst hatte, kann kaum überschätzt werden, und der Held von Döblins Roman *Hamlet oder die lange Nacht nimmt ein Ende*[55] sollte nicht zufällig zu allerletzt als endgültige Lösung jenseits der durchlebten Lebensstrecke der „langen Nacht" mit dem Eintritt in ein Kloster enden, ein Schluß, der nur durch den

Zensureinspruch des ostdeutschen Verlages geändert wurde, in dem der Roman erstmals erschien.

Schließlich versteht es sich ebenso von selbst, daß jene Hinwendung zu religiösen Traditionen und allenfalls zum säkularisierten Religionsersatz politischen Glaubens an den Kommunismus in all ihren verschiedenen Variationsformen zur Voraussetzung hat, den Nationalsozialismus als eine Art areligiösen Biologismus oder asoziale Unterdrückung nicht religiöser Art zu betrachten. Dies ist jedoch keineswegs die einzig mögliche Auffassungsweise, und es gehört zu den zahlreichen anscheinend widersprüchlichen Verhaltens- und Umsetzungsweisen der Exilsituation durch die Autoren, daß auch die gerade entgegengesetzte Voraussetzung gegeben war: nämlich, um als Beispiel Thomas Mann zu zitieren, im Nationalsozialismus eine „ethnische Religion" zu sehen, eine Art heidnisch-völkischer Religion und „Wotanskult"[56] und damit eine Erscheinung, der als echtes Gegengewicht nicht irgendeine richtigere andere Religion oder religiöse Tradition entgegengestellt werden sollte und mußte, sondern ein zwar keineswegs notwendig antireligiöser doch areligiöser, individueller Humanismus, dessen zahlreiche einzelne Vertreter in der Zeit vor dem Exil wie während des Exils gleichwohl ebenfalls eine Gruppe und Tradition humanistischer Provenienz bilden. Von hier aus ist es als wesensbestimmend zu verstehen, daß es nicht die vordergründige Stofflichkeit des Mythos ist, den Thomas Mann in seiner Josephs-Tetralogie[57] behandelt, sondern die Darstellungsweise des Humanisierens dieses Mythos, die zählt. Daß diese Darstellungsweise sich in dem großartigen „Vorspiel" zur Tetralogie „Höllenfahrt" selbst wieder gnostischer Religiosität verbindet, macht es weder weniger bedeutend noch weniger persönlich-individualistisch, sondern deutet lediglich auf eine Tatsache hin, die sich auch für manche Kritiker keineswegs von selbst versteht, daß es nämlich zwei völlig verschiedene, gleichsam einander entgegengesetzte Haltungen gegenüber religiösen Traditionen gibt, und daß im Unterschied zur oftmaligen Überlagerung ethnischer und religiöser Tendenzen mit gleichartig und parallel motivierten literarischen Erscheinungen zwischen zweierlei verschiedenen religiösen Grundhaltungen mit verschieden gearteten literarischen Bezügen und Haltungen unterschieden werden sollte.

Die erste Möglichkeit besteht in der Hinwendung zu exoterischen oder orthodoxen Formen überkommener Religiosität. So wie Ausflügler vor einem heftigen Regen unter ein festes Dach flüchten, sucht der Exilautor in seiner inneren Not Schutz im geordneten Bau von Ordnungen, Regeln und Verhaltensweisen, welche durch viele Jahrhunderte für die Klärung und Fixierung der Fragen nicht nur menschlicher Moral, sondern menschlicher Existenz überhaupt erstellt worden waren und welche als eine Art System fester menschlicher Werte dem Zusammenbruch der überkommenen Werte gegenübergestellt werden können und einen Maßstab für die Analyse und Bewertung der absurden Erscheinungen der in Chaos auszuartenden Weltverhältnisse zur Verfügung stellen.

Neben direkter religiöser Hinwendung des Autors selbst, wie in Friedrich Torbergs Kaddisch-Gedicht, gibt es auch die indirekte Hinwendung, bei welcher der Autor am Beispiel einer fiktiven Figur dieselben Bezüge sichtbar macht. Im Roman *Hier bin ich, mein Vater*[58], ebenfalls von Friedrich Torberg, dessen Titel, Thema und Hauptszene religiös orientiert sind, ist es der arme und gehetzte, schuldig gewordene Jude Otto Maier, der sich als Hauptfigur in seiner äußersten Verlassenheit und Ausweglosigkeit darauf besinnt, seinen ehemaligen jüdischen Religionslehrer aufzusuchen, um wenn schon nicht Hilfe und einen praktischen Ausweg, so doch eine Klärung der Situation zu finden.

Solche religiöse Hinwendung zeigt sich nicht nur im deutlichen Vordergrund inhaltlicher Zusammenhänge, sondern findet sich oft auch versteckt im Bereich der künstlerischen Formung. So hat beispielsweise Ernst Toller das Kapitel „Flucht und Verhaftung" seiner Autobiographie ganz nach dem Aufbau und entsprechend dem Topos der Szene von Jesus' Gefangennahme im Johannes-Evangelium gestaltet.

Wie sich aber in der genannten Darstellung Tollers die konfessionellen Züge insofern verkehren, daß Vertreter eines entarteten Christentums plötzlich die Rolle des pharisäischen Judentums einnehmen und der verfolgte Vertreter einer säkularisierten, sozialistischen Heilslehre die Stelle von Christus einnimmt, so kommt auch die Auswechslung von Formen solcher Art vor, daß religiöse Traditionen des

Gastlandes zum Thema gemacht werden, wie die frühe christliche Ansiedelung des Fleckens Ophir Dell durch den Indianermissionar Job Peter Clayton auf dem Territorium von Idaho in John Kafkas Roman *The Apple Orchard.*[59]

Schon die Titel, vom bedeutenden und bis heute verkannten Soma Morgenstern Roman *The Testament of the Lost Son*[60] bis zu Albrecht Schaeffers *Enak oder das Auge Gottes*[61], weisen auf religiöse Züge. Aber auch wo der Titel keinerlei religiöse Hinweise gibt, wie etwa in Bruno Franks Roman *Die Tochter*[62], spielen religiöse Aspekte und vor allem auch von religiösen Traditionen behandelte und bestimmte existentielle Fragen — in der *Tochter* vor allem die Problematik Zufall-Schicksal — eine Hauptrolle.

Die erste Möglichkeit der Hinwendung zum Religiösen ist jedenfalls im Grunde eine weitgehend rationale Haltung, welche dem Chaos der Zeit die festen religiösen Ordnungen der Tradition gegenüberstellt, welche die innere Sicherheit und den Maßstab für die Kriterien liefern. Innerlich zutiefst verwandt solcher Haltung ist die mitunter, jedoch keineswegs immer und notwendig religiös mitbestimmte Haltung der Komödie, die sich des Humors bedient, um den oft tiefen und tragischen Riß zwischen aktueller Realität und idealer Menschlichkeit zu überbrücken.

Viele Werke der Exilliteratur haben nichts mit einem „Risiko" der Komödie, nichts mit einer Flucht ins „Unterhaltungstheater" und einer „eher niederen Tendenz" des Lustspieles[63] zu tun, sondern gewinnen durch ihre religiös oder existentiell bedingte Gläubigkeit Tiefendimensionen menschlicher Tragik wie manche Shakespearsche Narren. Dies gilt nicht nur von Theaterstücken, wie etwa Franz Werfels *Jacobowsky und der Oberst*[64], ein Werk, das der Autor nicht zufällig „Komödie einer Tragödie" genannt hat, oder Ödön von Horváths bitterem Originaltext von *Figaro Läßt sich scheiden*[65], sondern auch für manche Romane wie etwa René Schickeles *Flaschenpost.*[66]

Die zweite grundsätzliche Möglichkeit der Hinwendung zum Religiösen besteht nicht darin, dem Chaos der Zeitwirklichkeit von außen her einen festen Raster überkommener Wertordnungen gegenüberzustellen, sondern in gleichsam gegenläufiger Weise, gleichsam von innen und vom Subjekt des Autors her, diese Wirklichkeit zu transzendieren. Natürlich ist der religiöse Aspekt nur eine Möglichkeit solcher Grundhaltung, die man allgemein und übergreifend ins Philosophische im allgemeinsten Sinn als platonisch bezeichnen kann.

Es ist jene Haltung, die dem machtlosen, unterdrückten, flüchtigen und Hilfe suchenden Exilanten gegenüber einer übermächtigen, drohenden Welt der Realität die Voraussetzung liefert, jene ganze Welt zum Oberflächenschein zu erklären und als unwesentlich abzutun gegenüber dem wahren Wesen einer Wertordnung und eines Lebenssinns, an die er sich durch seine realitätstranszedierende Visionen und seine dichterische Imaginationskraft annähert. Die wenig bekannte kleine Erzählung Oskar Jellineks „Der junge Plato sucht die Götter auf"[67] ist auf dem säkulären Sektor von geradezu paradigmatischer Bedeutung für diese Grundhaltung, und zu den bedeutendsten Werken des ganzen Typus gehören einige der nach wie vor am wenigsten bekannten Exilromane wie etwa Robert Picks *The Terhoven File*[68], ein Buch, das „mit der Haltung des üblichen Refugee-Romans nichts gemein hat", sondern ein Beispiel jener Form des „ethischen Kunstwerks" darstellt, wie es Hermann Broch aus seiner eigenen Exilerfahrung heraus gefordert hat.[69]

Auf dem religiösen Sektor stellt sich der populäre Aspekt dieser Grundhaltung als Wundergläubigkeit dar. Dies ist keineswegs überraschend, sondern bei Kenntnis des ungeheuren Drucks, den die Exilsituation erzeugen konnte, wie er in einer seiner verbreitetsten literarischen Darstellungen durch Erich Maria Remarques *Arc de Triomphe*[70] bekannt geworden ist, sehr natürlich, wie die zahlreichen Situationsmöglichkeiten der Ausweglosigkeit sowohl zu Verzweiflung und Resignation wie zum Wunsch nach Wundergläubigkeit führen konnte. Aus demselben Grund ist es nicht überraschend, wenn einem Exilroman, der um dieses Problem kreist, nämlich Franz Werfels *Das Lied von Bernadette*[71] gerade in der Zeit unmittelbar nach seiner Entstehung ein so ungeheurer Erfolg zuteil wurde. Zwei der schönsten literarischen Werke der Exilliteratur aber sind Legenden, nämlich Joseph Roths christliche *Legende vom heiligen*

Trinker[72] und Stefan Zweigs jüdische Legende *Der begrabene Leuchter.*[73]

Der nicht-populäre Aspekt jener zweiten Möglichkeit religiöser Grundhaltung ist jener der Mystik. Als etwa Alfred Döblin im Exil in seinem Romanzyklus *November 1918* der Frage nachging „wie alles gekommen war", da gelangte er zumal im dritten und letzten Band der Trilogie[74] zu den positivsten Beiträgen und haltbarsten Lösungen durch die Mystik Taulers. Jüdische Mystik aber prägte einige der großartigsten Exildichtungen von Hermann Brochs „Parabel von der Stimme", die seinen Roman *Die Schuldlosen*[75] einleitet bis zu Martin Bubers Chronik *Gog und Magog.*[76] Selbst Bert Brecht hat zum zentralen Thema eines seiner schönsten Exilgedichte nicht einen jener trockenen chinesischen Moralphilosophen von Konfuzius bis Mê-Ti gemacht, die er sonst immer bevorzugt, sondern den chinesischen Mystiker Lao-Tse.[77]

Es ist jene platonische oder mystische Haltung, die dem einzelnen, großen Exilautor die innere Sicherheit geben kann, als „Doppelwesen" gegenüber den Spannungen der verlorenen Heimat wie dem neuen Gastland gegenüber festen Boden unter den Füssen zu haben und sogar auf die Ausfüllung einer „Rolle" verzichten zu können. Diese Spannungen können sehr groß sein und auch größte Berühmtheit ist kein wirkliches Schutzmittel dagegen. Selbst ein Thomas Mann klagte über Ressentiments der Gastländer gegenüber den Exilanten einerseits[78] und selbst ein Thomas Mann hatte unter Spannungen seitens der befreiten alten Heimat andererseits zu leiden. Dies wird besonders deutlich in seiner bedauerlichen Auseinandersetzung mit Fank Thiess, die als Einzelsymptom für ein lange anhaltendes und weit verbreitetes Mißverständnis zwischen Exil und innerer Emigration stehen kann.

Hier wird auch die von Vordtriede in seinem Exilroman als Motiv gebrauchte „Farbenblindheit" evident, die symbolisch für das nur partielle Verständnis von Gastland wie verlassener Heimat steht. Sie wird auch sichtbar in manchen Details gegenwartsbezogener Exilromane, die in der verlassenen Heimat spielen und die störend wirkt, auch wenn die Grundtatsachen völlig stimmen wie etwa in Alfred Neumanns Roman *Es waren ihrer sechs.*[79] Sie ist darum auch mitunter die Motivation oder doch zusammen mit anderen Gründen die Mit-Motivation, weshalb Exilautoren bei der Behandlung von aktuellen Zeitthemen, die nicht in ihrem Gastland spielen und sich auch nicht auf selbsterlebte frühere Vor-Exil-Erfahrungen in der Heimat stützen, entweder durch Nichterwähnung der realen Fakten von Schauplatz, Zeit und Nationalität das Geschehen ins Allegorisch-Allgemeine wenden, wie es beispielsweise Fritz Hochwälder in seinem Exildrama *Der Flüchtling*[80] getan hat, oder aber weshalb sie indirekte Parallelhandlungen in der Geschichte zum Thema erhebt, wie Herrmann Mostar in seinem Drama *Putsch in Paris*.[81]

Ein wenig bekannter Exilautor, Konrad Merz, faßte die Problematik in die Worte zusammen: „Das Exil wurde so sehr das Leben, daß mein ganzes Leben Exil wurde", und anläßlich eines Besuches in der alten Heimat urteilte er: „Die Erinnerung ist eine Lügnerin, sogar unsere Fotos noch sind Lügner."[82]

Mag solche „Farbenblindheit" der Exilautoren gegenüber der früheren Heimat wie gegenüber dem Gastland bedauerlich und traurig, ja mitunter sogar tragisch sein, so ist sie doch weniger ernsthaft, ja gefährlich als die umgekehrte, zudem oftmals unbewußte „Farbenblindheit" der verlassenen Heimat wie des Gastlandes gegenüber den bedeutendsten der Exilautoren und ihrer Werke. Denn die bedeutendsten ihrer Werke stellen in einer Zeit des entsetzlichsten Grauens, Leidens und Sterbens Zeugnisse höchster Verantwortlichkeit, humanster Haltung und menschlichster Lösungen dar, die leitbildhaft in die Zukunft weisen.

Anmerkungen

1   Gastländer und Asylländer: Vgl. Manfred Durzak (Hg.): *Die deutsche Exilliteratur 1933-1945*, Stuttgart 1973, S. 41.
Diese Unterscheidung kann und sollte natürlich noch weiter geführt werden, da es innerhalb der Gastländer wiederum verschiedene Gruppenbildungen von Exilautoren und im Zusammenhang mit diesen verschiedene Formen der Exilsituation gab.

2   Klaus Mann: *Der Vulkan*, Amsterdam 1939.

3   Werner Vordtriede: *Geheimnisse an der Lummer*, Wien 1979.
4   Thomas Mann: *Die Buddenbrooks*, Berlin 1901.
5   Thomas Mann: *Der Zauberberg*, Berlin 1924.
6   Thomas Mann: *Lotte in Weimar*, Stockholm 1939.
7   Thomas Mann: *Doktor Faustus*, Stockholm 1947.
8   Leonhard Frank: *Deutsche Novelle*, München 1954.
9   Heinrich Mann: *Die Jagd nach Liebe*, Berlin 1905.
10 Heinrich Mann: *Professor Unrat*, Berlin 1905.
11 Heinrich Mann: *Der Untertan*, Berlin 1918.
12 Heinrich Mann: *Der Atem*, Amsterdam 1949.
13 Hermann Broch: *Die Schlafwandler*, Zürich 1931-32.
14 Hermann Broch: *Der Tod des Vergil*, New York 1945.
15 Ernst Troller: *Eine Jugend in Deutschland*, Amsterdam 1933.
16 Leonhard Frank: *Deutsche Novelle*, op. cit.
17 Bruno Frank: *Politische Novelle*, Berlin 1928.
18 Renée Brand: *Niemandsland*, Zürich 1940.
19 Zitiert nach Hans Wolfheim: „Von Dionysos zu Hiob. Karl Wolfskehls Spätwerk." In: Manfred Durzak, op. cit., S. 336.
20 Ödön von Horváth: *Die Unbekannte aus der Seine*, München, o.J.
21 Ödön von Horváth: *Geschichten aus dem Wiener Wald*, Berlin 1931.
22 Ödön von Horváth: *Der jüngste Tag*, Wien 1937.
23 Ödön von Horváth: *Ein Dorf ohne Männer*, Wien 1937.
24 Ödön von Horváth: *Pompeji*, Wien 1937.
25 Albrecht Schaeffer: *Rudolf Erzerum*, Stockholm 1945.
26 Stefan Zweig: *Balzac*, Stockholm 1946.
27 Franz Werfel: *Gedichte 1908-1945*, Stockholm 1953, S. 142.
28 Hans Sahl: *Wir sind die Letzten*, Heidelberg 1976, S. 37-39.
29 Uriel Birnbaum: *Eine Auswahl*. Gedichte, Amsterdam 1957, S. 557-782.
30 Stella Rotenberg: *Die wir übrig sind*, Darmstadt 1978, S. 41.
31 Alfred Döblin: *Babylonische Wanderung*, Amsterdam 1934.
32 Alfred Döblin: *Pardon wird nicht gegeben*, Amsterdam 1935.
33 Alfred Neumeyer: *Nourraine, der Geschichtenerzähler*, Frankfurt am Main 1932.
34 Ferdinand Bruckner: „Pyrrhus und Andromache". In: *Schauspiele nach historischen Stoffen*, Köln 1956.
35 Paul Celan: *Mohn und Gedächtnis*, Stuttgart 1952, S. 37-39.
36 Ödön von Horváth: *Figaro läßt sich scheiden*, Wien und London 1937.
37 Ödön von Horváth: *Don Juan kommt aus dem Krieg*, Wien und Berlin 1937.
38 Thomas Mann: *Doktor Faustus*, op. cit.
39 Hans Henny Jahnn: *Fluß ohne Ufer*, München und Frankfurt a. M. 1949-1961.
40 H. Broch: *Der Tod des Vergil*, New York 1945.
41 Theodor Plievier: *Stalingrad*, Moskau 1945.
42 Stefan Heym: *The Eyes of Reason*, Boston 1951.

43 Emil Bernhard: *Grazia und Francisco.* Erschien erstmalig in Englischer Sprache unter dem Titel *The Marranos,* London 1948.

44 Franz Werfel: *Der Weg der Verheißung,* Wien 1936.

45 Hermann Kesten: *Ferdinand und Isabella,* Amsterdam 1936.

46 Lion Feuchtwanger: *Der jüdische Krieg,* Amsterdam 1933.

47 Irmgard Keun: *Das Mädchen, mit dem die Kinder nicht verkehren durften,* Amsterdam 1936.

48 Arthur Koestler: *Thieves in the Night,* London 1946.

49 Ernst Lothar: *Der Engel mit der Posaune,* Salzburg 1946.

50 Stefan Zweig: *Der begrabene Leuchter,* Wien 1937.

51 Stefan Zweig: *Jeremias,* Leipzig 1917.

52 Arnold Hahn: *Das Volk Messiahs,* London 1943.

53 Isaac Schreyer: *Das Gold der Väter,* Wien 1969.

54 Franz Werfel: „Theologumena". In: *Oben und Unten,* Stockholm 1946.

55 Alfred Döblin: *Hamlet oder die lange Nacht nimmt ein Ende,* Berlin 1956.

56 Thomas Mann: *Adel des Geistes,* Frankfurt am Main 1959, S. 268.

57 Thomas Mann: *Joseph und seine Brüder,* Wien (bzw. Amsterdam) (1933)-1942.

58 Friedrich Torberg: *Hier bin ich, mein Vater,* Stockholm 1948.

59 John Kafka: *The Apple Orchard,* New York 1947.

60 Soma Morgenstern: *The Testament of the Lost Son,* Philadelphia 1950.

61 Albrecht Schaeffer: *Enak oder das Auge Gottes,* Hamburg 1948.

62 Bruno Frank: *Die Tochter,* Mexiko 1943.

63 Vgl. Franz Norbert Mennemeier und Fritjof Trapp: *Deutsche Exildramatik 1933-1950,* München 1980, S. 66.

64 Franz Werfel: *Jacobowsky und der Oberst,* Stockholm 1945.

65 Vgl. Walther Huder: Ödön von Horváth: „*Existenz und Produktion im Exil.*" In: Manfred Durzak (Hg.): *Deutsche Exilliteratur 1933-1945,* op. cit., S. 240.

66 René Schickele: *Die Flaschenpost,* Amsterdam 1937.

67 „Der junge Plato sucht die Götter auf." In: Oskar Jellinek: *Gedichte und kleine Erzählungen,* Wien 1952, S. 38-46.

68 Robert Pick: *The Terhoven File,* Philadelphia 1945.

69 Hermann Broch: *Schriften zur Literatur I. Kritik,* Frankfurt am Main 1975, S. 392.

70 Erich Maria Remarque: *Arc de Triomphe,* Zürich 1946.

71 Franz Werfel: *Das Lied von Bernadette,* Stockholm 1941.

72 Joseph Roth: *Die Legende vom heiligen Trinker,* Amsterdam 1939.

73 Stefan Zweig: *Der begrabene Leuchter,* Wien 1937.

74 Alfred Döblin: *Karl und Rosa,* München 1950.

75 Hermann Broch: *Die Schuldlosen,* Zürich 1954.

76 Martin Buber: *Gog und Magog,* Heidelberg 1949.

77 Bert Brecht: *Svendborger Gedichte,* London 1939.

78 Vgl. Ehrhard Bahr: „Der Schriftstellerkongreß 1943." In: John Spalek und

Joseph Strelka (Hg.): *Deutsche Exilliteratur seit 1933.* Bd. I. Kalifornien. Teil I., Bern und München 1976, S. 44.

79 Alfred Neumann: *Es waren ihrer sechs,* Stockholm 1944.

80 Fritz Hochwälder: *Der Flüchtling,* Zürich 1955.

81 Herrmann Mostar: *Putsch in Paris,* Frankfurt am Main 1947.

82 Zitat aus zweiter Hand, nach Thomas A. Kamla: ,,Die Sprache der Verbannung. Bemerkungen zu dem Exilschriftsteller Konrad Merz." In: Hans Würzner (Hg.): *Zur deutschen Exilliteratur in den Niederlanden 1933-1940,* Amsterdam 1977, S. 134.

II.

ASPEKTE DER GESCHICHTE

Zum Roman in der deutschen Exilliteratur seit 1933

Wenn hier die Frage nach Wesen und Entwicklung des deutschsprachigen Romans nach 1933 und im Zusammenhang mit der Exilliteratur gestellt wird, dann geschieht dies erstens als rein literarische Frage ohne das geringste Interesse für politische Implikationen und dann geschieht dies ferner eingeschränkt auf den bedeutenden Roman unter Weglassung nicht nur des Trivialromans sondern auch weitgehend der zweit- und drittrangigen, durchaus literaturfähigen Romane dieser Zeit.

Vergleicht man vom Roman ausgehend die deutschsprachige Literatur im Exil mit der in Deutschland selbst produzierten, unter der obigen Einschränkung, dann kann man sagen, daß nahezu alles wirklich Bedeutende, abgesehen von vereinzelten Ausnahmen für die Entwicklung des Romans sich innerhalb der Exilliteratur abspielte.

Die erste Frage, wie sich die Exilsituation literarisch auswirkte, und die hier gestellt werden soll, bezieht sich auf die Kompositionsform und Struktur des Romans im weitesten Sinn: ist durch das Exil hier eine wesentliche Veränderung oder Neuschöpfung eingetreten? Oder genauer gefragt: hat nach der Formentwicklung, die der deutschsprachige Roman vom traditionellen realistischen Roman des ausgehenden 19. Jahrhunderts über die expressionistischen Experimente bis zum nachexpressionistischen und nachjoyceschen Roman von 1922-31 durchlief, eine wesentliche Neuentwicklung der Form im allgemeinen stattgefunden? Die Antwort muß im allgemeinen „Nein" lauten, und nur für Details und für einzelne Autoren gibt es auch hier Ausnahmen. Der wesentliche Umschwung zur neuen Romanform hatte sich bei Robert Musil und Hermann Broch, bei Alfred Döblin und Hans Henny Jahnn bereits vor ihrem Schritt ins Exil vollzogen. Es gingen nahezu alle großen Romanciers ins Exil und es machte keinen Unterschied, ob sie von Döblin bis Broch Vertreter einer neuen Form oder aber von Joseph Roth bis Thomas Mann Vertreter einer traditionellen Form waren. Wenn sich aber etwa bei Thomas Mann gerade im Exil der Übergang von der traditionellen zu einer neuen Form des Romans vollzog, wie dies am deutlichsten im „Doktor Faustus" zum Ausdruck kommt, den er nicht zuletzt aus diesen Gründen sein „wildestes" Buch genannt hat, dann bietet sich auch ein Beispiel für die genau entgegengesetzte Entwicklung an: Alfred Döblin wandte sich von der Form des *Berlin Alexanderplatz* ab und mehr noch mit *Pardon wird nicht gegeben* als mit der *Babylonischen Wanderung* einer überaus traditionellen Form zu.

Aber auch eine Erscheinung, die auf den ersten Blick mit den Einschränkungen, denen jegliche Generalisierung auf geistesgeschichtlichem und ästhetischem Gebiet unterliegt, eine überraschend allgemeine zu sein scheint, erweist sich bei näherem Zusehen als überaus problematisch, wenn man sie mit der Exil-Situation in Zusammenhang zu bringen versucht: die Erscheinung nämlich, die mehr eine ist, die sich auf den Gehalt der Romane bezieht und im Wechsel von der direkten Gegenwartsschilderung zur indirekten Darstellung durch Verschiebung auf geschichtliche Parallelsituationen oder überhaupt durch die Umsetzung des Akzents vom Gegenwärtigen und Wirklichen auf das mehr Symbolische und Allgemeine zum Ausdruck kommt. Scheint es doch so zu sein, daß der Thomas Mann vor dem Exil, der seine Umwelt in den *Buddenbrooks* und im *Zauberberg* porträtiert hatte, im Exil zu den indirekten, ins Geschichtliche projizierten Darstellungen der *Lotte in Weimar* und der Josephstetralogie ebenso überging wie etwa Hermann Broch von den *Schlafwandlern* zum *Tod des Vergil.* Ja selbst bei Musil, der doch an seinem einen großen Roman, den er lange vor dem Exil begonnen hatte, im Exil einfach weiterschrieb, scheint sich eine ähnliche Wendung beobachten zu lassen: als zu Beginn des Jahres 1931 der erste Band erschien, der in der gegenwärtigen Ausgabe dem „ersten Buch", d.h. dem ersten und zweiten Teil entspricht, da lag das Hauptgewicht auf der Zeitschilderung und ihrer Ideenpsychologie, ganz dem Plan Musils entsprechend, der ja selbst erklärt hatte: „Immanente Schilderung der Zeit, die zur Katastrophe geführt hat, muß den eigentlichen Körper der Erzählung bilden, auf den sie sich immer zurückziehen kann."[1] Im Jahr 1933, in dem Musil den ersten Schritt ins

Exil tat, indem er von dem zum Aufenthaltsort gewählten Berlin nach seiner österreichischen Heimat zurückkehrte, erschienen die ersten 38 Kapitel des zweiten Buches, die sich mehr und mehr als Verwirklichung der Ankündigung des letzten Kapitels des ersten Bandes mit dem vielsagenden Titel „Umkehrung" und einiger seiner letzten Zeilen erweisen, in denen es heißt:

> Man hätte aber auch sagen können, daß seine Einsamkeit – ein Zustand, der sich ja nicht nur in ihm, sondern auch um ihn befand und also beides verband – man hätte sagen können, und er fühlte es selbst, daß seine Einsamkeit immer dichter und immer größer wurde. Sie schritt durch die Wände, sie wuchs in die Stadt, ohne sich eigentlich auszudehnen, sie wuchs in die Welt. „Welche Welt?", dachte er. „Es gibt ja gar keine!"[2]

Die Beispiele mehren sich vor allem dann in geradezu überraschender Weise, wenn man sie auf die erste Reaktion der Autoren nach dem Schritt ins Exil ausdehnt, welcher dann oft eine ganz andere Entwicklung folgte. Hierher gehören die Wendung Alfred Döblins von *Berlin Alexanderplatz* zur *Babylonischen Wanderung* und zur Amazonas-Trilogie, die Wendung Heinrich Manns vom politischen Gegenwartsroman *Die große Sache* zum großen Romanwerk um den König Henri Quatre oder die Wendung Bruno Franks von seiner *Politischen Novelle* zu seinem *Cervantes*-Roman.

Was sich auf den ersten Blick als eine instinktsichere Reaktion gerade bedeutender Autoren ausnehmen könnte, die möglichen Schwächen tendenziöser Einseitigkeit aus mangelnder Distanz zu vermeiden, entpuppt sich bei näherem Zusehen als ein überaus komplexes Phänomen: verschiedene Reaktionsweisen auf verschiedenste persönliche Situationen führten offenkundig zu weitgehend parallelen Ergebnissen: was ein Thomas Mann etwa sich aus der Distanziertheit einer weitgehenden persönlichen Unberührtheit heraus leisten kann, ist bei Musil das Ergebnis verzweifelter Erschöpfung.

Völlig fragwürdig wird die Herstellung eines direkten Zusammenhanges der Exilsituation mit der Abwendung von weitgehend realistischer Gegenwartsdarstellung aber dann, wenn man beobachtet, wie sich parallele Erscheinungen innerhalb einer weit größeren und allgemeineren Entwicklung abzeichnen, die mit der Erfahrung von

Totalitarismus und Exil gar nichts zu tun haben kann. Denn in ei nem solchen allgemeineren Sinn vollzieht sich die Wendung von der naturalistischen und sachlichen Darstellung der Vorfälle und Hand lungen im Frühwerk etwa Joseph Roths zur indirekteren, zeitlos symbolischen Darstellung — wenn ich sehr vereinfachend so sagen darf — bereits mit seinem Durchbruch des *Hiob*, der 1930, also längst vor der Emigration erschien.

Die weder jetzt und hier noch überhaupt allzurasch zu lösende litera turkritische Aufgabe wäre es wohl, das komplizierte Ineinandergrei fen verschiedenster Elemente zu untersuchen, wobei innerhalb perio denstilgeschichtlicher wie allgemeiner individueller Entwicklungsli nien die besondere Rolle der Exil-Erfahrung in ihren oft wechseln den Funktionen und in ihren Folgerungen zu untersuchen wäre woraus sich ein recht breites Spektrum der verschiedenen Reak tionsmöglichkeiten und der ihnen adäquaten literarischen Ergeb nisse ergäbe.

Alles in allem dürfte die Frage nach dem Zusammenhang von Ro man-Gehalt und Exilisituation doch sehr positiver zu beantworten sein als die Frage nach dem Zusammenhang der Form mit der Exil situation. Es scheint im Wesen des Totalitarismus ebensowohl wie in der Erlebnisintensität der Abwendung und Flucht vor ihm zu liegen daß sich zumindest auf dem Gebiet des Romans kein Autor völlig einer Reaktion darauf im weitesten Sinn entziehen konnte. Aller dings muß dabei die zuvor postulierte Dichotomie von den beiden Grundreaktionsmöglichkeiten direkter Gegenwartsschilderung ei nerseits und Abwendung zu indirekter Verschiebung der Problema tik in historischer, geographischer oder anderer ,,Verkleidung" we sentlich differenziert und vertieft werden, um den wichtigsten Mög lichkeiten der literarischen Phänomene gerecht werden zu können Ich möchte versuchen, hier eine immer noch außerordentlich simpli fizierende Vierer-Typologie aufzustellen: nämlich dem Typus der direktaktualitätsbezogenen Darstellung einen solchen der indirekt aktualitätsbezogenen Darstellung an die Seite zu stellen und den Typus der aktualitätsentrückten Darstellung mit indirekten Gegen wartsbezügen einen solchen der aktualitätsentrückten Darstellung mit direkten Gegenwartsbezügen. Die zweiteilende Unterscheidung zwi schen in der Gegenwart spielenden Zeitromanen und historischen oder geographischen Transformationen in Romanform ist nämlich von einer solchen Oberflächlichkeit, daß sie völlig nichtssagend ist.

Einige praktische Beispiele können am deutlichsten zeigen, worum es dabei geht: Romane wie etwa Oskar Maria Grafs *Der Abgrund*, Plieviers *Stalingrad* oder Seghers *Das siebte Kreuz*, Alfred Neumanns *Es waren ihrer sechs*, Friedrich Torbergs *Hier bin ich mein Vater* oder Ernst Lothars *Der Engel mit der Posaune*, sind insofern direkt akutalitätsbezogene Darstellungen, als sich in ihnen Exilautoren mit dem Phänomen des nationalsozialistischen Totalitarismus, seiner Entwicklung und seinen Folgerungen auseinandersetzen, indem sie bestimmte, konkrete Einzelereignisse schildern – mögen diese auch von symptomatischer Allgemeinbedeutung sein.

Daneben gibt es einen anderen Typus des Exilromans, denjenigen der indirekt-aktualitätsbezogenen Darstellung, der zwar auch in der Gegenwart spielt, den Hauptakzent jedoch weniger auf beispielgebende reale Einzelheiten legt, sondern vielmehr das Allgemeine eines tieferen Zusammenhanges betont, wofür die einzelnen Figuren und Handlungsabläufe stehen. In ihrer indirekten Allgemeinheit versuchen sie tiefer in den Gesamtzusammenhang der alles überwältigenden Erfahrung des Totalitarismus für die Exilautoren hineinzuleuchten.

So ist beispielsweise Thomas Manns *Doktor Faustus* weder ein Gestapomann noch ein Widerstandskämpfer, weder ein deutscher General noch irgend eine Figur, die direkt mit dem politischen Zeitgeschehen und seinen Auswirkungen zu tun hat, sondern er ist ein „genialer" Musiker. Dennoch läßt er durch die Erzählung seiner Geschichte einen tieferen Einblick in das Gesamtphänomen der Zeit tun, als es viele Darstellungen der direkten Exekutoren des Nationalsozialismus vermögen. Wie denn der fiktive Chronist des Romans, Serenus Zeitblohm, gleich am Beginn vorwegnehmend das tiefere Hauptthema dieser Musiker-Genialität ankündigt, wenn er schreibt:

Und doch ist nicht zu leugnen und ist nie geleugnet worden, daß an dieser strahlenden Sphäre das Dämonische und Widervernünftige einen beunruhigenden Anteil hat, daß immer ein leises Grauen erweckende Verbindung besteht zwischen ihr und dem untern Reich, und daß eben darum die versichernden Epitheta, die ich ihr beizulegen versuchte, 'edel', 'human-gesund' und 'harmonisch', nicht recht darauf passen wollen, — selbst dann nicht — mit einer Art schmerzlichen Entschlusses stelle ich diesen Unterschied auf — selbst dann nicht, wenn es sich um lauteres und genuines, von Gott geschenktes oder auch verhängtes Genie handelt und nicht um ein akquiriertes und verderbliches, um den sünd- und krankhaften Brand natürlicher Gaben, die Ausübung eines gräßlichen Kaufvertrages...[3]

Oder Hermann Brochs *Versucher*, Mario Ratti, trägt kein Braunhemd und residiert nicht in der Berliner Reichskanzlei. Dennoch gestattet diese indirekte und allgemeine Darstellung von Vorfällen am Miniaturmodell eines Tiroler Alpendorfes durch ihre psychologischen, massenpsychologischen und mythischen Implikationen einen wesentlichen tieferen Einblick in den Gesamtzusammenhang des grundlegenden Zeitphänomens und bietet eine weitaus mehr menschliche und dichterische Darstellung.

Nur auf den allerflüchtigsten ersten Blick könnte es so aussehen, als ob der dritte Typus, jener der aktualitätsentrückten Darstellung mit direkten Gegenwartsbezügen noch größere Distanz und weiterreichende dichterische Allgemeinheit gewährleisten könnte. Es ist jener Typus, der durch das Behandeln des Gegenwartsgeschehens in historisch oder geographisch verschiedenartigem Kostüm einerseits einen wesentlichen Schritt zu indirekter Darstellung macht, auf der anderen Seite jedoch durch das Herausarbeiten offenkundiger Parallelbezüge zur Aktualität des Zeitgeschehens eine größere Direktheit der Gestaltung mit sich bringt als der Typus Nummer zwei. Dieser dritte Typus ist zwar vor gewissen ästhetischen Gefahren des ersten Typus gefeit, vor allem vor Zügen der Reportagehaftigkeit und des Tendenzklischeehaften, doch birgt er dafür andere Gefahren eigener Art in sich: es kann mitunter durch das Herausarbeiten direkter Gegenwartsparallelen zu solchen Verkürzungen, Undifferenziertheiten und grobschlächtigen Vereinfachungen kommen, daß nicht nur die Darstellung des Gegenwärtigen im Historischen, sondern vor allem auch das Dichterische beträchtlich darunter leidet. Allerdings kommt es nicht immer zur Verwirklichung dieser Gefahren. Beispiele für diesen Typus sind Lion Feuchtwangers Roman

Der falsche Nero, in dem vor einer römischen Kulisse Hitler, Goebbels, Göring und der Reichstagsbrand dargestellt werden oder Hermann Kestens Roman *Ferdinand und Isabella*, in dem die Schilderungen des spanischen Nationalismus, der Vertreibung der Juden und Mauren und der Errichtung der Inquisition viele Gegenwartsbezüge enthalten.

Der vierte Typus ist schließlich derjenige der aktualitätsentrückten Darstellung mit indirekten Gegenwartsbezügen. Praktische Beispiele dafür sind Hermann Brochs *Tod des Vergil* oder Hans Henny Jahnns Trilogie *Fluß ohne Ufer*. Wiewohl es zumal für den oberflächlichen Betrachter gar nicht einzusehen sein mag, welche Beziehung zwischen dem Wandel der ästhetischen Ansichten des sterbenden Vergil über seine Äneis und dem Nationalsozialismus oder zwischen diesem und dem seltsamen Gewebe von Mord, Freundschaft und harmonischer Sublimierung in musikalischen Formen der Trilogie Jahnns bestehen könnten, enthalten die Romane dieses Typus doch tiefergreifende und endgültigere Antworten auf die Herausforderungen der Zeitsituation als alle anderen.

Die scheinbare Paradoxie, daß gerade diejenigen Romane, die keinerlei äußere Berührungspunkte mit der Darstellung des Phänomens des Nationalsozialismus aufweisen, die wesentlichsten Aussagen der Exilautoren zum Gesamtproblem der Zeit enthalten, hat verschiedene Gründe. Erstens ist hier von vornherein die Gefahr eines allzu vordergründig und oberflächlich, ja falsch verstandenen „Engagements" vermieden, das sich bewußt oder unbewußt in Richtung auf die niedere Stufe der Tendenzklischees der NS-Literaturpolitik als Reaktion darauf hindrängen lassen könnte. Zweitens bezeugen sie die Einsicht in die Überlegenheit der inneren Berührungspunkte über die äußeren. Drittens jedoch, und vor allem, setzen sie dem Totalitarismus, der das Unendliche verendlicht, ja der es geradezu auf ein zweckgebundenes Endliches reduziert, die wirkliche Totalität entgegen, die das Unendliche im Endlichen wahrnimmt: Brochs Vergil indem er die Erkenntnis des Lebens als unzureichend erkennt und gleichsam als zweite Komplementärhälfte die Todeserkenntnis dazu fordert, Jahnn indem er den schwer zugänglichen, überströmenden *Fluß ohne Ufer* alles Lebendigen aus todbestimmtem Fleisch in ähnlichen Tiefendimensionen durchleuchtet, die alle Verlogenheiten und Verkürzungen abweisen.

Jahnn selbst hat dies so ausgedrückt, daß er die neuen Aufgaben der Kunst ausdrücklich auf die Neuheit äußerer Erscheinungsformen beschränkte, er sagt:

> Fortschritt und Entwicklung in den Zielen der Kunst gibt es nicht. Hat es niemals gegeben. Sie entspringt der Veranlagung des Menschen, daß er in den Zustand einer inwendigen Offenbarung hineintreibt, wenn er, um mit Keppler zu reden, seinen Schöpfer nachäfft. Nämlich spielend und sinnend zu neuen Synthesen vorstößt und im Zeitlichen den Abglanz des ewigen Zustandes erhascht.[4]

Was aber Jahnn meinte, wenn er von der Aufgabe sprach, „im Zeitlichen den Abglanz des ewigen Zustandes" zu erhaschen, das hat Broch vielleicht noch präziser und glücklicher mit den Begriffen des Unendlichen im Endlichen ausgedrückt.

Wenn hier versucht wurde, eine mögliche Typologie des Exilromans zu skizzieren, dann unterliegt diese selbstverständlich der Problematik jeglicher Typologie in den Geisteswissenschaften: es gibt Übergangserscheinungen. So etwa beginnt Friedrich Torbergs Roman eines jüdischen Gestapospitzel zwar in aller beklemmenden Aktualitätsdirektheit als ein Roman des Typus eins. Gegen Schluß hin jedoch, mit dem Gespräch, das die Hauptfigur mit seinem ehemaligen jüdischen Religionslehrer führt und mit der zweiten, abschließenden Hälfte des Rahmens, gewinnt dieses Erzählwerk solche Tiefendimensionen, daß es in den Typus Nummer zwei hinein reicht. Oder etwa im Fall von Musils *Mann ohne Eigenschaften* ist es eine Angelegenheit der Interpretation, ob man das im Jahr 1913 spielende Geschehen als gegenwärtig genug betrachtet, um den Roman dem Typus zwei zuzuordnen oder als zeitlich von der in Frage stehenden Exilsituation nach 1933 fern genug, um ihn dem Typus vier einzugliedern. Streng genommen wäre das letztere richtiger.

Wenn hier eine mögliche Typologie des Exilromans versucht wurde, dann sei auch darauf hingewiesen, daß trotz des ursprünglichen Ausgangspunktes vom Gehalt der Romane das Gestaltproblem bis zu einem gewissen Grad mit berücksichtigt wurde. Denn im allgemeinen verkörpern die Romane des Typus eins und drei die traditionelle Form des Romans während jene des Typus zwei und vier in ihrer Form dem nachexpressionistischen, nachjoyceschen Roman entsprechen.

Und wenn hier eine mögliche Typologie des Exilromans versucht wurde, dann sei schließlich darauf hingewiesen, daß sie so wenig Antworten auf alle Fragen anzubieten hat, ja auch nur alle wesentlichen Fragen anschneidet und berührt wie jede andere Typologie. Um nur einige der wesentlichsten dieser Fragen noch zu stellen: wie wirkte die Exilsituation auf die Romanciers überhaupt? Wie wirkte sie im Hinblick auf die Produktivität? Wie wirkte sie im Hinblick auf die Reaktionsweisen? Wie wirkte sie im Hinblick auf ihre Einstellung zur Literatur?

Was die Frage nach der Produktivität betrifft, so gibt es keine eindeutige Antwort: in einem Fall, etwa dem Fall Stefan Zweigs trat eine Art Lähmung der Schaffenskraft ein und sein geplanter großer Roman der Exilzeit, sein *Balzac* blieb ein Torso. In einem anderen Fall, dem Fall etwa Johannes Urzidils waren es überhaupt erst die Erlebnisse des Exils, die ihn zu einem fruchtbaren Romancier machten.

Was die Reaktionsweisen betrifft, so fanden der Anlage und den Erlebnissen der einzelnen Autoren zufolge die verschiedenartigsten Möglichkeiten ihre Verwirklichung. Jahnn fand die einzige Möglichkeit wahrhafter Harmonie in der Kunst. Joseph Roth wandte sich vom rein Diesseitigen ab und nannte seinen Romanhelden Tarabas ausdrücklich einen „Gast auf dieser Erde". Auch die Hinwendung zum Utopischen kam vor, wie Werfels *Stern der Ungeborenen* beweist. Aber nichts wäre falscher, als darum die Abwendung vom gegenwärtigen diesseitigen Leben als eine Art gemeinsamen Nenner zu sehen. Wenn etwa Musil die Lösung in der taghellen Mystik seines „anderen Zustandes" fand, so würde es zu einem Mißverständnis von katastrophalen Ausmaßen führen, wollte man hier den Maßstab der vielfach herkömmlichen Dichotomie von Diesseits und Jenseits anlegen. Ein Ödön von Horváth sah in seinem Doppelroman *Zeitalter der Fische* die Kälte als Schuld und die Antwort darauf liegt vor allem im Diesseitigen. Ja selbst die Reaktion des Humors findet sich, beispielsweise in Hermann Kestens Roman *Die fremden*

Götter. Mit einem Wort: die Verschiedenartigkeit der Reaktionsweisen ist so unerhört groß, daß es praktisch unmöglich ist, eine Art gemeinsamen Nenner zu finden.

Bleibt noch die Frage der Einstellung der Exilautoren zur Literatur. Hier kann man wohl wenngleich keineswegs von Einheitlichkeit so doch von einer allgemeinen gemeinsamen Entwicklung in eine bestimmte Richtung hin sprechen: Heinrich von Kleist hat in seiner Schilderung der Reaktionen menschlichen Verhaltens nach der Naturkatastrophe des *Erdbebens in Chili* geschrieben:

> Statt der nichtssagenden Unterhaltungen, zu welchen sonst die Welt an den Teetischen den Stoff hergegeben hatte, erzählte man jetzt Beispiele von ungeheuren Taten...

Und mit dem Blick des großen Künstlers durchschaut Kleist auch die Bipolarität der Erlebnisreaktion. Er schreibt:

> Ja, da nicht einer war, für den nicht an diesem Tage etwas Rührendes geschehen wäre, oder der nicht selbst etwas Großmütiges getan hätte, so war der Schmerz in jeder Menschenbrust mit so viel süßer Lust vermischt, daß sich, wie sie meinte, gar nicht angeben ließ, ob die Summe des allgemeinen Wohlseins nicht von der einen Seite um ebensoviel gewachsen war, als sie von der anderen genommen hatte.

Die Situation der im Exil vor den unmittelbaren Auswirkungen der Sozialkatastrophe des Totalitarismus Geretteten hat mit jener der Überlebenden der Naturkatastrophe des Erdbebens manches Gemeinsame. Der äußere Verlust wurde in der Regel durch einen inneren Gewinn aufgewogen und das praktische Ergebnis zeigte sich vor allem in einer weitgehend gemeinsamen Richtung der Einstellung zur Dichtung als Kunst. Diese gemeinsame Richtung war diejenige einer jeweils relativ zunehmenden Verdeutlichung und Vertiefung des Humanen als Hauptaufgabe der Kunst, mochte es sich nun in einer Hinwendung zu oder Intensivierung von sittlichem Einzelbewußtsein, sozialem Engagement oder echter Religiosität dokumentieren. Kunst als formalistisches Spiel, Kunst um der Kunst willen oder gar Kunst um einer abstrakten Kunsttheorie willen, schien vor dem Hintergrund der Zeitereignisse, welche die Autoren in das Exil getrieben hatten, einfach unmöglich.

Im weitesten Sinn geht es also um eine bewußtere und vielleicht auch deutlichere literarische Darstellung der Suche nach dem Selbst, wobei diese Suche grundsätzlich in zwei verschiedene Richtungen verlief: einerseits in jene der Wiederfindung des verlorenen Selbst des Lebens vor dem Exil mit dem Vorhaben der im Exil notwendig gewordenen Neuformulierung der alten literarischen Tradition, andererseits in jene einer gänzlichen Neufindung innerhalb der neuen Lebensverhältnisse. Im ersten Fall spielen die zeitlosen Faktoren menschlicher Erfahrungsmöglichkeiten die Hauptrolle, im zweiten Fall liegt der Akzent auf der zeitgebundenen Verschiedenheit der Außenwelt. Dementsprechend stehen bei den dichterischen Darstellungen im Werk der einzelnen Exilautoren, ja oft abwechselnd in deren einzelnen Romanen, die unmittelbaren existentiellen Lebens- und Todesprobleme oder aber deren mittelbare, besonders durch das Exil speziell geprägte Einzelformen im Vordergrund.

Gewiß gab es die verschiedensten Variationsformen in Darstellungsweise wie Intensität, doch die allgemeine Richtung war die gleiche: es gab die Form des direkten Engagements sowohl wie verhüllte und sublimierte Gestaltungen, und es gab die Betonung des Humanum als innerstem Wesenskern des Dichterischen wie auch den Grenzfall, da das ungeheure Ausmaß der Zeitkatastrophe auch die ernsthafteste Dichtung fast als unberechtigt erscheinen ließ, weil sie als ästhetisches Phänomen nicht direkte Hilfe vermitteln konnte. Dieses Phänomen wirkt besonders tragisch bei den großen Gestalten, die trotz all ihrer wissenschaftlichen und sozialen Interessen ihrem innersten Wesen nach immer Dichter gewesen sind: Robert Musil hatte Augenblicke zu durchlaufen, in denen ihm seine „Laientheologie" wichtiger schien als das „Kartenhaus" seines großen Romans und Hermann Broch kannte Zeiten, da er seinem Zweifel am Wert seines Romanschaffens angesichts der Zeitkatastrophe nichts mehr entgegenzusetzen hatte außer seine eigene, innerste Natur, die ihn trieb weiter zu schreiben auch wenn er seine massenpsychologischen Studien für weit wichtiger, ja für ein Unternehmen von brennendem Aktualitätswert hielt.

Im tiefen humanistischen Ernst dieser zeitkritischen Grundhaltung, verbunden mit der dichterischen Gestaltungskraft und Größe der

Spitzenexemplare dieser Gattung, scheint mir die hohe Bedeutung des deutschsprachigen Romans im Exil zu liegen.

Es war auch ein Exil-Romancier, der auf die tieferen Zusammenhänge und Gründe dieser hohen Bedeutung zuerst in aller Deutlichkeit hingewiesen hat. Hermann Broch war es, der zu zeigen versucht hat, daß die Wissenschaft heute keine wirklichen Totalitäten zu liefern imstande ist, sondern nur die Kunst. Er war es auch, der in Theorie wie Praxis gezeigt hat, daß keine andere literarische Gattung der Erfüllung solcher Totalitätsforderung an die Kunst so wohl Genüge tun kann wie der Roman. Das aber heißt mit anderen Worten, daß wir einen tieferen Einblick in das Phänomen und den Gesamtzusammenhang des modernen Totalitarismus vor dem Hintergrund einer umfassenderen, wirklichen Totalität vor allem im Roman — wenn überhaupt in einer anderen literarischen Gattung — erhalten können. Hier wird das Phänomen in seiner Gesamtheit deutlich, wie sie bis hinauf in metaphysische und magische Vorstellungssphären und bis hinunter zu dunkelster Triebhaftigkeit reicht. Denn es ist die literarische Gattung des Romans, die vor allem — wenn nicht allein — über die Vielschichtigkeit verfügt, die ganze Skala menschlicher Erlebnismöglichkeiten „von den physischen und gefühlsmäßigen bis hinauf zu den moralischen und metaphysischen" darzustellen.[5]

In der Einmaligkeit so umfassender Wiedergabe und Darstellung des Menschen im modernen Totalitarismus liegt aber nicht nur die literarische Größe der hervorragendsten Beispiele des deutschen Exilromans seit 1933, sondern liegt auch ihre hohe soziale und praktische Bedeutung für unsere gegenwärtige Welt, für welche die Gefahr des Totalitarismusproblems seit 1933 keineswegs kleiner geworden ist.

Anmerkungen

1 Wilfried Berghahn: Robert Musil, Reinbeck bei Hamburg 1963, S. 94.
2 Robert Musil: Der Mann ohne Eigenschaften, Hamburg 1952, S. 679.
3 Thomas Mann: *Doktor Faustus*, Wien 1948, S. 11.
4 Hans Henny Jahnn: *Über den Anlaß*, Frankfurt am Main 1964, S. 94.
5 Hermann Broch: *Die Schuldlosen*, München 1965, S. 287.

Der deutsche Roman 1930-1945

Der deutschsprachige Roman hat in der Zeit zwischen 1930 und 1945 nicht nur eine besonders breite Vielfalt an Formen entwickelt, er hat auch in seinen Spitzenleistungen in dieser Zeit literarische Kunstwerke geliefert, die sich dem Bedeutendsten der vorhergehenden Periode, etwa Kafkas Romanen, Jahnns *Perrudja*, Rilkes *Malte* und Döblins *Alexanderplatz* durchaus zur Seite stellen lassen, ja diese Art des Romans der klassischen Moderne weiter entwickeln.

Obwohl der Expressionismus 1924 sein Ende gefunden hatte, gibt es insofern eine Art Überhang, der noch bis in den Beginn der Dreißigerjahre hereinreicht, als einzelne expressionistische Autoren selbst nach durchlaufenem Stilwandel zumindest einzelne expressionistische Züge beibehielten. Am weitesten ging dabei wohl Mynona mit seinem antirealistischen, radikal idealistischen Roman *Geheimnisse von Berlin* (1931), der noch grundsätzlich in der expressionistischen Tradition wurzelt. Lediglich einzelne Züge davon finden sich in Ernst Weiss' Roman *Georg Letham, Arzt und Mörder* (1930), etwa in seinem dämonisch negativen Vaterbild oder in der extremen Radikalität der Gegensätze, da der einer Hölle menschlicher Verworfenheit auf der Teufelsinsel ausgesetzte Gattenmörder zum opferbereiten, menschlichkeitsbewußten Forscher umschlägt, oder aber in Stimmung und Atmosphäre von Kasimir Edschmids Buch *Feine Leute oder die Großen dieser Erde* (1931), in dem noch deutlich jenes Schreckbild der Zivilisation fortlebt, gegen welches sich der Expressionist Edschmid schon mehr als ein Jahrzehnt zuvor aufgelehnt hatte. René Schickele aber, der mit seiner Trilogie *Das Erbe am Rhein* den Expressionismus völlig überwunden zu haben schien, kehrte mit seinem Roman *Die Witwe Bosca* (1933), den er für seinen bedeutendsten hielt, insofern zu expressionistischen Anwandlungen zurück, als die scheinbar realistisch-groteske Unfallsgeschichte in „hermetischer" und typisierender Weise eigentlich auf eine ganz andere Ebene, auf das in Mord und Tod verstrickte Europa verweist. Max Brod aber, der immer schon Romane geschrieben hatte, die den Expressionisten zu naturalistisch, den Vertretern der Neuen Sachlichkeit aber zu expressionistisch erschienen waren, legte mit seinem realistisch angelegten *Stefan Rott oder Das Jahr der Entscheidung* (1931) ein Buch vor, das in seiner Darstellung der Seelenkämpfe eines siebzehnjährigen Gymnasiasten voll von Reminiszenzen expressionistischer Vergangenheit ist.

Der Zeitstil jedoch, der 1930 im Vordergrund stand und der nach seinen ersten Anfängen in den frühen Zwanzigerjahren jetzt seinen Höhepunkt erreichte, war die „Neue Sachlichkeit". Heinz Dietrich Kenter hat von ihr gesagt, daß hier „Tatsachen" den „ganzen Zauber einer verlogenen Gefühlsdichtung" brechen und „erlebter, erschütternder" wirken als „alle Einfälle der Dichter". Der Roman aber ist die wichtigste Gattung dieses Zeitstils.

So machtvoll ist der Eindruck der wiederentdeckten Kraft der literarisch dargestellten Wirklichkeit, daß dieser Stil seinen Wellenschlag bis zum historischen Roman hin geworfen hat, der völlig als eine Domäne der Neuromantik erschienen war. Alfred Neumanns Roman *Der Held* (1930) beispielsweise, seine vorherigen historischen Romane beträchtlich übertreffend, erfaßt die Gegenwart historisch und ist gerade in der Fülle seiner unsachlichen Phantasie und völlig subjektiven Erlebniskraft von seltsam wirkender Sachlichkeit und Objektivität. Robert Neumann aber hat seinen historischen Roman über den „König der Waffen" *Sir Basil Zaharoff* (1934) aus guten Gründen überhaupt einen „Dokumentarbericht" genannt.

Bei aller Einflußbreite einerseits jedoch und bei aller Wichtigkeit gerade des Romans in der Neuen Sachlichkeit andererseits, reichen die einzelnen künstlerischen Gestaltungen und Ergebnisse dennoch tief hinunter in die Niederungen und in die Flachlandschaft der Bestseller, etwa mit Lion Feuchtwangers *Erfolg* (1930) oder Erich Maria Remarques *Der Weg zurück* (1931).

Ja gerade einige der bekanntesten und paradigmatischen Romanbeispiele der Neuen Sachlichkeit wie etwa Hans Falladas *Kleiner Mann, was nun* (1932) Erich Kästners *Fabian* (1931) sind keine Hochkunst-

erke. Ihr Thema sind in der Regel kleine Leute wie etwa auch der
eiger in Günther Birkenfelds *Liebesferne* (1930) und das ist mit-
nter sogar auch dann der Fall, wenn es auf den ersten Blick ganz
ders erscheint, wie zum Beispiel in Joseph Breitbachs *Die Wand-
ng der Susanne Dasseldorf* (1933), in der dem Titel nach zu schlie-
en, die Fabrikantentochter Susanne Dasseldorf die alleinige Heldin
t. Tatsächlich steht ihr und dem von ihr repräsentierten großbür-
erlichen Bereich der proletarische Gärtnersohn Peter Hecker und
ine Umwelt durchaus gleichberechtigt gegenüber und die „Wand-
ng" Susannes besteht schließlich sogar darin, daß ihre Haltung und
r Stolz, ihr Wertsystem und ihr bürgerliches Heldentum sich in-
lge der Verschmähung durch den jungen Proletarier völlig auflöst.

a, es ließe sich über die Neue Sachlichkeit allgemein sagen, was Erich
ästner über Joseph Breitbach gesagt hat, daß er der typische Vertre-
er einer durch Krieg und Inflation ernüchterten Schriftstellergene-
ation sei, die nicht mehr in Historie und Exotik entflieht, sondern
as Leben gerade da packt, „wo es vom Nachmittagsschläfchen aus
etrachtet unangenehm und uninteressant erscheint." Diese Autoren
eobachteten wie Breitbach „den Jahrmarkt der Zeit im größten Be-
rieb" und behielten die Augen offen. Sie ließen sich „nichts vorma-
hen", fielen „auf die großen Töne nicht hinein" und sie erkannten
re Menschen „bis aufs Komma".

n diesem Sinn beschrieb Hermann Kesten seine *Glücklichen Men-
chen* (1931), die in der kleinbürgerlichen Gegend um den Berliner
ermannsplatz wohnen und die im Gegensatz zur oberflächlichen
ußenerscheinung sehr unglückliche Menschen sind, die zu beschrei-
en das adäquate Medium die nüchtern-sachliche, ja bittere Satire ist.
ies gilt genau so von Kestens *Scharlatan* (1932).

ber manchen Autoren war diese unbestechliche Sachlichkeit der
arstellung nicht genug. Sie wünschten, die objektive Wahrheits- und
Virklichkeitserfassung noch weiter zu treiben und zwar nicht in die
iefe, sondern in die Breite einer allgemein-verbindlichen, nicht mehr
u überbietenden Objektivität. Aus diesem Grund beschränkte sich
twa Theodor Plievier bei seinem Roman *Der Kaiser ging, die Gene-
äle blieben* (1932), nicht auf die Darstellung eigener Erlebniserfah-
ung, sondern arbeitete ausgedehnte Interviews mit zweiundneunzig

Persönlichkeiten aus, die planvoll von allen einander bekämpfenden politischen Richtungen ausgewählt worden waren. Rudolf Brunngraber jedoch ging noch einen Schritt weiter und versuchte in seinem Roman *Karl und das 20. Jahrhundert* (1932) als „Dichtersoziologe" mit gleichsam wissenschaftlicher Akribie als Hintergrund der Geschichte eines Fliegeroffiziers, der seiner armen Mutter Geld schickt, das er nach ihrem Tod durch die Inflation entwertet wiederfindet, eine Weltwirtschaftsphase systematisch darzustellen. In diesem Fall liegt indessen in der quasi wissenschaftlichen und allgemeinverbindlichen Gültigkeit der Darstellung von wirtschafts- und sozialgeschichtlichen Zusammenhängen zugleich auch die künstlerische Schwäche des Buches.

Die menschlichen, sozialen und politischen Schlußfolgerungen, welche die einzelnen Autoren aus der gleichen sachlichen Wirklichkeitsbetrachtung und Wirklichkeitsdarstellung ziehen, können ganz verschieden sein. Arnolt Bronnen etwa, wiewohl Tucholsky ihn einen „durchgefallenen Linken, als Faschist verkleidet" bezeichnet hatte, stand tatsächlich auf der äußersten politischen Rechten als er seinen Roman des Freischarführers *Roßbach* (1930) schrieb und die Wirklichkeit auf seine Weise sachlich darstellte, wobei er zur Technik griff, eigene Mitteilungen des „Kampf Truppen Kommandeurs und Spielschar Führers" Roßbach als gleichsam dokumentarischen Anhang beizugeben.

Noch eindeutiger der radikalen Rechten gehörte Ernst von Salomon an, der wegen Beteiligung am Rathenau-Mord einige Jahre im Zuchthaus verbringen mußte. In seinen Romanen *Die Geächteten* (1930) und *Die Stadt* (1932) hat er die Wirklichkeit sachlich, nüchtern und von rechter Perspektive her dargestellt.

Von einer mehr linken Perspektive her tat dies Arnold Zweig in seinem Roman *Die junge Frau von 1914* (1931) und in einer noch viel radikaleren Weise B. Traven in seinen Romanen *Der Karren* (1930), *Regierung* (1931) und *Die Rebellion der Gehenkten* (1936). Obgleich die direkte persönliche, gesellschaftskritische und politische Stellungnahme Travens dabei klar zu Tage tritt, hat man mit Recht bemerkt, daß gerade sein sachlicher Sinn für die Wirklichkeit ihn auch die Vertreter des kapitalistischen Systems aus seiner Lage heraus menschlich begreifen läßt, was wiederum der künstlerischen Qualität des Dargestellten sehr zuträglich ist.

Zu den echten künstlerischen Höhepunkten des Romans der Neuen Sachlichkeit gehört aber neben Ernst Erich Noths *Mietskaserne* (1931) vor allem Martin Kessels Panorama des Nihilismus der Zeit *Herrn Brechers Fiasko* (1932).

Manchmal ergeben sich notwendig entsprechende Schlußfolgerungen aus der Darstellung der Zusammenhänge von menschlichen Grundhaltungen und Handlungen vor dem Hintergrund der Zeitverhältnisse wie etwa in Erik Regers Industrieroman *Union der festen Hand* (1931) oder in Ernst Glaesers berühmt gewordenem Buch *Der letzte Zivilist* (1936).

Manches Mal, freilich, steht so sehr rein menschliches Verhalten allein im Brennpunkt des Geschehens, daß es nahezu unmöglich ist, politische Schlußfolgerungen abzuleiten. Dies gilt für einen der jüngsten und zugleich bedeutendsten Vertreter der Neuen Sachlichkeit, Friedrich Torberg, dessen frühe Romane allerdings überhaupt so sehr auf psychologische Beziehungen abzielen, daß sie die reine Abschilderung der Außenwirklichkeit, wie dies vielfach das Anliegen der echten und vollblütigen Vertreter der Neuen Sachlichkeit ist, bereits vielfach durchbrechen. Sein erster Roman, der Roman eines Schülerselbstmords, *Der Schüler Gerber hat absolviert* (1930) hat seine Stärke in der Schilderung gewisser dumpfer, grotesker, ängstlicher und nervöser Zustände und auch der darauffolgende Roman — *und glauben es wäre die Liebe* (1932) lebt aus seiner Psychologisierungskunst, wobei diese dadurch den Anstrich sachlich-objektiver Faktendarstellung erhält, daß das innere Erleben vielfach durch fiktive Tagebuchnotizen beleuchtet wird. *Die Mannschaft* (1935) ist der Roman einer Wasserballmannschaft, innerhalb deren sich ein junger Mann zum Sportsmann entwickelt. *Abschied* (1937), der Roman einer ersten Liebe, ist bei aller Innerlichkeitsbezogenheit noch immer dem Stil der Neuen Sachlichkeit verhaftet und wohl einer der letzten Romane, der ihr zugerechnet werden muß. Der Österreicher Torberg konnte noch in einer Weise schreiben, wie dies in Deutschland seit 1933 nicht mehr möglich war. Ernst Glaeser hatte sein Buch *Der letzte Zivilist* bereits im Exil geschrieben.

Die meisten bedeutenden Vertreter der Neuen Sachlichkeit wählten nach 1933 das Exil, Kästner erhielt Schreibverbot, Brungraber zog sich in die innere Emigration zurück, ganz wenige nur paßten sich dem neuen Kulturbetrieb und Stil an, aber alle, gleichviel welche Wahl sie trafen, änderten ihren Stil.

Schon Jahre bevor die äußeren, politischen und sozialen Entwicklungen in Deutschland der Neuen Sachlichkeit ein Ende setzten, hatte sich auf weiten Strecken von innen her oder aber durch ganz verschiedene äußere Umstände vor Ausbruch der nationalsozialistischen Herrschaft eine Überwindung jenes neuen realistischen Zeitstils angebahnt. Bedeutende Autoren, von denen etliche zunächst selbst aus der Neuen Sachlichkeit herkommen, fanden die auch komplexere Art reiner Darstellung der äußeren Erscheinungswelt als zu einengend und durchbrachen sie in Richtung auf eine neue romantische Grundhaltung hin. Ein besonders bedeutender und zugleich typischer Beispielsfall ist der Durchbruch Joseph Roths vom Stil seines ironisch-skeptischen Romans *Rechts und links* (1929) zu seinem *Hiob* (1930) hin. Diese Darstellung der inneren Entwicklung des durch seine äußeren Schicksale einer Art neuen Hiob ähnelndem „einfachen Mannes" Mendel Singer auf seiner „endlosen Flucht vor dem Nichts" öffnen sich stilistisch zum Mythischen hin und zeigen in der Entwicklung der Hauptfigur zugleich die Entwicklung Joseph Roths zu einer weiträumigen Religiosität hin. Auserkoren zunächst als ein Zeuge „für die grausame Gewalt Jehowahs" durchläuft Mendel Singer in typischer Wiederholung die Struktur des Hiob-Mythos' und findet zuletzt gleichfalls seine Versöhnung und seinen Frieden mit dem Geschick seines Lebens, so daß er ausruhen muß, „von der Schwere des Glücks" und „der Größe der Wunder".

Die zeitnahe Wiederholung der griechischen Mädchenmythe in ihrer Verbundenheit mit den Mächten der Unterwelt, der Dämonen und Götter rheinischer Vorzeit vollzieht sich in Elisabeth Langgässers *Proserpina* (1932), während derselben Autorin *Triptychon des Teufels* (1932) mit seinen dämonischen Masken sich dem Religiösen im weitesten Sinne auftut. Dasselbe gilt von Martin Beheim-Schwarzbachs geschichtlichem Roman aus vorchristlicher Zeit *Die Herren der Erde* (1931), Gertrud von Le Forts Roman des mittelalterlichen

Gegenpapstes Anaklet II. *Der Papst aus dem Ghetto* (1930), Edzard Schapers Roman des Existenzkampfes der russisch-orthodoxen Gemeinde einer estnischen Hafenstadt *Die sterbene Kirche* (1935) oder Franz Werfels Jeremiasroman *Höret die Stimme* (1937).

Aber nicht nur dem Zeitlos-Mythischen, Religiösen und weit zurückliegend Historischen zu öffnet sich die romantische Haltung dieser Romane, sondern auch der Sehnsucht eines allgemeinen Fernwehs wie etwa Otto Hausers *Die letzten Segelschiffe* (1930), einer Mischung aus fiktiver Wirklichkeit mit Bereichen vergegenwärtigter geistiger Imagination wie in Hermann Hesses *Morgenlandfahrt* (1932) oder aber dem Verschwimmen von Traum und Wirklichkeit in den wehmütigen Symbolen von der Sinnlosigkeit der Welt in Friedo Lampes Bremer Roman *Am Rande der Nacht* (1933). Aber auch unmittelbar zurückliegende Geschichte vermag der neuen romantischen Grundhaltung des Romans als Kulisse zu dienen, sei es in versöhnlich-wehmütiger Weise wie in Joseph Roths großem Wurf seines *Radetzkymarsch* (1932), sei es in der entsetzen- und grauenerweckenden Weise von Franz Werfels Roman *Die vierzig Tage des Musa Dagh* (1933), in dem er die Verfolgung und Massenvernichtung der armenischen Christen in der Türkei in epischem Nachvollzug neu beschwor.

Abwechselnd in Richtung auf das Dasein der Toten, auf Bereiche des Wahns und auf ein überaus allgemein gehaltenes religiöses Reich immanenter Gesetzlichkeit, das keinen Glauben an einen persönlichen Gott verbindlich macht, transzendiert die Außen- und Oberflächenwirklichkeit in den beiden letzten Romanen von Jakob Wassermanns Kerkhoventrilogie *Etzel Andergast* (1931) und *Joseph Kerkhovens dritte Existenz* (1934). Dieser dritte und letzte Roman, der in gleichwohl romantisch-allgemeiner und symbolischer Weise die Pathologie einer ganzen Epoche zu entwerfen unternahm, durfte im Deutschland des Dritten Reiches nicht mehr erscheinen. Während ein anderer, bedeutenderer romantischer Roman, Ina Seidels historischer Roman *Das Wunschkind* (1930), einerseits nach den großen Mustern des 19. Jahrhunderts angelegter Bildungsroman ist, der in symbolischen Spiegelungen Harmonie und Ausgleich erstrebt zwischen der harten, geschichtlichen Wirklichkeit des Lebens 1793-1813 und den Zukunftsträumen mütterlicher Frauen, andererseits jedoch nach 1933

von der Autorin selbst metaphorisch als ein „Baum" gedeutet werden
konnte, „den eine deutsche Mutter im Namen unzähliger Schwestern
zur Ehre und zum Gedächtnis gefallener deutscher Söhne gepflanzt
hat". Der romantische Biologismus der nationalsozialistischen Ideologie hat auch seine literarischen Schatten weit voraus geworfen.

Alle die Erscheinungen und Ergebnisse des Romans der Neuen Sachlichkeit wie der Neuen Romantik der frühen Dreißigerjahre wurden
indessen künstlerisch weit übertroffen von jenen wenigen großen Bei-
spielen des nachexpressionistischen, gleichsam nachjoyceschen, entfabelten Romans, der die Krise des Romans und die Krise der Zeit
zugleich überwand, indem er beide in ihrer Totalität zum Gegenstand
seiner Darstellung machte. In der entwicklungsgeschichtlichen Fortsetzung zu Franz Kafkas *Schloß* (1926), Hans Henny Jahnns *Perrudja* (1929), und Alfred Döblins *Berlin Alexanderplatz* (1929) 1931 und
1933 waren Band I und der erste Teil des Band 2 von Robert Musils
Mann ohne Eigenschaften erschienen und 1931 und 1932 erschienen
die drei Bände von Hermann Brochs Trilogie *Die Schlafwandler.*

Einer der ganz wenigen, ganz großen Kritiker der Zeit, Franz Blei
hat die überragende Bedeutung sofort erkannt und schrieb an Broch
nach Erscheinen des dritten Bandes seiner Trilogie *Hugnenau oder
die Sachlichkeit*:

> „...die Leistung Deiner drei Romane statuiert und restauriert die große Ei-
> genbedeutung, die selbst ein so zwitterhaftes Gebilde, wie es innerhalb der
> Wortkunst der Roman ist, heute der Roman besitzt, wenn ihn nur der Rich-
> tige schreibt..." und er unterstreicht, daß es Musil und Broch waren, die da-
> mit dem neueren Roman seine große Form gegeben haben.

Unmittelbar nach der erreichten Leistung dieses Höhepunktes trieben die politischen Ereignisse der Machtergreifung Hitlers in Deutschland 1933 den deutschen Roman zusammen mit der gesamten deutschen Literatur in ein Schisma, das zwei völlig voneinander getrennte
deutsche Literaturen schuf, die miteinander nicht nur nichts zu
schaffen hatten, sondern zwischen denen für Jahre überhaupt kein
Berührungspunkt bestand: eine Massenauswanderung von Autoren,
welche die überwiegende Mehrzahl der Größten und Bedeutendsten
mit einschloß, schuf ein in der deutschen Literaturgeschichte erst-

naliges Phänomen einer Exilliteratur, die es aus historischer Sicht notwendig macht, zwei voneinander völlig getrennte deutsche Literaturen und natürlich auch Romanliteraturen zu behandeln.

Gewiß vollzog sich diese Entwicklung nicht abrupt. Die drohende Gefahr hatte ihre Schatten vorausgeworfen. Ein besonders im literarischen Bereich deutliches Zeichen war der Umstand gewesen, daß Thomas Mann seinen Appell an die Vernunft, seine „Deutsche Ansprache", die er 1930 im Berliner Beethovensaal hielt, nicht in Ruhe zu Ende bringen konnte und durch die Störmanöver einer von Arnolt Bronnen dirigierten Horde von SA-Männern gezwungen wurde, den Saal nach Beendigung der Rede fluchtartig durch einen Hinterausgang zu verlassen. Auch gingen nicht alle Autoren schlagartig 1933 ins Exil und waren gerade die Österreicher wie Broch und Musil zunächst nur vom deutschen Markt abgeschnitten und zu tatsächlicher Flucht erst 1938 getrieben.

Ebenso wenig endete indessen diese Zweiteilung der deutschen Literatur 1945 mit dem Ende des Zweiten Weltkrieges. Es währte in einzelnen Fällen Jahre, in vielen Fällen Jahrzehnte, ehe es zu Brückenschlag und gegenseitiger Verständigung kam und ganz nach Deutschland und Österreich zurückgekehrt ist der Großteil der Exilautoren nie mehr.

Aber auch die in Deutschland selbst verbliebene Literatur entwickelte sich im Sinn einer Zweiteilung. Denn auf der einen Seite standen jene Autoren, welche die ideologischen Forderungen der nationalsozialistischen Machthaber mit mehr oder weniger großer Begeisterung zu ihrem eigenen ästhetischen Programm erhoben, ja vielfach in solcher Entwicklung aktiv mitwirkten, auf der anderen Seite aber standen jene Autoren, denen eine solche Entwicklung sofort oder aber auch recht bald überaus fragwürdig schien und die sich ebenfalls wieder mit mehr oder weniger Mut und Konsequenz, mehr oder weniger direkt in ihrer literarischen Produktion auf eine Haltung zurückzogen, die man als „innere Emigration" bezeichnet hat. Ebenso heterogen jedenfalls wie die Exilliteratur nach Stil und Thema, politischer Haltung und literarischer Qualität war, war es auch die „binnendeutsche" Literatur und nur in der durch nahezu völlige Kontaktlosigkeit völlig verzerrten Optik erschien den meisten Exilautoren die in Deutschland verbliebene Literatur ebenso einheitlich wie umgekehrt.

Was nicht nur die politisch aktivistische NS-Dichtung, sondern überhaupt die dem neuen Regime genehme Romanliteratur betrifft, so dominiert allerdings weitgehend eine Art von Romantik. Im Unterschied zur neuen Romantik der zuvor genannten Romane, bei denen eine allzu enge und vordergründige Realitätsdarstellung gesprengt und nach verschiedenen Seiten hin transzendiert wird, handelt es sich hier um eine andere Art von Romantik. Es ist eine Art Stil, der sich äußerlich und vor allem seiner Absicht nach vielfach als realistische Wirklichkeitserfassung zu geben trachtet, der jedoch infolge seiner Verkürzungen und Reduktionen dieser Wirklichkeit in eine Art falsche oder „After"-Romantik umschlägt.

Die ersten wichtigen, propagandistischen und ideologischen Ansätze, welche die politische Entwicklung auf 1933 hin vorbereiten und in Gang zu bringen halfen, liegen oft schon viele Jahre voraus, wie etwa Will Vespers *Bundschuh zum Leben* (1925), Hans Grimms *Volk ohne Raum* (1926) oder Werner Beumelbergs *Deutschland in Ketten* (1931).

Der Großteil der im engsten und direkten Sinn politisch aktivistischen Romanliteratur ist eine Art zeitgeschichtlicher Literatur, welche Ausschnitte aus der Zeit zwischen dem Ersten Weltkrieg und 1933 oder auch der ersten Jahre danach behandelt. Entweder auf Grund einer quasi metaphysisch-biologistischen Gesetzmäßigkeit oder infolge schicksalhafter Vorsehung und unentrinnbarer Determination, oder infolge der unfehlbaren, einzigartigen und unwiderstehlichen Persönlichkeit Adolf Hitlers, oder aber infolge einer Kombination zweier oder aller drei dieser Elemente, ist die Entwicklung vom tragischen Tiefpunkt des verlorenen Ersten Weltkriegs zum strahlenden Höhepunkt nationalsozialistischer Machtergreifung unabwendbar und weist Parallelen zu heilsgeschichtlichen Glaubensvorstellungen auf. Ein besonders verbreiteter, erfolgreicher und zugleich idealtypischer Beispielsfall dafür ist Hans Zöberleins Roman *Der Befehl des Gewissens* (1936), der die Zeit vom November 1918 bis zum November 1923 auf seine Weise schildert. Ganze Kitsch-Trilogien solcher Art wurden geplant, angelegt und mitunter auch ausgeführt wie etwa Ulrich Sanders Trilogie *Der ewige Orlog* (1933-35), Friedrich Grieses als Trilogie geplanter aber als Doppelroman *Der ewige Acker* (1930) und *Das letzte Gesicht* (1934) stecken gebliebener Versuch oder aber Thor Gootes Trilogie *Wir fahren den Tod* (1930), *Wir tragen das Leben* (1932) und *Die Fahne hoch* (1933).

Von fast ebenso direkter, politisch-aktivistischer Penetranz sind die meisten Romane jener Zeit, welche den Blut- und Boden-'Mythos' in epischen Handlungen umsetzen oder aber jene Romane, die oftmals in Verbindung mit dem Blut- und Boden-'Mythos' verkürzend-romantische Darstellungen fern zurückliegender geschichtlicher Vorfälle und Entwicklungen mit direktem parteipolitischen Aktualitätsbezug gestalten.

Was die romanhaften Gestaltungen des Blut- und Boden-'Mythos' betrifft, so seien als Beispiele Ina Seidels Geschichte eines lutherischen Pfarrergeschlechts *Lenacker* (1938) und Friedrich Grieses *Weißköpfe* (1939) genannt, in dem das blonde Töchterlein Alheit dem Mörder ihres Vaters als liebende Gattin folgt, um einen unzimperlichen ,,Geschlechtermythos" zu begründen. In gewissem Sinn gehört auch der von vielfach sehr bedeutenden literarischen Anfängen herkommende Erwin Guido Kolbenheyer hier genannt, besonders mit den Änderungen und Zusätzen der Überarbeitung und neuen Version der ursprünglich vor allem auf Driesch aufbauenden neuen biologischen Weltschau seiner *Bauhütte* (1940); dann aber auch mit seinem Roman aus der Zeit der Mystik *Das gottgelobte Herz* (1938), das sich im Sinne Musils insofern weniger mit tagheller Mystik als mit dunkler Schleudermystik zu billigsten Preisen befaßt, als es nicht die mystischen Einsichten selbst sind, die im Vordergrund stehen, sondern als die Mystik zu einer Art Ausdruck der germanischen Rassenseele umfunktioniert wird. Bis in die gestelzt-pathetische und künstlich-bombastische Sprache hinein zeigt sich die romantische Verkürzung und Verfälschung.

Was den direkt auf die politische Gegenwart bezogenen geschichtlichen Roman betrifft, sei vor allem Hans Friedrich Blunk als Beispiel genannt, der in seiner *Großen Fahrt* (1934) den Hildesheimer Diderik Pining als Modellfall eines deutschen Helden konstruiert,

der schon vor Kolumbus nach Amerika gelangt und der als Statthal
ter des Königs von Norwegen Beherrscher Islands und gefürchteter
Gegner Englands wird. In *König Geiserich* (1936) aber, dem Roman
des Königs der Wandalen und des besondern von diesen unter ihm
unternommenen Zug, der zu Vandalismus führte, hat er den Germa
nenführer zum Kitschhelden und Vorläufer des neuen Führers um
stilisiert. Wilhelm Schäfers *Theoderich* (1939) stellt ein ähnliches
Unternehmen dar, während Robert Hohlbaums *Zweikampf um
Deutschland* (1936) geschichtliche Auseinandersetzungen zwischen
1848 und 1866 behandelt, die der politischen Gegenwart sehr viel
näher lagen.

Im ersten Augenblick könnte man vielleicht annehmen, daß für der
Kriegsroman — und das heißt hier für den Roman rings um die Er
fahrungen und Erlebnisse des Ersten Weltkriegs — dasselbe gilt wie
für den zeitgeschichtlichen Propagandaroman und den Roman de:
Blut- und Boden-'Mythos' oder der direkt politikbezogenen Ge
schichtlichkeit. Dem ist aber nicht so. Das Thema des Krieges erweist
sich als ein viel zu breites Spektrum, als daß es auf die politisch akti
vistische Spielart des Romans einengbar wäre. Natürlich gilt dies
auch für das Thema der Geschichte, wie noch zu zeigen sein wird
aber beim Thema des Krieges sind die Übergänge fließender. Ge
wiß gibt es auch hier den künstlerisch wertlosen Propagandaroman
und einer der verbreitetsten Kriegsromane der Zeit, Hans Zöberlein:
Glaube an Deutschland (1934), ist ein sehr anschauliches Beispiel
dafür, und auch hier geht die Entwicklung viele Jahre vor den Beginn
der nationalsozialistischen Machtübernahme zurück.

Es kommt darauf an, ob politisches Gewäsch und ideologische Phra
sen den Zweck der Kriegsdarstellung bilden oder aber ob Kriegser
lebnisse einfach den Stoff für die Gestaltung menschlichen Grauen:
und Leidens, menschlicher Angst und Bewährung liefern und wie
weit solche Gestaltung künstlerisch durchgeformt ist. Die nur leich:
stilisierte, echte Tagebuchform eines Buches wie *Der Baum von
Cléry* (1934) des Joachim von der Goltz ist nicht verkürzende Kitsch
romantik, sondern echte Erfassung äußerlicher wie vor allem auch
innerlicher Erfassung und Verarbeitung der Wirklichkeit des Kriegs
geschehens und dasselbe gilt vom *Verdun*-Buch (1936) von Edgar

Maas. In Georg von der Vrings Roman *Die kaukasische Flöte* (1939) von den Versuchungen eines russisch-deutschen Nachrichtenoffiziers in der Ukraine gibt der Krieg überhaupt nur Kulisse und Hintergrund ab. Der lebenswahre Bericht von der *Geschichte eines Unbekannten* (1938) von Friedrich Borée hat ebenfalls einen Deutschrussen zum Helden, den die Wirren der Zeit aus dem Weltkrieg in die russische Revolution verschlagen, bis er schließlich über Istanbul in der Fremdenlegion endet.

Die besondere Tagebuchform von Ernst Jüngers *Gärten und Straßen* (1942) führt völlig hinein in die im Grund antinazistische Literatur der inneren Emigration. Diese Art von Tagebuch über das Kriegsgeschehen und die Besetzung in Frankreich während des Zweiten Weltkriegs erschien Jünger das geeignetste literarische Medium und bedeutete ihm im „totalen Staat das letzte mögliche Gespräch". Der einzige Ausweg gegenüber einer vollständig barbarisierten Außenwelt ist eine Welt der Innerlichkeit, der Bücher, der Reflexion, wie sie selbst durch die vorsichtige Anspielung der Erwähnung des 73. Psalms zum Verbot des Buches und zu des Autors unmittelbarer Gefährdung führte.

Der Begriff der „inneren Emigration" kann verschieden definiert werden. Er kann so weit gefaßt werden, daß er selbst die unbewußt und gleichsam fluchtartigen Auswege vom Politischen Totalitarismus weg in die Natur, in das rein Künstlerische, in das Exotische oder Geschichtliche einschließt oder aber so eng gefaßt werden, daß nur jene als Widerstand gedachten literarischen Werke darunter fallen, die so eindeutig und offen in ihrer Ablehnung sind, daß sie gar nicht veröffentlicht werden können.

Frank Thiess, der den Begriff wohl geprägt hat, dachte sowohl an den Rückzug ins Schweigen wie an die möglichen Formen indirekten Widerstandes gegen den Zwang totalitärer Unterdrückung. Man hat den Begriff aus verschiedenen Gründen sehr eng fassen und auf reinen, so weit als eben möglichen Widerstand beschränken wollen. Trotz Verständnis für die veranlassenden Gründe wird er hier weiter gefaßt. Die Grenzlinie zwischen den NS-Romanen und der „inneren Emigration" wird hier so gezogen, daß alle Romane von aktiver Propaganda bis zum stillschweigenden Gutheißen des Regimes der ersten Gruppe und alle Romane, welche die verschiedensten Formen der Ablehnung beinhalten bis zur stillschweigenden Ablehnung und mit ihr verbundenen Auswegen der zweiten Gruppe zugezählt werden.

Es gab einige Autoren, die im Lauf der Zeit das Lager wechselten, wie etwa Hans Grimm und es gab einige ganz wenige, die seltsam ambivalente Figuren waren, wie etwa Karl Benno von Mechow, von dem Ernst Wiechert berichtet, er wäre ein glühender Hasser des Nationalsozialismus und alles Ordinären seiner Vertreter gewesen und wurde dennoch Parteimitglied und verdarb sich dadurch sein Leben. Dieser „adlige Mensch" gab der Zeitschrift das „Innere Reich" ihren gleichfalls ambivalenten Namen die gleichzeitig Arbeiten von Vertretern der „inneren" Emigration wie des äußeren NS-„Reiches" brachte. Sein wichtigster Roman, ein Liebesroman mit dem an Stifter anklingenden Titel *Vorsommer* (1933) kann beim besten Willen nicht dem NS-Schrifttum zugezählt werden und die zeitweilig sogar verbotene, von Mechow und Paul Alverdes herausgegebene Zeitschrift *Das Innere Reich* veröffentlichte ein Buch wie Eugen Gottlob Winklers *Legenden einer Reise* (1936). Hier wird die Seele als „ens realissimum" auf „dem Hintergrunde des Nichts" gefeiert, wirklicher als „irgend etwas aus der Greifbarkeit dieser Erde".

War das Ziel des „Auswegs" im Falle Winklers Italien gewesen, so im Falle von Werner Helwigs Buch *Raubfischer in Hellas* (1939) Griechenland oder im Fall von Otto Flakes Roman *Sternennächte am Bosporus* (1936) die Türkei.

Aber es war gar nicht notwendig, südliche oder östliche Länder zu beschwören. Die Hinwendung zu Natur und Landschaft genügte, um die penetrant-aufdringlichen politischen Forderungen der Machthaber mit Ruhe, Stille und rein menschlichen Beziehungen zu vertauschen. Der 1933 seines Amtes als Intendant der „Schlesischen Funkstunde" enthobene Friedrich Bischoff schildert in seinem Roman *Die goldenen Schlösser* (1935) das Wunderbare und Geheimnisvolle der schlesischen Landschaft in einer mehr positiven Weise, während Horst Lange in seiner *Schwarzen Weide* (1937) die versumpfte ostschlesische Hügellandschaft in einer mehr negativen Weise zum wesentlichen Schauplatz eines hintergründigen Geschehens macht. Siegfried von Vegesacks *Baltische Trilogie* (1936) oder Friedrich Borées *Das Quartier an der Mosel* (1935) machen Natur und Kultur verschiedener Landschaften zum Hauptthema ihrer Romane.

Aber auch die Hinwendung zu den Künsten konnte einen Ausweg bilden. Martin Kessel schrieb mit seiner *Schwester des Don Quijote* (1938) den Roman eines Malers, Hermann Stahl mit seiner *Orgel der Wälder* (1939) gleichfalls den eines Malers, Otto Flake mit seinem *Scherzo* (1936) den eines Schriftstellers, Stefan Andres mit seinem *Gefrorenen Dionysos* (1940) den eines Bildhauers und Frank Thiess mit seiner *Neapolitanischen Legende* (1942) den eines Sängers.

Das Künstlerthema ist oft mit dem Thema der Liebe verbunden, beide Themen innerlichkeitsorientiert, beide individualistisch und dem völkischen Kollektiv der NS-Vorstellungen von vornherein eher abgewendet. Die Darstellungen der Liebe sind denn auch wirklichkeitszugewandt, schmerzlich, ja oft tragisch, ohne das obligatorische gute Ende mit Heirat, Sippengründung und „Mutterkreuz" im Sinn der NS-Politik. In Hermann Stahls Roman *Traum der Erde* (1936) hat ein ganz junges Mädchen durch ein hartes Liebesschicksal zu gehen. *Stürmischer Frühling* (1937) von Frank Thiess endet sogar mit dem Freitod der Heldin. Karl Friedrich Borées Roman *Maria Nehls* (1939) schildert die Entwicklung einer Begegnung einer Frau mit einem Maler, die zum Zusammenbruch ihrer Ehe führt. Alexander Lernet Holenia aber schilderte in seinem Roman *Mars im Widder* (1941) eine geheimnisumwitterte Liebesbeziehung, die sich zwischen einem deutschen Offizier und einer angeblichen Spionin knüpft, und löst.

Mögen die Faszination und die Gewalt der Liebe auch die meisten der innerlichkeitsbezogenen Romane bestimmen, so doch nicht alle, und es gibt die verschiedenartigsten Darstellungen der Erfüllung eines persönlichen Lebenssinnes jenseits aller politischen und völkischen Implikationen von Walter Bauers stark autobiographisch bestimmten Roman des Aufstiegs von einem Zeitungsjungen in die Welt des Geistes *Der Lichtstrahl* (1937) über Elisabeth Langgässers *Gang durch das Ried* (1936) bis zu Hans Carossas Schilderung der Erfahrungen eines Medizinstudenten, *Das Jahr der schönen Täuschungen* (1941). Von besonderem Reiz und in den Kriegsjahren von besonders tiefem Einfluß war die einsamkeitsumwitterte, auf äußeren Verzicht und alleinige innere Entwicklung gestellte Darstellung einer persönlichen Selbstverwirklichung *Das einfache Leben* (1939) von Ernst Wiechert.

Es ist nicht nur die persönlichkeitsbezogene und innerlichkeitsgerichtete Thematik, die dem Leser der Zeit die Diskrepanz zwischen der offiziellen NS-Literatur einerseits und den Romanen der inneren Emigration andererseits sofort klar erkennen ließ. Der Unterschied geht in den Stil hinein und liegt im Unterschied, wo nicht geradezu Gegensatz, zwischen der echten Romantik etwa von Wiecherts Roman in der menschenleeren Landschaft der masurischen Seen mit ihrem herben Reiz und der falschen Romantik der Wirklichkeitsreduktion, gleichgültig ob ihr Thema ein Naziführer ist oder — wie in Kolbenheyers *Gottgelobtem Herz* — Meister Eckhart. Hier, im Vergleich dieser beiden Romane, ist auch der rein sprachliche Unterschied förmlich mit Händen zu greifen. Aber sehr oft wird heute rückblickend der Sprachstil der inneren Emigration nicht mehr verstanden und erfaßt, da die Sprachbarbarei der totalitaristischen Umwelt weggefallen ist und da dieser Stil mit seinen Tarnungen und Anspielungen, Wendungen und Feinheiten vor allem aus dem Kontrast zu dieser heraus lebte und sein eigentliches inneres Leben verliert, wenn er vordergründig und wörtlich genommen wird, ohne Kenntnis dieser Zusammenhänge.

Daß es auch auf dem Gebiet des Romans eine Art echten Widerstandes gab, der über die stillschweigende Ablehnung des Regimes und die Hinwendung zu neutralen Themen weit hinaus ging und der auch Mut und persönlichen Einsatz verlangte, zeigt etwa der Umstand, daß Rudolf Pechel in seiner *Deutschen Rundschau* Teile aus dem Roman *Die Brüder Wagemann* (1936) von Gerhart Pohl abdruckte, nachdem dieser aus der Reichsschriftumskammer ausgeschlossen worden war oder zeigt in noch drastischerer Weise die KZ-Haft Ernst Wiecherts.

In der literarischen Gestaltung der Romane selbst zeigt sich der indirekte Widerstand am deutlichsten und nachdrücklichsten wohl auf dem Gebiet des historischen und des religiösen Romans, beide in der Tradition und Nachfolge der neuen Romantik stehend.

Ricarda Huch, 1933 aus der Preußischen Dichterakademie unter Protest ausgetreten, schrieb ihre große Trilogie *Deutsche Geschichte* (1939-49), in deren Mittelpunkt die zentrale Vorstellung der Autorin vom Heiligen Römischen Reich deutscher Nation steht, das sie auf romantische Art als eine Art Gesamtkosmos sah und darstellte, in dem eine auf Freiheit, Recht und Verantwortung gegründete Gesellschaft einen drastisch sichtbaren Gegensatz zur Lebenswirklichkeit des Dritten Reiches bildete. Noch eine andere Frau, Erika Mitterer, schrieb mit ihrem großen historischen Roman *Der Fürst der Welt* (1940) eine Geschichte von der Machtergreifung des Bösen mit deutlichen Aktualitätsbezügen.

Ebenso breit angelegt, in Sprache und Diktion jedoch direkter und aggressiver ist *Das Reich der Dämonen* (1941), der Roman eines Jahrtausends von Frank Thiess, der sofort bei seinem Erscheinen mit einem Besprechungsverbot belegt wurde. Außerdem wurde der Autor zur Umarbeitung aufgefordert, da das Buch eine „schiefe Darstellung der germanischen Frühzeit enthalte". Thiess hatte NS-Begriffe auf historische Erscheinungen angewendet, und sie dadurch deutlich aktualisiert. Er sprach von der „öden Kasernenkultur" Spartas, von der systematischen Aushöhlung der Familientradition und der spartanischen Geheimpolizei.

Jochen Klepper hat in seinem Roman des preußischen „Soldatenkönigs" Friedrich Wilhelms I. *Der Vater* (1937) dem gegenwärtigen, verantwortungslosen Führertum der NS-Zeit das Idealbild eines von menschlicher und christlicher Verantwortung getragenen Führerbildes gegenübergestellt.

Eine epische Darstellung geschichtlicher Entwicklungen durch viele Jahrhunderte, die die übliche Romanform sprengt, ist schließlich Friedrich von Gagerns Buch *Schwerter und Spindeln* (1939). Ursprünglich ausgehend von der Geschichte der flandrisch-rügischen Gagern und der österreichisch-krainischen Auersperg verzweigte es sich alsbald zu einem Epos siebenhundertjährigen europäischen Schicksals, das die politischen Programmvorstellungen der Zeit in vielfacher Hinsicht transzendiert und zurückläßt. Hier stehen überpersönliche Mächte im Vordergrund, findet sich ein Ansatz zu Kosmogonie und die Mächte Verhängnis und Geschick tauchen seltsam zwingend hinter den zahllosen bunten, frohen und blutigen Bildern auf.

Äußerlich angelegt wie eine Geschichtsstudie, jedoch durchflochten von romanhaften Zügen und in der prägenden Grundidee vom Religiösen her bestimmt ist Friedrich Percyval Reck-Malleczewens Buch *Bokelson. Geschichte eines Massenwahnes* (1937). Die mit der Renaissance einsetzende Entgottung der Welt führt zu jenem Massenwahn der Münsteraner Wiedertäuferbewegung, die in ihrer Grausamkeit wie in ihrem grausamen Ende als geschichtliche Parallele zum Massenwahn des Nationalsozialismus gesehen wird.

In den Romanen, deren Wille zum Widerstand und deren wesentliche Geisteshaltung auf ein Transzendieren ins Religiöse hinausläuft, verbindet sich dieses Religiöse oft mit geschichtlichen Themen. An solchen Modellfällen läßt sich das Grundproblem der Gegenwart oft besonders konsequent darstellen, auch wenn es kaum einzelne und direkte Parallelen gibt. Nichts wäre etwa falscher, als in der Figur des Großtyrannen in Werner Bergengrüns *Der Großtyrann und das Gericht* eine direkte Schlüsselfigur für Adolf Hitler zu sehen, sondern die Aktualität ist eine allgemeinere, sie liegt in der Behandlung des Problems der Macht und ihrer Versuchung, des Wunsches der Mächtigen nach Gottähnlichkeit und der Leichtverführbarkeit der Unmächtigen und der Bedrohten.

Dasselbe religiöse Problem bildet den Kern von Reinhold Schneiders Roman *Las Casas vor Karl V* (1938) da durch den Fürsprecher der Unterdrückten und Verfolgten an der Gestalt des Kaisers die Grenzen der irdischen Macht sichtbar werden.

Direkte zeitgeschichtliche oder Gegenwartsprobleme unter dem Aspekt religiöser Lösungen behandeln Martin Beheim-Schwarzbachs Roman *Der Gläubiger* (1934) und Hans Kneips Roman *Feuer vom Himmel* (1936).

Innerhalb der gesamten, im Grunde doch sehr breiten Skala des deutschen Romans innerhalb des Dritten Reiches dürften von der Entwicklung der künstlichen Form des Romans her gesehen – wenn man den genannten epischen Versuch Friedrich von Gagerns ausschließt – vor allem drei Romane eine Sonderstellung einnehmen und zwar jeder der drei auf seine eigene Weise.

Der erste dieser besonders hervorhebenswerten Romane ist Ernst Schnabels *Nachtwind* (1941). Die äußere Handlung ist durch den Marsch einer Schiffsbesatzung auf dem brechenden Küsteneis Islands um ihr Leben gegeben. Doch wie fast immer beim modernen Roman ist dieses äußere Geschehen trotz aller Wichtigkeit nur der äußere Rahmen für innere Vorgänge. Diesen inneren Kern bilden Erinnerungen wie aus dem Unbewußten aufsteigende Visionen besonders im Zusammenhang mit der Liebesgeschichte des Ersten Offiziers, die fast einen eigenen Roman darstellt und im Zusammenhang mit dem äußeren Geschehen eine neue Bedeutung und Wichtigkeit für das Leben der Romanfigur wie für die ganzheitliche Komposition des Romans selbst erhält.

Der zweite Roman, der hier besonders hervorgehoben werden soll ist *Der Herr Kortüm* (1938) von Kurt Kluge. Es handelt sich um ein äußerlich gesehen lockeres Gefüge von vielen einzelnen, fast durchwegs vergnüglichen und skurrilen Episoden aus dem Leben des ehemaligen Seefahrers Kortüm, der sich auf einer Paßhöhe des Thüringer Waldes schließlich als Wirt niedergelassen hat, um zu ruhen und andere gejagte Menschen ruhen zu lassen. Es geht um den Bruch zwischen dem Humor, der Toleranz, der Freizügigkeit des weisen Gastwirts mit dem ,,Nachttopfhorizont" seiner bodenständigen Nachbarschaft. Der Held ist zeitweilig doppelt vorhanden, verschwindet nach seinem Tod wie ein Heiliger und wird schließlich als Planetoid gesichtet.

Der Herr Kortüm steht in der allzu schmalen Tradition der großen Humoristen unter den deutschen Romanen von Jean Paul bis Wilhelm Raabe und setzt sie im Stil des 20. Jahrhunderts fort.

Der vielleicht bedeutendste Roman, der während der Zeit des Dritten Reiches in Deutschland selbst erschien, Ernst Jüngers *Auf den Marmorklippen* (1939) ist ein in vielfacher Weise einzigartiges Buch. In diesem visionären Prosawerk über den Untergang zumindest einer Teillandschaft der abendländischen Kultur unter der barbarischen und barbarisierenden Aggression des ,,Oberförsters" und seiner ,,Lemuren" aus den Wäldern ist jegliche direkte, psychologisierende, selbst romantische Wirklichkeitsdarstellung zugunsten einer Kondensierung des Geschehens und seines Sinnes in Symbole gewichen, die teils klassischen und südlichen Mythen und Volkstraditionen, teils esoterischen und gnostischen Traditionen früherer Jahrhunderte entlehnt, zum Teil völlig umgeprägt und in vielfach neuer, schöpferischer und origineller Weise zum Kosmos dieses Werks vereinigt wurden. Neben wenigen echten Schwächen, wozu in erster Linie eine gelegentlich zuweit getriebene Rhythmisierung der Prosasprache gehört, gibt es mehrfach scheinbare Schwächen, wie etwa den Mangel an individuellen psychologischen Nuancen, die in Wahrheit Stärken sind, da sie der mehrfach motivierten Struktur der symbolischen Anlage entsprechen, die nicht nur aus Gründen der Tarnung, sondern vor allem aus Gründen der Integration mehrschichtiger Bedeutung innerhalb einzelner Symbole von Wichtigkeit ist. Schon Jahre vor den *Marmorklippen* hat Jünger seinen Begriff eines ,,Zweiten Bewußtseins'' geprägt, den man nicht zu Unrecht Robert Musils ,,anderem Zustand'' als wesensverwandt zur Seite gestellt hat. In den *Marmorklippen* vollends wird ,,ein gnostisches Muster des Sinnens sichtbar.''

So sehr einerseits ein Blick auch auf nur eine solche notwendig beschränkte Auswahl an Romanen, wie sie in überraschend großer Zahl unabhängig vom direkten Einfluß der NS-Machthaber im Dritten Reich entstanden sind, ein Bild von überraschender Vielfalt, Reichhaltigkeit und künstlerischer Bedeutung vermittelt, so sehr besteht andererseits kein Zweifel, daß die überwiegende Mehrzahl der bedeutendsten deutschen Romane jener Jahre im Exil entstand.

Nur auf den ersten Blick hin erscheint es überraschend, daß auch hier, in der weitgehend gewährleisteten geistigen Freiheit der meisten Gastländer der Exilliteratur die Thematik überraschend vieler Romane die zeitlos menschlichen Existenzprobleme Liebe und Tod bilden. Gewiß, es fehlt einer der möglichen Motivationen dafür, die in NS-Deutschland gegeben war, nämlich die Fluchttendenz aus dem zeitgeschichtlichen Tagesgeschehen weg in allgemeine Probleme. Eine andere, tiefer reichende Motivation indessen, war dafür unter dem Druck der äußeren Verhältnisse der Exilsituation genau so gegeben wie unter den äußeren Verhältnissen des Drucks der faschistischen Lebensverhältnisse: die gesteigerten Forderungen der notwendigen Anstrengungen und der deutlicher bewußten Ausgesetztheit durch

en Verlust des alten Lebensraums und die Anpassungsschwierig-
eiten an den neuen entwickelten deutliche Affinitäten zwischen
ler Literatur des Exils und derjenigen des Existenzialismus und die
Behandlung der zeitlos-menschlichen Themen vollzieht sich weitge-
tend in solch bewußt existenzialistischer Weise.

Die Spannweite ist jedoch vom Stil wie von der Qualität her eine
außerordentlich weite, ja man könnte von echten Gegensätzen sprechen. Da sind einerseits jene von vielfach verfälschender Romantik
bestimmten Erfolgs- und Unterhaltungsromane wie Vicky Baums
Hotel Shanghai (1939), Rudolf Eggers *Junge Dame reist allein* (1943)
und Hans Kafkas *Geschichte einer großen Liebe* (1936) oder Ernst
Preczangs *Ursula* (1934), Grete Passini von Urbanitzkis *Es begann im
September* (1940) und Charlotte Wolfs *Die Männerfeindin* (1945).
Da sind andererseits bedeutende Erzählwerke, deren Autoren sich inneren Problemen wohl nicht zuletzt darum zuwandten, weil sie nicht
zu Unrecht befürchteten, daß die direkte Behandlung tagespoliti-
sche Fragen und auch der Exilsituation selbst zu viele durch Mangel
an Distanz gegebene Gefahren in sich berge, vom Absinken in die
Kolportage bis zur verkürzenden Verzerrung oder falschen Senti-
mentalität. Hierher gehört einerseits die echte, spannungsgeladene
und ins Unendliche zielende Romantik der Liebe von Bernard von
Brentanos *Ewigen Gefühlen* (1939) bis zum *Verführer* (1937) von
Ernst Weiss. Hierher gehört aber auch der Berliner Roman *Rosen-
mil* (1935) von Georg Hermann, der in seiner reizvollen und ge-
nauen Milieuschilderung Tendenzen der Neuen Sachlichkeit fort-
führt oder aber Stefan Zweigs *Ungeduld des Herzens* (1938), dessen
subtile Analyse feinster Seelenregungen dazu geführt hat, daß man
sagen konnte, er hätte damit „beinahe eine neue Kunstgattung" im
Sinn eines „psychologischen Naturalismus" oder „Realismus der
Seele" geschaffen.

Dazwischen liegen die Darstellungen des Seelenlebens einer Frau von
Leonhard Franks *Traumgefährten* (1936) und Walther Frankes *Frau
jenseits der Fronten* (1935) bis zu Wilhelm Speyers *Zweiter Liebe*
(1936) und Friedrich Walters *Kassandra* (1939).

Vagabundenromantik kennzeichnet Walter Kolbenhoffs *Untermen-
schen* (1933) und Heinrich Eduard Jacobs *Grinzinger Taugenichts*

(1935), Abenteuerromantik Karl Gerolds *Schmuggler von Plivio* (1937) und verschiedene Züge von Romantik zugleich verbinden sich in Margarete Moses' *Verborgenem Klang* (1940) und Peter de Mendelsohns *Wolkenstein* (1936): Kunst, innerer oder äußeres Abenteuer und Geschichte.

Da ist schließlich jene romantisch orientierte, grotesk-heitere, zutiefst innerlich echte Wirklichkeit gegenüber der scheinbar alles bestimmenden und zerstörenden äußeren Wirklichkeit, die Werner Bocks *Pudel der Frau Barboni* (1944) und ganz besonders den bedeutenden Roman René Schickeles *Flaschenpost* (1937) erfüllt. Dieser letztere Roman des versponnenen Außenseiters Richard Wolke ist eine Komödie voll Lebenslust unter dessen Heiterkeit die tragisch-paradoxe und gegenläufige Sehnsucht des Menschen nach Einsamkeit und zugleich nach Flucht vor dieser Einsamkeit pulst.

Einer der unmittelbarsten und zentralsten Aspekte des Exilschicksals ist der Verlust des alten Lebensraums und die damit verbundene Sehnsucht nach der Heimat hat vielfachen, überwiegend romantisch geprägten literarischen Ausdruck auch im Exilroman gefunden.

Direkten Ausdruck solcher Sehnsucht nach der Heimat spiegeln Ernst Neubachs *Flugsand* (1945) und Ernst Glaesers *Das Unvergängliche* (1936). In Glaesers Fall war dies sogar der vorgegebene Grund, das Exil aufzugeben und nach dem NS-Deutschland zurückzukehren. Selbst wenn es nicht wahr sein sollte, daß dies der einzige Grund war, ist doch kein Zweifel über die Intensität und Wichtigkeit des Gefühls, das zumindest zu einem glaubhaften Vorwand reicht.

Die bedeutenderen literarischen Darstellungen dieses Aspekts des Exildaseins sind jedoch die indirekten. Sowohl Anette Kolb in *Die Schaukel* (1934) wie Joachim Maass in seinem *Magischen Jahr* (1941) haben jeweils ein Jahr ihrer Jugend in der Heimat als literarische Erinnerung beschworen. Doppelt indirekt gebrochen aber findet sich das Thema in Hans Natoneks *Der Schlehmil* (1936) behandelt, jener Figur, deren Schattenlosigkeit ihre Heimatlosigkeit versinnbildlicht, und die er aus diesem Grund zum Titel seines Romans über den französischen Emigranten Adelbert von Chamisso gewählt hat.

s ist indessen die durch Erinnerung verklärte Heimat der Vergangenheit, der die romantische Sehnsucht gilt. Die Heimat der gegenwärtigen Lebenswirklichkeit und ihre Darstellung zeigt die andere Seite desselben Aspekts, das Getriebenwerden zur Flucht und die damit verbundene Suche nach neuem Lebensraum. In den vorwiegend realistischen Romanen, die dieses Thema aufgreifen, setzt sich vielfach die in NS-Deutschland abgebrochene und unmöglich gewordene Neue Sachlichkeit fort. Victoria Wolfs *Gast in der Heimat* (1935) und Hans Habes *Drei über die Grenze* (1937), Stefan Lackners *Ian Heimatlos* (1939), und Martin Hallers *Ein Mann sucht seine Heimat* (1936), Maria Gleits *Du hast kein Bett, mein Kind* (1938) und Robert Groetzschs *Wir suchen ein Land* (1936) befassen sich mit diesem Thema.

Solch direktes Anpacken der zeitgeschichtlichen Probleme und der aktuellen politischen Lebenswirklichkeit stellen auch die verschiedenartigen Schilderungen von Verfolgung und Flucht dar, nicht nur von einem Exil in ein anderes, weiteres, wie etwa in Erich Maria Remarques *Liebe Deinen Nächsten* (1940), Anna Seghers *Transit* (1944), sondern auch in NS-Deutschland selbst wie in Walter Schönstedts *Auf der Flucht erschossen* (1934) und Mark Siegelbergs *Schutzhaftjude 13877* (1940), in Anna Seghers *Das siebte Kreuz* (1941) und Alfred Neumanns *Es waren ihrer sechs* (1944). Hier allerdings, in den in NS-Deutschland spielenden Romanen, die aus der Distanz des Exils geschrieben wurden, kommt es immer wieder zu äußeren Unstimmigkeiten der Realitätsschilderung und das Einfließen romantischer Züge ist unabwendbar. Dies gilt aber sogar auch von einigen Darstellungen des Emigrantenlebens durch Exilautoren wie etwa für Klaus Manns *Vulkan* (1939). Hier zeigt sich die Berechtigung der Angst des Behandelns direkter zeitgeschichtlicher Themen aus Mangel an Distanz, der viele der größten Autoren der Exilliteratur zu verschiedenartigen Methoden indirekter Darstellung greifen ließ. In manchen Fällen allerdings, zumal da, wo das parteipolitische Klischee von vornherein echte Offenheit und Wirklichkeitserfassung verhinderte wie etwa in Franz Carl Weiskopfs *Die Versuchung* (1937) oder in Friedrich Wolfs *Zwei an der Grenze* (1938), wird infolge bequem gleichgeschalteter Denkvorstellungen das Problem den Autoren selbst gar nicht bewußt.

Ihre echte Kraft bezieht jene direkte Zeitdarstellung aus der realisti schen Grundhaltung, von Irmgard Keuns *Nach Mitternacht* (1937 und Gina Kaus *Der Teufel nebenan* (1940) bis zu Ernst Erich Noth *Einzelgänger* (1936) und von Hermann Kestens *Der Gerechte* (1934 und Oskar Maria Grafs *Anton Sittinger* (1937) bis zu Theodor Wolff *Schwimmerin* (1937).

Die Möglichkeiten und Bedeutung solch neusachlich-realistischer Dar stellung können jedoch durch verschiedenartigste Momente be schränkt und eingeengt werden, sei es durch die Übertreibung satir scher Züge wie in Walter Mehrings *Die Nacht des Tyrannen* (1937 sei es durch politisches Wunschdenken wie in Bodo Uhses *Söldne und Soldat* (1935) und Eduard Claudius *Grüne Oliven und nackt Berge* (1945), oder sei es einfach aus einem gewissen Mangel a persönlicher Ausdruckskraft wie etwa in Georg Finks *Mutter un Sohn* (1938) oder Franz Glasers *Partisan Karel Kratochvil* (1945).

Einige der besten literarischen Analysen der Zeit finden sich in Ro manen, in denen das politische Element gar nicht im Vordergrun zu stehen scheint, wie etwa in Bernard von Brentanos Berliner Ge sellschaftsroman *Franziska Scheler* (1945) oder in Salamon Den bitzers Roman *Die Geistigen* (1934).

Eine Zeit stirbt (1933) von Georg Herman, *Totenjäger* (1944) vo Leo Katz, *Zwischen Gestern und Morgen* (1945) von Günther Ba lin behandeln verschiedene Aspekte von Versuchen der Zeiterfa sung und Zeitbewältigung. Gleichsam als Sonderbeispiel der allge meinen Entwicklung griff Karl Otten in seinem Roman *Torqueme das Schalten* (1938) eine Episode aus dem spanischen Bürgerkrie auf, wobei der neurealistische Stil gelegentlich noch Anklänge a Ottens expressionistische Anfänge aufweist.

Realistische Kraft im besten Sinn drückt sich in Gustav Reglers Saa Roman *Im Kreuzfeuer* (1934) aus, in A. Rudolfs Roman *Abschie von Sowjetrußland* (1936) und nicht zuletzt in Theodor Plievie *Stalingrad* (1945). Besonders der letzte Roman scheint auch vo der inneren Struktur seiner Anlage her von besonderer Bedeutun zu sein. Versucht er doch, ohne einen eindeutigen, durchgehende Einzel- und Haupthelden eine Art epischer Massendarstellung z gestalten, wie sie dem dargestellten Massenkatastrophengehalt adäquat ist und die es besonders eindringlich macht, wie vereinzeltes Menschentum mit organisierter Unmenschlichkeit ringt. Trotz gelegentlich kolportagehafter Stellen ist hier eine besonders kraftvolle Darstellung der Zeit gelungen.

Innerhalb des literaturgeschichtlich einzigartigen Phänomens der deutschen Exilliteratur nach 1933 als eines Massenexodus des Großteils einer Nationalliteratur stellt eine besonders einmalige Erscheinung der Umstand dar, daß viele Werke und natürlich auch Romane dieser Literatur gar nicht mehr in deutscher Sprache, sondern in der Sprache des jeweiligen Gastlandes geschrieben wurden und zwar von deutschen Autoren, was besondere Probleme für die vergleichende Literaturwissenschaft aufwirft. Es ist ein Ausnahme- und Einzelfall, wenn etwa der Roman *Das weiße Abendkleid* Victoria Wolffs zuerst deutsch verfaßt und sodann von der Autorin ins Englische übersetzt wurde. Hier täuschen die Erscheinungsdaten der Erstdrukke: *The White Evening Gown* (1939) und *Das weiße Abendkleid* (1945 beziehungsweise 1951). In den weitaus überwiegenden Fällen wurde zuerst die nicht-deutschsprachige Fassung geschrieben und nur allzuoft, war es gar nicht der deutsche Autor selbst, sondern ein anderer, ein Übersetzer, der daraus später eine deutsche Fassung herstellte.

Wolfgang Cordans *De Wijzen van Zion* (1934) und Harry Schulze-Wildes *Kruisgang der Jeuge* (1939) wurden holländisch abgefaßt, Max Zimmerings *Zaslibená země* (1937) tschechisch. Wenn René Schickele *Le Retour* (1938) und Claire Goll ihre *Education barbare* (1941) französisch abfaßten, so mögen dies Sonderfälle gewesen sein, in denen es besonders nahe lag und leicht fiel, in einer anderen Sprache zu schreiben. Keineswegs war dies jedoch der Fall bei Ernst Erich Noths Romanen *La voie barée* (1937) und *Le désert* (1939).

Mauricio Boersner schrieb *Belgrano y san Martin* (1942) spanisch ebenso wie Alfred Heller seinen Roman *Trocadero* (1941) und Herta Pauli *Sola una mujer* (1945).

Die weitaus größte Zahl von Romanen in einer anderen als der deutschen Sprache wurden englisch verfaßt. Arthur Koestler schrieb unter

125

anderen *Darkness at noon* (1940), *Scum of the Earth* (1941) and *Arrival and departure* (1943) englisch, Peter de Mendelsohn *The hours and the centuries* (1944) und *All that matters* (1938). Robert Neumanns Roman *By the waters of Babylon* (1939) und *The Inquest* (1944) wurden ebenso englisch abgefaßt wie Robert Picks *The Terboven File* (1945), Otto Schrags *The Locusts* (1943) und Kurt Siodmaks *Donavan's brain* (1943); oder Hermynia zur Mühlens *We poor shadows* (1943), Hilde Spiels *Flute and drums* (1939) und Hans Flesch-Bruningens *Untimely Ulysses* (1940). Auch Robert Heilbuts *Birds of passage* (1943), Anna Reiners *The coward heart* (1941), Ruth Landshoff-Yorcks *Sixty to go* (1944) und *Lili Marlene* (1945), Robert Weils *This was Lidice* (1943) und Ludwig Winders *One man's answer* (1944) erschienen englisch.

Diese radikale Anpassung an den jeweils neuen Lebensraum ist eine ebenso direkte Reaktion auf die zeitgeschichtlichen und tagespolitischen Erfordernisse vom Sprachlichen her wie das direkte Aufnehmen von aktuellen Themen der NS-Politik und des Exils vom Literarischen her. Aber selbst eine weitere, besonders breite und machtvolle thematische Strömung in der Exilliteratur, die Hinwendung zum historischen Roman, hat man als direkte Reaktion auf die Exilsituation zu erklären versucht. Da die meisten Anspielungen auf Zeitbezüge in Hitlerdeutschland von den nicht emigrierten Lesern der Gastländer ohnehin kaum verstanden wurden, sah man vor allem den direkten Anschluß an eine allgemeine Mode des historischen Romans darin, da sie durch ihren Anklang bei Publikum wie Verlegern hoch im Kurs standen. Abgesehen davon, daß – vielleicht infolge einer Überproduktion auf diesem Gebiet – die wirtschaftliche Rechnung der Autoren ohnehin nur selten aufging, liegen die Verhältnisse überhaupt weitaus komplizierter und müssen verschiedene Gruppen von historischen Romanen mit verschiedenen Zielsetzungen und Motivationen unterschieden werden.

Tatsächlich gibt es nur ganz wenige historische Romane der Exilliteratur, die nur selten oder gar keine aktuellen Anspielungen auf die Zeitsituation enthält und die mit dem völligen, ja fast fluchtartigen Ausweichen von der Exilsituation wahrscheinlich in erster Linie solch wirtschaftliche Überlegungen verbunden haben mag

Der Hof der schönen Mädchen (1935), von Wilhelm Speyer *Das große Feuer* (1939) von Edgar Maass oder *Amerigo* (1942) von Stefan Zweig gehören hier genannt. *Ein Testament* (1939), die psychische Analyse eines Mordfalls um die Jahrhundertwende von Joachim Maass hat durch seine Fragestellung nach gut und böse, Schuld und Sühne bereits Bezüge zur allgemeinen zeitgeschichtlichen Situation.

Sodann gibt es eine Gruppe von historischen Romanen, welche äußerst zeitnahe Stoffe, unmittelbar vor, während und nach dem Ersten Weltkrieg behandeln und auf solche Weise mehr oder weniger direkt die Zeitsituation selbst kritisch beleuchten. Peter de Mendelsohns *Das Haus Cosinsky* (1934) und Bruno Franks *Die Tochter* (1943) gehören hierher oder aber auch diejenigen Romane von Arnold Zweigs Zyklus „Der Krieg der weißen Männer", die in den hier behandelten Zeitraum fallen, nämlich *Erziehung vor Verdun* (1935) und *Einsetzung eines Königs* (1937). Auch hier dominieren weitgehend realistische Tendenzen, wenngleich selbst in des so fortschrittlichen Arnold Zweigs Romanen die ältere Zeit in einer merkwürdigen Verklärung erscheint.

Auch manche Romane, die etwas weiter zurückliegende Stoffe mit eindeutigen und direkten historischen Gegenwartsbezügen behandeln, etwa Alfred Neumanns rings um Napoleon III. angelegte Trilogie „Tragödie des 19. Jahrhunderts" (1934-41) oder Bert Brechts *Dreigroschenroman* (1934), der zu Beginn des 20. Jahrhunderts spielt, sind im wesentlichen realistisch angelegt. Weniger gilt dies von Bruno Adlers *Kampf um Polna* (1934), Martin Gumperts *Dunant* (1938), Ludwig Winders *Der Thronfolger Franz Ferdinand* (1938) und Adolf Borstenhöfers *Die letzten Tage von Wien* (1944).

Je weiter die behandelten Stoffe in historische Ferne zurückreichen, desto mehr scheinen romantische Züge in der Gestaltung in den Vordergrund zu treten. Robert Neumanns *Strüensee* (1935), Gustav Reglers *Die Saat* (1936), Hermann Kestens *Ferdinand und Isabella* (1936) und *Philipp der Zweite* (1938), Lion Feuchtwangers *Die Söhne* (1935), *Der Tag wird kommen* (1936) und *Der falsche Nero* (1936) und Hans Flesch-Bruningens *Alkibiades* (1936) können als Beispiele dafür stehen. Indessen hindert auch die größte zeitliche Distanz der jeweiligen geschichtlich dargestellten Szenerie von der

Gegenwart nicht notwendigerweise die Direktheit der Zeitbezüge wie auch die große Zahl von Anspielungen auf die Gegenwart und der geschilderten Parallelen von einzelnen Figuren wie von allgemeinen sozialen und weltanschaulichen Strömungen.

Schließlich scheint es, von gewissen Ausnahmen abgesehen, in der Regel so zu sein, daß die offenkundige Direktheit solcher Bezüge den politischen Effekt auf Kosten des künstlerischen Wertes fördert und daß es die auf den ersten Blick distanzierten, besonders indirekten Gestaltungen geschichtlicher Stoffe sind, welche die größte künstlerische Durchformung aufweisen.

Eine Art Zwischenstellung nimmt Alfred Döblins Amazonas-Trilogie ein, deren erster Band vorwiegend der Schilderung der exotischfernen und grandiosen Natur des ungeheuren Flußmeeres dient, während der zweite indianischen Mythos mit europäischer Kolonialgeschichte verbindet und der dritte in komplexen Bezügen auf Parallelen zwischen den durch einen Umsturz in Deutschland ausgebrochenen „neuen Urwald" und der Wiederholung der Greuel der Konquistadorenzeit durch Verbrecher in Südamerika verweist.

Völlig und durchgehend ins Indirekte transponiert und zugleich zu höchster künstlerischer Gestaltung sublimiert sind die symbolischen Gegenwartsbezüge in Bruno Franks *Cervantes* (1934) und in Heinrich Manns beiden Romanen über Heinrich IV. von Frankreich (1935 und 1937). Dabei wird die Figur des Cervantes zum besonders überzeugenden Sinnbild der Erringung innerer Freiheit angesichts tiefsten äußeren Elends und menschenunwürdigster Sklaverei. Die Figur Heinrichs IV. aber in ihrem Mut, ihrer Fähigkeit, ihrem Einsatz gegenüber einer unendlichen Zahl von Verfolgungen und Heimsuchungen steht gleichfalls symbolisch für die von der Gegenwart besonders geforderte und auferlegte Entschlossenheit zu humaner und humanistischer Haltung.

Trotz ihrer, nein gerade durch ihre versuchte Totalerfassung der Gesamtwirklichkeit, welche die allzu engen Grenzen der rein diesseitigen Außenwirklichkeit ebenso transzendiert wie die allzu eng gezogenen Schranken gegenwärtiger Tagesaktualität sind die religiös wie die utopisch orientierten Romane einerseits diesen zuletzt erwähnten, großen und indirekten Geschichtsdarstellungen verwandt und weisen manches Mal andererseits noch über sie hinaus.

Etliche der besten historischen Romane bedeuteten ja nicht nur die Erstellung positiver oder negativer Beispiele für die Gegenwart, sondern bedeuteten eine Art und Möglichkeit des Ausbrechens aus deren oftmals schier ausweglosen und hoffnungslosen Verzweiflung. Das Hereinnehmen des Religiösen oder das Vorstoßen ins Utopische bedeutete eine noch weiter reichende Möglichkeit des Transzendierens dieser Verzweiflung.

In diesem Zusammenhang ist die besondere Art und literarische Gestaltung religiöser Probleme bezeichnend: In Ödön von Horváths Roman *Jugend ohne Gott* (1937) ist der negative Aspekt des Mangels an Fähigkeit zu religiösem Transzendieren dargestellt und wird literarisch gestaltet, wie eine solche Haltung den Menschen in Widersprüche, Schuld, Elend, ja zum Mord führt. Im Falle von Joseph Roths *Tarabas* (1934) ist es die Darstellung des Weges eines Mörders durch irdische Himmel und Höllen zum legendenhaften Umschlag, zu einem büßenden Heiligen. Besonders bezeichnend indessen ist Franz Werfels Hinwendung zum positiven Aspekt nicht der tröstlichen Lehre einer systematischen Theologie, sondern gleichsam geradezu im Gegensatz dazu zum einmaligen Wunder des *Liedes von Bernadette* (1941). Das alte Daseinsproblem des Verhältnisses zwischen Erkenntnis, Wissen und Glauben war durch Verfolgung, Flucht und Exil auf einer neuen Erfahrungsebene aufgebrochen und führte zur romanhaften Darstellung der Kapitulation der Vernunft wie der Ungeheuerlichkeit des Wunders.

Der literarischen Gestaltung religiöser Themen in diesem Zusammenhang verwandt ist die Utopie. Neben der negativen Utopie, die wie etwa in Kurt Siodmaks Roman *Die Macht im Dunkeln* (1937) die Eroberung Polens durch Nazideutschland vorhersah, steht die positive Utopie, etwa von Heinrich Manns *Lidice* (1943) gegenüber, der an Stelle von zeitlicher aus der räumlichen Ferne des Exils die utopische Figur eines Doppelgängers des gefürchteten und grausamen SS-Führers Heydrich in Prag entwarf, welche die verschiedensten, grotesken Wagnisse unternimmt.

Die großen literarischen Erfüllungen des utopischen Romans jenes Zeitraums jedoch ist die in romantischer Rückwärtsgewandtheit verklärte Vergangenheitsutopie von Joseph Roths *Radetzkymarsch*

(1932) und die vorausblickenden, wenngleich mit vielfach indirekten und einschränkenden Vorstellungen arbeitenden Romane *Das Glasperlenspiel* (1943) von Hermann Hesse und *Der Stern der Ungeborenen* (abgeschlossen 1945) von Franz Werfel.

Die bei aller Bemühung nur einen Ausgleich zwischen Innen- und Außenwelt doch im wesentlichen innerlichkeitsorientierte Utopie des *Glasperlenspiels* leitet im Hinblick auf die nachjoycesche Modernität ihrer Form zu den großen Erneuerungen der Homanform im Exil über, zum Utopie-Thema in Robert Musils *Mann ohne Eigenschaften* (Band 3:1943), aber auch zu Albrecht Schaeffers *Rudolf Erzerum* (1945) zu Thomas Manns Josephstetralogie (1933-43) und zu Hermann Brochs *Tod des Vergil* (1945). Döblin arbeitete wohl zu jener Zeit an seinem *Hamlet* und Hans Henny Jahnn an seiner Trilogie *Fluß ohne Ufer,* doch erschienen diese Werke erst nach 1945.

Alle diese großen Romane versuchen auf verschiedene Weise eine Totalerfassung der menschlichen Existenz zu geben und sind ebenfalls auf verschiedene Weise von der Problematik menschlicher Selbstverwirklichung erfüllt. Sie sind in ihrem synthetischen Ausgleich realistischer und romantischer Züge auch in einem gewissen stilgeschichtlichen Sinn vollendete Beispiele einer „klassischen" Moderne.

Thomas Manns „verschämte Menschheitsdichtung" *Joseph und seine Brüder* gestaltet eine Synthese von psychologisierendem „Bürgerlich-Individuellen" mit archaischen Verhaltensmustern mythischer Urformen des Lebens.

Eine Art Anregung kam für Thomas Manns Josephsromane ebenso von Goethe wie für Albrecht Schaeffers *Rudolf Erzerum* (1945). In diesem, am Beginn des 19. Jahrhunderts spielenden Bildungsroman, geht es um eine Synthese von „horizontalen" mit „vertikalen" Einsichten, und der Titelheld gelangt schließlich durch einen Todes-Traum dahin, daß sein oberflächliches Schein-Ich vernichtet wird und er durch eine Art Integration seines Ich mit einem zeitlosen Selbst zu neuem Leben erwacht.

Der „dritte Band" Von Robert Musils *Mann ohne Eigenschaften,* wie Martha Musil ihn 1943 veröffentlichte, enthält für die Entwicklung von Musils zentralen Ideen einige der wichtigsten Kapitel, wie jenes „Atemzüge eines Sommertages". Ist es hier die Sublimierung des Mythos zur „taghellen Mystik", die gemeinsam mit der Ratio ähnlich wie andere gegensätzliche Pole wie etwa die beiden Bäume des Lebens, die Genauigkeit und die Seele zu einer umfassenden und ganzheitlichen Synthese des eigenschaftslosen Gesamtmenschlichen vereinigt werden, so ist es in Brochs *Tod des Vergil* eher der Mythos und sind es visionär erfaßte Schichten des Unbewußten, die zusammen mit seinen besonderen „echten Entdeckungen" eine Synthese bilden und eine Totalschau ermöglichen. Diese echten Entdeckungen aber sind geschichtsphilosophisch das Konzept der „historischen Fehlsituation", soziologisch das Konzept der „Totalitär-Struktur" und schließlich rechtsphilosophisch das Konzept eines „Irdisch-Absoluten".

Mythos und Erkenntnis, Leben und Tod zu einem großen Ganzen zusammenschauend hat Broch im *Tod des Vergil* ein Werk geschaffen, von dem er sagen konnte, daß es „... wahrscheinlich eine tiefere Erkenntnis-kapazität als das Joycesche Werk besitzt ..." und von dem Albert Einstein schrieb: „Es zeigt mir das Buch deutlich, vor was ich geflohen bin, als ich mich mit Haut und Haar der Wissenschaft verschrieb."

Dies mag die Bedeutung und Höhe anzeigen, die der deutsche Roman während der Katastrophe des Zweiten Weltkriegs und angesichts der äußeren und inneren Leiden, der Not und Verfolgung deutschsprachiger Autoren zu erreichen imstande gewesen ist.

Österreichische Dichtung im Exil seit 1938

Es mag mit der Eigenstaatlichkeit Österreichs zusammenhängen, daß einzelne deutschnational und nationalsozialistisch orientierte Autoren mit dem Übereifer der Konvertiten größere Begeisterung für Hitlerdeutschland zeigten, als mancher ihrer deutschen Kollegen, daß aber auch die Abwehr gegenüber dem Nazismus weitere Kreise zog als in Deutschland. Nicht nur gab es quer durch alle politischen Lager eine echte innere Emigration, die von Rudolf Brunngraber bis zu Rudolf Henz und Rudolf Kassner reichte, sondern es gab auch innerhalb der Autoren offenen Widerstand. Verglichen mit der viel größeren Zahl der Bevölkerung sowie der Autoren Deutschlands, zahlen die österreichischen Autoren einen besonders hohen Blutzoll: Otto Eisenschitz, Max Fleischer, Lili Grün, Alfred Grünewald, Leo Grünstein, Peter Hammerschlag, Camill Hoffmann, Alma Johanna Koenig, Walter Lindenbaum, Fritz Löhner, Emil Alphons Rheinhardt, Moriz Seeler, Jura Soyfer und Heinrich Steinitz starben im Konzentrationslager. Felix Grafe, Herbert Gsur, Hans Georg von Heintschel-Heinegg, Fritz Kernau, Oskar Kleckner, Fritz Mastny, Hilda Monte, Mathias Pista, Franz Sachs, Roman Karl Scholz, Adolf Unger, Franz Wrba und Richard Zach wurden ermordet oder hingerichtet. Sylvester Heider fiel 1944 als Partisan. Der weitaus größte Teil der bedeutenden österreichischen Autoren aber, und eine große Zahl weniger bedeutender Autoren, wählten das harte Los des Exils.

Was jene Autoren betrifft, welche eine Haltung unbedingter Ablehnung des Geschehens durch die Flucht ins Exil kennzeichnet, so schien es manchen von ihnen bei der Flucht in die Freiheit schon sicher genug, einen der kleineren neutralen Staaten als Aufenthaltsort zu wählen, die an Österreich direkt angrenzten. Die Tschechoslowakei etwa wählten als Exilland Camill Hoffmann, der nur allzu bald darauf von den Nazis gefaßt und ermordet wurde und Ödön von Horváth, der noch früher einem Unfall zum Opfer fiel. Auch der Romancier Paul Adler ging in dieses Land.

Die Schweiz wählten die Lyriker Anneliese Felsenstein, Anneliese Fritz, Benno Geiger, Elfriede Huber-Abramowicz und Victor Wittner, ein Dramatiker vom Range Fritz Hochwälders, und die Erzähler Rudolf Eger, Karl Figdor, Efraim Frisch, Sir Galahad, Carry Hauser, Wilhelm Lichtenberg, Lothar Ring, Felix Salten, Siegfried Trebitsch und Grete von Urbanitzky. Außerdem Essayisten wie Roland Nitsche, Felix Stössinger und Hans Weigel, der auch als Übersetzer von Bedeutung ist wie Herberth E. Herlitschka und Siegfried Trebitsch. Selbst die neutrale und wohlhabende Schweiz erwies sich gerade für einige der bedeutendsten Exilautoren keineswegs als ein Gastland, das von Milch und Honig floß. Ein Autor von weltliterarischem Rang wie Robert Musil klagte aus seinem Exil: „Ich befinde mich in Genf und kein Mensch kennt mich, zu keiner die Kunst berührenden Veranstaltung werde ich eingeladen".[1] Trotz seiner Isolation, die größer ist als je zuvor, beginnt er neben der immer langsamer sich hinschleppenden Arbeit am „Kartenhaus" seines großen Romans an der unmittelbar didaktisch an ein imaginäres Publikum gerichteten „Laientheologie" zu arbeiten und wendet sich der Gattungsform des Aphorismus zu, von der er in sein Tagebuch schreibt: „Nimm als Grundton der Aphorismen: die Resignation, trotz der du dich noch einmal zusammen nimmst".[2] Obwohl aber das Leben der meisten Exilierten in der Schweiz alles andere als einfach war, hatten sie es doch im allgemeinen noch immer besser als jene, die in östliche und südöstliche Länder flohen. Der Lyriker und Essayist Ernst Schönwiese, der nach Ungarn ging, fand sich alsbald halb im Untergrund, oder der Dramatiker Franz Theodor Csokor, der zunächst nach Polen gegangen war, vertauschte diesen Staat nach dessen Zusammenbruch 1939 mit Jugoslawien und landete da, wie auch Alexander Sacher-Masoch, schließlich in einem italienischen Internierungslager.

Selbst nach Jugoslawien verschlagene Frauen, wie Friederike Manner und Margarethe Rismondo, hatten harte Schicksalsproben zu bestehen. Hermann Adler aber, geborener Alt-Österreicher der Monarchie, floh aus Lemberg in das Ghetto von Wilna, sodann in jenes von Bialystok, und jenes von Warschau. Nach der Teilnahme am Warschauer Ghetto-Kampf gelang ihm die Flucht nach Budapest, wo er gefaßt und in das Konzentrationslager Bergen-Belsen deportiert wurde. Erst nach solchem Aufenthalt in mehreren Höllen hatte er schließlich das Glück, in der Schweiz zu landen. Eine fast ebenso abenteuerliche Odyssee hatte Siegfried Last zu durchleiden.

Am schwersten gestaltete sich freilich das Schicksal mancher jener Exilierten, die in die Sowjetunion gegangen waren und die auf diese Weise aus dem Regen in die Traufe kamen, aus den Fängen einer totalitären Diktatur in die einer anderen gerieten und selbst der Umstand, daß sie Kommunisten waren, half mitunter sehr wenig.[3] Die wenigen, von denen man heute allgemein weiß, sind die Lyriker Klara Blum und Hugo Huppert, die Erzähler Berta Lask und der Essayist Ernst Fischer.

Aber selbst wenn es den Schriftstellern gelang, in ein Gastland mit geistiger Freiheit zu gelangen, war der Preis, den sie dafür zu bezahlen hatten, in der Regel außerordentlich hoch. Der oftmals nervenaufreibende Kampf um Ausreiseerlaubnis aus Deutschland, um Visum und Aufenthaltserlaubnis, die gewöhnlich im günstigsten Falle nicht feindselige, sondern nur verständnislose und teilnahmslose Einstellung der Menschen des Gastlandes, all dies waren nur die ersten und unmittelbarsten Schwierigkeiten. Noch schwerer war es oftmals, sich Brot für das tägliche Leben zu verdienen und am schwersten war es gerade für die Schriftsteller, deren eigener Beruf und deren Berufung von der deutschen Sprache nicht zu trennen waren, in einem fremden Sprachraum zu leben. Manche versuchten auch mit mehr oder weniger Erfolg in der Sprache des Gastlandes zu schreiben.

Die Odyssee der nicht gesuchten und unerwünschten Abenteuer mancher Exilautoren, die endlose Kette von Erniedrigungen und Beleidigungen war so nervenbelastend, daß manche völlig zusammenbrachen. Die auf den ersten Blick und rein äußerlich betrachtet gar nicht oder doch kaum motivierten Selbstmorde von Exilautoren, von Hans Schmeier bis Stefan Zweig, sind die sichtbaren Symptome für jene tiefreichenden Traumata, die auch in all den anderen Jahrzehnte weiterhin stecken blieben, die äußerlich überlebten.

Auch Gastländer, in denen zumindest Teile der politischen Führung wie der Bevölkerung mit der politischen Haltung der Exilautoren sympathisierte, wie etwa Frankreich, waren mitunter durch Gesetze und Verordnungen, die niemand schnell genug ändern konnte oder wollte, gar nicht in der Lage, ein wirklich einladendes Asyl zu bieten Nicht wenige der österreichischen Exilautoren in Frankreich konnten hier nur leben und überleben, weil die Maschen all dieser Verordnungen durch Schlamperei und mitunter auch durch Menschlichkeit so gedehnt wurden, daß die Flüchtlinge immer wieder hindurchschlüpfen konnten.

Nach Frankreich sind die Lyriker Hans Berstel, Alfred Frisch, Alfred Grünewald, Leo Schmidel und Adolf Unger gegangen, sowie der feinsinnige Übersetzer Anton Pariser. Ferner Erzähler wie Otto Soyka der seither völlig in Vergessenheit geriet, und Albert Drach, dessen skurrile Romane, von seltsamem Reiz, erst nach dem Exil berühmt wurden. Schließlich sind Erzähler vom Rang eines Ernst Weiss und Joseph Roth zu nennen, der mit seiner *Kapuzinergruft* den epischen Abgesang des untergegangenen Österreich geschaffen hatte und mit seiner nicht nur in Frankreich geschriebenen, sondern auch in Frankreich spielenden *Legende vom heiligen Trinker* eine der großartigsten dichterischen Sublimierungen der Exilerfahrung.

Zu einem der am tiefsten blickenden Analytiker und Diagnostiker nicht nur des Exilschicksals, sondern des gesamten geschichtlichen sozialen und psychologischen Kontexts, aus dem heraus es entstand entwickelte sich in Frankreich Manés Sperber.

Er unterschied zwei Hauptarten der Angst[4] : die sozialadressierte, die eine Kompensation dessen, was die Umwelt für das Individuum zu leisten hat, darstellt, und die aggressive, die aus der Verneinung der Machtlosigkeit verbunden mit Liebesmangel entsteht und zu jenem Amoklauf nach Macht führt, der die Vertreter des Totalitarismus kennzeichnet. Im Zentrum aber steht nicht der Tyrann mit seinem Unterdrückungsapparat, sondern der geängstigte Mensch, der den Usurpator geradezu einlädt die Diktatur zu errichten und totalitär zu vervollkommnen.

Weitaus wichtiger als der Freudsche Verdrängungsmechanismus erscheint ihm die Fähigkeit des Menschen, aus Angst, Egoismus oder Gleichgültigkeit gar nicht wahrzunehmen, was sein Gewissen belasten könnte. „Man weiß seit uralter Zeit, daß niemand so taub ist wie jemand, der nicht hören will".[5]

Manche der Exilautoren wie Uriel Birnbaum, Wilhelm Viktor Steiner und Jakov Lind wählten Holland als Gastland oder aber Belgien wie Jean Amery, wo sie indessen bald von der Naziarmee überrant wurden. Glücklicher waren die wenigen Autoren, die nach dem Norden gegangen waren. Der Erzähler und Dramatiker Paul Baudisch, der Lyriker Josef Hofbauer und der Lyriker und Erzähler Robert Braun gingen nach Schweden, das sich neutral und unabhängig zu halten vermochte und guten Schutz bot.

Wie Schweden vor Kriegsbeginn recht sicher schien, wo doch die Ostsee dieses Land von Deutschland trennte, so auch England durch seinen Inselcharakter. Eine größere Anzahl österreichischer Exilautoren wählten darum England als Gastland, wie etwa die Lyriker Felix Braun, Käthe Braun-Prager, Fritz Brügel, Hans Eichner, Grete Fischer, Erich Fried, Rudolf Fuchs, Ludwig Goldscheider, Fritz Groß, Peter Herz, Elisabeth Janstein, Hedwig Katscher, Joseph Kalmer, Theodor Kramer, Anna Krommer, Fritz Lampl, Alfred Marnau, Eva Priester, Otto Pick, Stella Rotenberg, Hans Schmeier, Leonie Spitzer, Franz Baermann-Steiner und Jesse Thoor. Die unmittelbare Fluchtstimmung nach dem Einmarsch der deutschen Truppen in Österreich und die Richtungs- und Hilflosigkeit der ersten Tage und Wochen hat Theodor Kramer in einem seiner Gedichte beschworen:

..... Wohin ich gehen werde, weiß ich heut noch nicht,
nur daß ich gehen muß, weiß ich wie eine Pflicht; ...
Von dem, was einmal war, trennt lang schon mich ein Riß;
daß alles ungewiß ist, ist allein gewiß.
Die Maus selbst hat ihr Loch; ein Ziel winkt, wenn sie ziehn,
den Staren... Nur der Mensch lebt so im Nichts dahin.

Auch die Dramatiker Rudolf Bernauer, Dosio Koffler, Carl Roessler, Julius Vogel und Edmund Wolf und die Dramatiker und Erzähler Friedrich Feld, Felix Langer und Robert Lucas gingen nach England wie der Essayist Erich Heller, die Kabarettautoren Hugo F. Königsgarten und Rudolf Spitz und der Biograph Paul Frischauer. Zu den zahlreichen, nach England geflohenen österreichischen Erzählern gehören Bruno Adler, H.G. Adler, Fritz Beer, Elias Canetti, Karl Federn, Hans Flesch-Brunningen, Martin Freud, Mela Hartwig, I. Grünberg, Fritz Josefovics, Ernst David Kaiser, Joe Lederer, Herminia zur Mühlen, H.R.

Nack, Robert Neumann, Stefan Pollatschek, Anna Sebastian, Ernst Sommer, Hilde Spiel, Walter Tschuppik und Martina Wied.

Der in der ungarischen Reichshälfte der alten Monarchie geborene und in Wien aufgewachsene Arthur Koestler hat in seinem Roman *Sonnenfinsternis* in einer nur durch die Schrecklichkeit der Zeitereignisse möglich gewordenen Weise am stalinistischen Beispiel den inneren Gesamt-Mechanismus der exilliteraturschaffenden totalitären Systeme überhaupt enthüllt und ihr entseeltes Prinzip erschütternd dargestellt und zwar im Beispiel eines ehemaligen Vertreters eines solchen Systems, der dessen innerer Logik folgend nun plötzlich niemals begangene politische „Verbrechen" eingesteht und „folgerichtig" zum Tode verurteilt wird: „Die Frage war daher: war eine solche Operation gerechtfertigt? Sie war es offenbar, wenn man sie auf eine abstrakte Menschheit bezog, aber angewandt auf Menschen in der Einzahl....auf das reale Geschöpf aus Fleisch und Blut und Knochen und Haut führt das Prinzip sich selbst ad absurdum".[6]

Auch in den Reflektionen der Figuren in Koestlers Roman *Gottes Thron steht leer*, der die „von endemischer Schizophrenie befallene Mentalität des präpubertären Menschen" des 20. Jahrhunderts sichtbar macht, stehen dogmatischer Glaube und totale Systemunterwerfung und furchtlose individuelle Erfüllung des Daseinssinnes einander unvereinbar gegenüber und wird die ganze Zeitdiagnose zudem in einen größeren, entwicklungsgeschichtlichen Zusammenhang gestellt:

> Während die Geschichte durch ein Wellental hindurchgeht, ist wohl nie ein konstruktives Programm aufgestellt worden... Das größte Genie hätte im fünften Jahrhundert n.Chr. keinen Weg aus der Sackgasse finden können, in die das römische Imperium damals geraten war. Programme werden nicht in Laboratorien ausgekocht; sie müssen langsam vergären wie der Wein im atmenden Holz. Ich spüre es mit jedem Nerv, daß ein neues seelisches Ferment im Anzug ist, das auf die Menschheit ebenso spontan und unwiderstehlich wirken wird wie das Frühchristentum oder die Renaissance.[7]

Manche der in England im Exil lebenden Autoren konnten Verbindung miteinander halten, konnten ihre Arbeiten einander zeigen und miteinander besprechen. Manche derer jedoch, die rasch flüchten wollten oder mußten, konnten nur Zuflucht in fernen Ländern finden, in denen sie fast oder völlig isoliert waren. So etwa wurde Erwin Rieger nach Tunis verschlagen und Leo Sonnwald in den Libanon, Alphons Solé nach Afghanistan, Frank Zwillinger nach Indochina, Hans Schubert, Susanne Wantoch und Arthur Zanker nach China, Paul Hatvani nach Australien. Melitta von Urbancic endete in Island und eine ganze Reihe von österreichischen Autoren ging nach Mittel- und Südamerika: Gil Buster, Karl Kast und Livia Neumann nach Argentinien, Georg Eisler von Terramare und Emil Faktor nach Bolivien, Leopold von Andrian-Werburg, Frank Arnau und Paula Ludwig nach Brasilien, Bruno Frei, Marie Frischauf und Leo Katz nach Mexiko, Adolf Borstendörfer und Egon Schwarz nach Paraguay, Alfred Heller nach Uruguay und Tibor Porges nach Chile.

Aber auch wenn man nicht völlig isoliert war, keine Not litt, Freunde besaß und alle Arten von Unterstützung genoß wie etwa Stefan Zweig in Brasilien, konnte das Exil-Los noch hart genug sein, wie Zweigs Freitod zeigt.

Ein besonderes Exilland für die jüdischen Flüchtlinge stellte Palästina dar, da das Exil aus Deutschland mit der Ankunft in diesem Land ein anderes, viel älteres Exil beendete. Die Flucht aus Deutschland stellte im übertragenen, historisch-mythischen Sinn eine Heimkehr dar. Nicht alle empfanden so und einige österreichische Autoren wie etwa die Lyriker Hermann Hakel und Martha Hofmann oder die Erzähler Leopold Ehrlich und Alexander Charm kehrten nach dem Krieg wieder nach Wien zurück. Andere verließen zumindest Palästina wiederum, wie die Lyriker Louis Fürnberg und Otto Klepetar.

Manche aber blieben, wie der Essayist Paul Engelmann, der Lyriker und Dramatiker Simon Kronberg oder der Erzähler Manfred Reifer aber auch Meir Marcel Faerber, Oskar Neumann der Spätexilant — und Fritz Naschitz sowie Josef Hans Speer. Ja unter den Verbleibenden waren die bedeutendsten, wie der zu Unrecht vielfach vergessene Romancier Leo Perutz, der Erzähler und Kafka-Herausgeber Max Brod, die Erzählerin und Lyrikerin Alice Schwarz und vor allem der Wegbereiter einer weltweiten literarischen Renaissance des Chassidismus, Martin Buber.

In seiner in Jerusalem entstandenen „Chronik" *Gog und Magog* legt der den „blind Bewahrenden und den blind Bestreitenden gleicherweise entrückte"[8] Buber der Figur seines von Jugend an geliebten Rabbi Bunam folgende Parabel in den Mund:

> Ein großer Herr...hatte einmal ein Reitpferd im Stall stehen, das war ihm über alles wert, und er ließ es wohl bewachen. Die Stalltür war mit Sperrhaken verschlossen, und ein Wächter saß beständig davor. In einer Nacht war der Herr von einer Unruhe befallen. Er ging zu dem Stall; da saß der Wächter und grübelte sichtlich angestrengt einer Sache nach. „Was gibt dir so zu denken?", fragte er ihn. „Ich überlege", antwortete der Mann. „Wenn ein Nagel in die Wand geschlagen wird, wo kommt der Lehm hin?" „Das überlegst du schön", sagte der Herr. Er ging ins Haus zurück und legte sich hin. Aber er konnte nicht schlafen. Nach einer Weile hielt er's nicht aus und ging wieder zum Stall. Wieder saß der Wächter vor der Tür und grübelte. „Worüber denkst du nach?", fragte ihn der Herr. „Ich überlege", sagte er, „Wenn ein Hohlbeugel gebacken wird, wo kommt der Teig hin?" „Schön überlegst du das", bestätigte ihm der Herr. Wieder ging er zur Ruhe, wieder duldete es ihn nicht auf dem Lager, und er mußte sich zum dritten Mal zum Stall begeben. Der Wächter saß auf seinem Platz und grübelte. „Was beschäftigt dich jetzt?", fragte der Herr. „Ich überlege", antwortete jener. „Da ist das Tor mit Sperrhaken wohl verschlossen, da sitze ich davor und halte Wache und das Pferd ist gestohlen, wie geht das zu?".

Buber liefert auch sofort die Deutung dazu:

> Wahn ist jeder Gedanke, der dich vom Dienst am Lebendigen ablenkt.[9]

Das Gastland, das die weitaus meisten österreichischen Exilautoren aufnahm, waren aber die Vereinigten Staaten von Amerika. Immer schon war es das Land der Hoffnungen und Freiheitssehnsucht von Menschen aus aller Welt gewesen und als ein Staat von Emigranten hatte es sich zu weltgeschichtlicher Größe entwickelt. Aber gerade darum war es auch immer wieder notwendig gewesen, eine unkontrollierte Massen-Einwanderung zu steuern und bürokratische Schranken zu setzen, sollte das Land nicht in ein Chaos verwandelt werden. Diese bürokratischen Schranken waren nicht auf eine Kathastrophen- und Not-Situation, wie sie Nazideutschland geschaffen hatte, eingerichtet, und dadurch gab es für viele Flüchtlinge zunächst Schwierigkeiten, in diesem Land Einlaß zu finden. Aber mehr noch: selbst

iejenigen, die es schafften, fanden es oft schwierig, sich eine Exi-
tenz aufzubauen und ihr Glück zu finden. Dennoch sprechen die große
Zahl österreichischer Exilautoren genau so wie der Ausdruck, den sie
lem Exilschicksal verliehen, für sich. Allein an Lyrikern sind zu nennen:
Ielene Adolf, Franzi Ascher-Nash, Paul Amann, Rose Ausländer, Sanel
Beer, Friedrich Bergammer, Naěmah Beer-Hofmann, Richard Beer-
Iofmann, Maria Berl-Lee, Frederic Block, Fritz Brainin, Julius Buch-
vald, Ruth Cohn, Emil Deutsch, Albert Ehrenstein, Joseph Fabry, Al-
red Farau, Berthold Fles, Egon Frey, Robert Gilbert, Francis Golf-
ing, Alfred Gong, Mimi Grossberg, Norbert Grossberg, Joseph Hahn,
eter Heller, Erich Juhn, Margarete Kollisch, Lilly Körber, Gertrude
Crakauer, Herbert Kuhner, Sophie Lempert, Joseph Luitpold, Frede-
ick Paulsen, Heinz Politzer, Hans Leo Reich, Max Roden, Joseph Ro-
enthal, Alfred Schick, Isaac Schreyer, Marianne R. Ulzmann, Ger-
rude Urzidil, Berthold Viertel, Ernst Waldinger, Marie Weiss, Alfred
Verner und Guido Zernatto. Zernatto hat seine Exilgefühle in einem
einer bekanntesten Gedichte ausgedrückt:

> Dieser Wind der fremden Kontinente
> Hat den Atem einer andern Zeit.
> Andre Menschen, einer andern Welt geboren,
> Mag's erfrischen. Ich bin hier verloren
> Wie ein Waldtier, das in Winternächten schreit.

n österreichischen Dramatikern sind vor allem Gustav Beer, Ferdi-
and Bruckner, Michael Wurmbrand, Otto Zoff und Carl Zuckmayer
ı nennen; aber auch Otto Fürth, Grete Manschinger, Kurt Juhn,
rich Klein, Heinrich Kranz, Frederic Popper, Richard Flatter und
'alter Sorell.

ür den direkten Einfluß auf die neue amerikanische Umwelt waren
ın ungleich größerer Wichtigkeit als die deutschsprachigen Drama-
ker, die größte Schwierigkeiten hatten, Übersetzer und Bühnen zu
nden, jene Exilautoren, die als Drehbuchautoren für Hollywood ar-
eiteten. Unter all den Regisseuren und Drehbuchautoren nahmen
ıbei zusammen mit den Ungarn die Österreicher eine besonders
ichtige Rolle ein, wenngleich es weniger die bedeutenden Autoren
aren, die sich da durchsetzten, als jene, die eine besonders große
ssimilationsfähigkeit nicht nur an die englische Sprache, sondern an
e amerikanische Kultur im allgemeinen und an die besondere ameri-

kanische Version des Filmmediums an den Tag legten. Paul Frank George Froeschel, Gina Kaus, Frederick Kohner, Walter Reisch und Billy Wilder sind die wichtigsten Namen, die hier als Drehbuchauto ren genannt werden müssen. Neben besonderen Fähigkeiten und Kenntnissen auf dem Gebiet des Films spielten hier allerdings auch Zufall und Glück eine große Rolle. Auch österreichische Exilauto ren, die sich so rasch assimiliert hatten, daß sie bald Erfolgsbücher in englischer Sprache schrieben, wie Joseph Wechsberg, machten mi den Filmstudios in Hollywood die seltsamsten Erfahrungen. Er hat te zwar einen Vertrag, wurde bezahlt und mußte im Studio anwe send sein, doch wurde er nicht beschäftigt.

Einer der finanziell und in seiner Massenwirkung erfolgreichsten Fil me wurde allerdings nach dem Roman *Das Lied von Bernadette* von Franz Werfel und nicht nach einem von vornherein für einen Film verfaßten Drehbuch produziert. Werfel war indessen nur einer der Prosaisten und Erzähler, die in den U.S.A. Zuflucht fanden.

Die wichtigen Namen, die hier zu nennen wären, sind Günther An ders, Raoul Auernheimer, Vicki Baum, Ulrich Becher, Franz Blei Hermann Broch, Paul Elbogen, Elisabeth Freundlich, Paul Frischau er, Hermann Grab, Hans Habe, Friedrich Heydenau, Franz Höllering Hans Janowitz, Hans Jaray, Oskar Jellinek, John Kafka, Anton Kuh Erwin Lesser, Ernst Lothar, Frederic Morton, Soma Morgenstern Robert Pick, Alfred Polgar, Friedrich Porges, Alexander Roda-Roda E.R. Schatz, Adrienne Thomas, Friedrich Torberg, Johannes Urzidil Joseph Wechsberg, Robert Weil und Franz Werfel.

Der gründlichste und genialste Zeitdiagnostiker nicht nur der in di U.S.A. verschlagenen, sondern wohl aller Exilautoren, war Herman Broch. Gerade durch die Schrecken und Leiden der Zeit angespornt hat er seine ethischen Einsichten und Forderungen in praktische Vorschlägen und Ausführungen zur Erziehungsreform im Sinn eine internationalen Humanismus[10] und zur Politik[11] ausgedrückt. De sozialen und psychologischen Mechanismus der Hauptgefährdunge der Menschen unserer Zeit durch totalitäre Bestrebungen hat er di originelle und großartige Analyse seiner Theorie des Massenwahn gewidmet und als Ausweg den Entwurf eines neuen Menschenrecht gezeichnet.[12] Besonders drei seiner Grundthesen hat er mit Recht al

142

echte Entdeckungen im Zusammenhang mit seinen theoretischen Verstehens- und Eingriffsversuchen in die Menschheitsentwicklung betrachtet: geschichtsphilosophisch das Konzept der historischen „Fehlsituation", soziologisch das Konzept der „Totalitär-Struktur" und rechtsphilosophisch das Konzept des „irdisch Absoluten".

In engem Zusammenhang mit seinen theoretischen Ideen hat Broch der Gefahr des politisch Totalitären auch in seiner Dichtung ein neues Totalitätsbild des Menschen gegenübergestellt, wie er es roman-theoretisch im Nachwort zu den *Schuldlosen*, in seiner Dichtung selbst aber am großartigsten in seinem *Tod des Vergil* gestaltet hat. Gerade aus der Einsicht in die Krise der Zeit wie der zeitgeschichtlich bedingten Krise der Dichtung, ja aus ihrer direkten Darstellung und ihrem Ausdruck heraus entstand als Gabe der Exilliteratur gerade mit dem *Tod des Vergil* zugleich eine der größten Hoffnungen auf Umkehr und Wende zu neuer Menschlichkeit und eine der größten Dichtungen der Zeit.

Wie es überhaupt ohne Exil und ohne seine Gefährdungen und Abgründe wohl weder zu Musils Aphorismen gekommen wäre noch zu Brochs *Tod des Vergil*, weder zu Manés Sperbers Trilogie *Wie eine Träne im Ozean* noch zu Arthur Koestlers *Sonnenfinsternis*, weder zu Friedrich Torbergs *Mein ist die Rache* noch zu Franz Werfels imposanter Utopie des *Sterns der Ungeborenen* und wohl auch nicht zu Martin Bubers *Gog und Magog*. Denn nicht zufällig mißlang ihm die Niederschrift des Buches zwei Mal und gelang erst beim dritten Mal, in Jerusalem, als nach Ausbruch des Totalitarismus und des zweiten Weltkrieges eine geschichtlich wenn nicht parallele, so doch ähnliche Situation herrschte, wie sie mythisch im Buch Ezechiel des Testaments und historisch in der Thematik der napoleonischen Kriege der „Chronik" selbst beschrieben wird.

Die Schrecken und Erschütterungen der Zeitkatastrophe führen so nicht nur zu unendlichem Unrecht und Leid, sondern auch für die durch sie Hindurchgegangenen zu einer neuen inneren Freiheit und Zuversicht. In diesem Sinn stellen einige der wichtigsten Beispiele der Exilliteratur nicht nur den Ausdruck, sondern zugleich auch den Ausweg aus der Zeitkatastrophe dar. Etwa wenn es bei Arthur Koestler einmal heißt:

Leontiew meinte, die Anhänger der Sekte seien davon überzeugt, daß die Menschen sich bloß von Furcht freimachen müßten, um sich von allen Formen der Tyrannei zu befreien...[13]

oder wenn Martin Buber in seinem Nachwort zu *Gog und Magog* schreibt:

Ich...habe keine „Lehre". Ich habe nur die Funktion, auf solche Wirklichkeiten, wie die Offenheit oder Verborgenheit von Leidens und Leidensüberwindungsmöglichkeiten, hinzuzeigen. Wer eine Lehre von mir erwartet, die etwas anderes ist als eine Hinzeigung dieser Art, wird stets enttäuscht werden. Es will mir jedoch scheinen, daß es in unserer Weltstunde überhaupt nicht darauf ankommt, feste Lehre zu besitzen, sondern darauf, ewige Wirklichkeit zu erkennen und aus ihrer Kraft gegenwärtiger Wirklichkeit standzuhalten. Es ist in dieser Wüstennacht kein Weg zu zeigen; es ist zu helfen, mit bereiter Seele zu beharren, bis der Morgen dämmert und ein Weg sichtbar wird, wo niemand ihn ahnte.[14]

Es ist kaum möglich, in den kurzen, zusammenfassenden Umrissen einer ersten Bestandsaufnahme wie hier die gesamte Skala von Gefährdungen und Elend, Ringen und Ausgesetztheit, Erschwernissen und Leiden zu beschreiben, wie sie von ganz wenigen Ausnahmen abgesehen, das Los aller Exilautoren bestimmt, nicht nur im Hinblick auf ihr Leben und ihre Existenz, sondern auch im Hinblick auf ihren Beruf und ihre Berufung als Schrifsteller. Dennoch aber bot das Exil auf der anderen Seite einen gerade für Autoren gar nicht hoch genug zu bewertenden Schatz, der alles andere wettmachen konnte: die geistige Freiheit. Weshalb denn auch nach Friedrich Torbergs Überzeugung die emigrierten Schrifsteller auch in der Zeit ihres größten Elends im Exil immer noch besser daran waren als die nicht-emigrierten, da „sie ihr Bestes zeigen durften". Aus diesem Grund ist die Exilliteratur vergleichsweise und relativ gesehen die weitaus bedeutendste der ganzen Zeit und dies gilt nicht nur für die österreichische, sondern für die gesamte deutschsprachige seit 1933, ja es gilt mutatis mutandis für Exilliteratur überhaupt.

Anmerkungen

1   Robert Musil: *Tagebücher*, hg. von Adolf Frisé, Reinbeck bei Hamburg 1976, Bd. I, S. 945.

2 Robert Musil: *Tagebücher*, op.cit., S. 982.
3 Vgl. das Buch von Ruth Mayenburg, das ist Ruth Fischer: *Hotel Lux*, München 1978.
4 Manés Sperber: *Analyse der Tyrannis*, Paris 1938.
5 Manés Sperber: *Leben in dieser Zeit*, Wien 1972, S. 50.
6 Arthur Koestler: *Sonnenfinsternis*, London 1946, S. 213.
7 Arthur Koestler: *Gottes Thron steht leer*, Frankfurt am Main 1953, S. 457 und 444.
8 Martin Buber: *Gog und Magog*, Frankfurt am Main und Hamburg 1957, S. 234.
9 Martin Buber, op.cit., S. 197-98.
10 Hermann Broch: *Zur Universitätsreform*, hg. v. Götz Wienold, Frankfurt am Main 1969.
11 Hermann Broch: *Gedanken zur Politik*, ausgewählt von Dieter Hildebrandt, Frankfurt am Main 1970.
12 Hermann Broch: *Massenwahntheorie*, hg. v. Paul Michael Lützler, Frankfurt am Main 1979.
13 Arthur Koestler: *Gottes Thron steht leer*, op.cit., S. 446.
14 Martin Buber: *Gog und Magog*, op.cit., S. 235.

Die neue deutsche Exilliteratur der Flucht aus dem Osten seit 1947

Das Exil der meisten deutschsprachigen Autoren, die aus äußerer oder innerer Notwendigkeit Hitlerdeutschland verlassen hatten müssen, war noch keineswegs vorbei, als bereits eine zweite, neue Exilbewegung in der deutschen Literatur ihren Anfang nahm: die Flucht aus einem neuen, ebenso totalitaristischen, die geistige Freiheit unterdrückenden deutschen Staat, lediglich mit anderen ideologischen Vorzeichen: die Flucht aus Ostdeutschland in den Westen. Einen ersten wichtigen und weithin sichtbaren Auftakt dieser Bewegung bildete die Flucht eines Autors von der Bedeutung Theodor Flieviers in den Westen. Im Jahr 1933 hatte er Hitlerdeutschland verlassen, um nach Aufenthalten in der Tschechoslowakei, in der Schweiz, in Frankreich und Schweden endlich politisches Asyl in Sowjetrussland zu finden. In den unmittelbaren Nachkriegsjahren, als Bert Brecht in Europa noch wenig gedruckt und noch weniger gespielt, in den U.S.A. saß, war er durch sein machtvolles, modernes Prosa-Massen-Epos *Stalingrad*[1] zum wichtigsten deutschsprachigen Autor des kommunistischen Osten geworden. Das Buch, von den kommunistischen Machthabern in Riesenauflagen verbreitet und in viele Sprachen übersetzt, leistete wesentlichen Einfluß auf die politische Meinungsbildung, als Plievier 1947 plötzlich Zuflucht im Westen suchte und nach kurzem Aufenthalt in München sich zunächst am Bodensee, später in der Schweiz niederließ.

Aus der Ostzone wurde der Generalsekretär des „Kulturbundes zur demokratischen Erneuerung Deutschlands" Heinz Willmann nach München geschickt, um Plievier zur Rückkehr zu überreden. Da man bei seiner Weigerung Entführungspläne befürchten mußte, organisierte Plieviers Freund Harry Wilde amerikanischen Schutz.

Unabhänig und mit Entsetzen hörte Wilde die Berichte seines Freundes Plievier darüber, daß das alte Konzentrationslager Buchenwald keineswegs aufgelöst, sondern unter neuer, kommunistischer Leitung auf noch schrecklichere Art neu in Betrieb sei.[2]

Schon vor Plievier war Rudolf Hagelstange in die geistige Freiheit des Westens geflohen und wenn sich dieser Weggang des damals noch kaum bekannten Autors vergleichsweise ohne öffentliches Aufsehen vollzog, gab es ein solches Aufsehen als der Erzähler Gerhart Pohl den Gerhart Hauptmann-Zug nach dem Westen schleuste.

Keineswegs die unbedeutendste Dichterpersönlichkeit, die sich schon ganz früh absetzte, ist aber Ricarda Huch. Wie sie nach der Machtergreifung Hitlers die Nazifizierung der Preußischen Dichterakademie zum Anlaß genommen hatte, um sich als eine der ersten durch lauten und mutigen Protest zu distanzieren, so nahm sie den I. Schriftsteller-Kongreß vom 4. bis 8. Oktober 1947, auf dem der „sozialistische Realismus" eingeführt werden sollte, zum Anlaß, um aus Thüringen in den Westen zu gehen. 1948 flüchtete Ernst Birnbaum nach Westdeutschland.

Alle diese Autoren waren entschiedene Gegner des Nationalsozialismus und verließen Ostdeutschland aus dem selben Grund, der sie zuvor in die Opposition getrieben hatte: Mangel an geistiger Freiheit. Theodor Plievier gab am 25. Oktober 1947 vom Westen aus seine Erklärung:

> In einem Land, in dem Denken nur auf Schienen gestattet ist, in dem alles vorgedacht ist und in vorgedachten Linien zu schreiben ist, da ist eben schlecht zu schreiben. Das ist kein Boden für einen Schriftsteller...[3]

Im Gründungsjahr der Deutschen Demokratischen Republik verließen Günter Bruno Fuchs und Hans Christian Kirsch (Pseudonym: Frederik Hetman) den neuen Staat, alsbald gefolgt von Johanna Moosdorf und Carl Guesmer. Susanne Kerckhoff — wie später Inge Müller — wählte als einen anderen Ausweg in die Freiheit den Selbstmord. Eine zweite Welle hatte eingesetzt. Doch noch ahnte niemand, welche unbeschreiblichen Formen der Unterdrückung jeglicher geistigen und literarischen Freiheit im sogenannten zweiten Kulturkampf bevorstehen sollten.

Im Jahr 1948 war Bert Brecht nach Ost-Berlin gegangen, wurde Präsident des ostdeutschen PEN-Zentrums und versuchte, das Ärgste an Freiheitsunterdrückung zu verhindern oder zu umgehen. Nach dem Arbeiteraufstand im Jahr 1953 wurde es sogar für diesen „Jesuiten des Diesseits", wie ihn Max Frisch nach einem Besuche im Tagebuch charakterisiert hatte[4], immer schwieriger, es auszuhalten, und gerade bei Frisch erkundigte er sich im Sommer 1955 über die Möglichkeiten, ein kleines Haus am Genfersee zu erwerben, wo er sich zur Ruhe setzen könnte.[5] Der Tod kam ein Jahr später der möglichen Verwirklichung solcher Pläne zuvor. In jener Zeit kam es zur Abwanderung einzelner Autoren nach dem Westen, unter denen nach seiner Haftentlassung immerhin ein Autor vom Range Horst Bieneks ist.

Als sich bald darauf der Sekretär des ostdeutschen PEN-Zentrums Herbert Burgmüller nach dem Westen absetzte, wo er als Schriftsteller aus Scham verstummte, wie später auch der Dramatiker Hans Otto Kilz, da geschah dies vor allem aus der Einsicht heraus, daß mit Brechts Tod die letzte Hoffnung begraben war, daß man als Schriftsteller im Osten leben könne.

Ob es Brecht möglich gewesen wäre, die Ereignisse des sogenannten zweiten Kulturkampfes in Ostdeutschland von 1957-61 zu verhindern oder doch abzuschwächen, oder ob jenes Anziehen der Zensurschrauben auch ihm nur die Möglichkeit der Flucht nach dem Westen gelassen hätte, ist eine müßige Frage, obwohl das System zweifellos fast immer weitaus mächtiger ist als selbst die bedeutendste einzelne Autorenpersönlichkeit. Jene Krisenjahre führten jedenfalls zum Abgang einer besonders großen dritten Welle ostdeutscher Autoren nach dem Westen: Martin Gregor-Dellin, Wolfgang Hädecke, Angelica Hurwicz, Peter Jokostra, Alfred Kantorowicz, Herbert A.W. Kasten, Hans-Otto Kilz, Heinar Kipphardt und Gerhard Zwerenz wählten das Exil im Westen. Daneben setzten sich eine Reihe junger Autoren ab, die damals noch völlig unbekannt waren wie Dieter Hoffmann, Ulf Miehe, Helga M. Novak und Jochen Ziem. Unter ihnen war auch Uwe Johnson, der zunächst großen Wert darauf legte, nicht als Exilant betrachtet zu werden, obwohl er schon seine ersten kritischen Darstellungen des in zwei Teile gespalteten Deutschland *Mutmaßungen über Jakob*[6] wie *Des dritte Buch über Achim*[7] nur im Westen hatte veröffentlichen können, selbst wenn die Bücher durch einen „agnostizistischen Fimmel" bestimmt waren, und ein wahres Bild der Gesellschaft „vor lauter Mutmassungen nicht zu finden war."[8] Jenseits alles zweifellos gegebenen Ausweichens vor künstlerischen wie politischen Stellungnahmen steckt gerade in den frühen Romanen Johnsons durch die vermittelte Relativität der Perspektiven ein Ansatz zur Wahrheitssuche, der im Westen aus guten Gründen erlaubt und tragbarer ist als im Osten.

Die Situation spitzte sich mit dem Bau der Berliner Mauer 1961 nicht nur politisch zu. In jener Zeit der Herrschaft Walter Ulbrichts wählten die Freiheit des Exils die Autoren Heinz und Elfi Barwisch, Manfred Bieler, Ute Erb, Erika von Hornstein, Hartmut Lange, Eva Müthel, Martin Pohl, Christa Reinig und Fritz Schenk. Am Ende dieses Zeitabschnitts steht literarisch die Abwanderung des langjährigen Herausgebers der bedeutendsten ostdeutschen Literaturzeitschrift *Sinn und Form* Peter Huchel, der durch lange Zeit durch seine Ablehnung der nationalsozialistischen Diktatur versucht hatte, einen modus vivendi mit dem ostdeutschen Staat zu finden. Sein Eintreten für literarische Qualität wie für menschliche Grundwerte hatten ihn zunächst in völlige Isolation und schließlich in das Exil geführt, in dem er sich in seiner Lyrik erst zur bedeutendsten Höhe entfalten konnte. Politisch steht am Ende der Periode die Amtsübernahme Erich Honeckers, der mit liberalen Ideen und guten Vorsätzen die Unterdrückungspolitik Ulbrichts ablösen wollte.

Es gehört indessen zur diabolischen Dialektik aller totalitaristischen Systeme, daß keiner Liberalisierung-, Tauwetter- oder Aufweichungsperiode auf Dauer Erfolg beschieden sein kann, es sei denn, das System sei bereit, sich selbst als Ganzes aufzugeben oder aber es wird von innen oder außen gestürzt. In allen anderen Fällen führen solche Lockerungsperioden zu einem Punkt, an dem das Pendel notwendigerweise in die entgegengesetzte Richtung zurückschwingen muß, was oftmals zu ärgerer und schmerzlicher empfundener Unterdrückung führt als je zuvor. In der Ära Honecker trat dieser Umschwung ein, als die Machthaber es fünf Jahre später für notwendig fanden, den Bereich der Kulturpolitik vornehmlich dem Kompetenzbereich des „Ministeriums für Staatssicherheit" anzugliedern[9], mit anleren Worten, die Literatur direkt der zentralen Zensurbehörde, Gefängnis- und Konzentrationslager-Verwaltung zu unterstellen.

Eine neue Welle der Abwanderung ins Exil setzte ein: Jurek Becker, Thomas Brasch, Wolf Biermann, Arthur Hübner, Bernd Jentzsch, Sarah Kirsch, Manfred Krug, Günter Kunert, Reiner Kunze, Tilo Medek, Hans Joachim Schädlich und Frank Schöne gingen auf verschiedene Art ins Exil.

Es ist ein neuer Typ und eine neue Generation von Autoren. Sie kennen den zweiten Weltkrieg nur aus der Kindheit oder aber gar nicht. Viele von ihnen sind aus direkter oder indirekter Ablehnung des Nationalsozialismus zum Kommunismus gelangt und haben nach jahrelanger bitterer Schule des Leids und der Unterdrückung ihre Haltung geändert. Wolf Biermann, dessen Vater in einem Konzentrationslager Hitlers ermordet worden war, entschied sich als siebzehnjähriger für den Kommunismus und die DDR. Thomas Brasch ist der Sohn eines Exilanten aus Hitlerdeutschland, der nach dem Krieg aus England zurückgekehrt zum stellvertretenden Kulturminister der DDR aufgestiegen war. Sarah Kirsch hatte selbst aus Protest gegen die Verfolgung der Juden durch den Nationalsozialismus für ihr Pseudonym einen jüdischen Vornamen gewählt. Es hat oft qualvolle Jahre innerer Auseinandersetzung bedurft und eine lang anhaltende Unterdrückung ehe die Autoren erkannten, daß die scheinbare Gegensätzlichkeit des ideologischen Aufputzes des Kommunismus die tatsächliche Gleichartigkeit des Systems höchstens verschleiern und keineswegs ändern konnte.

Vom literaturgeschichtlichen Standpunkt aus gesehen ist die alles andere überschattende, wesentliche Gemeinsamkeit zwischen dem nationalsozialistischen Totalitarismus Hitlerdeutschlands und dem kommunistischen Totalitarismus Ostdeutschlands die Unterdrückung geistiger Freiheit, die in wenigen Berufen schmerzlicher und unerträglicher ist, als im Beruf des Schriftstellers und die hier wie da zur Abwanderung der bedeutendsten Autoren ins Exil geführt hat und weiterhin führen wird.

Gemeinsam sind auch die widersprüchlichen Behinderungs- und Bestrafungsversuche der jeweiligen Machthaber: „Republik-Arrest" und Republik-Ausweisung in der DDR entsprechen in Hitlerdeutschland die Maßnahmen, einerseits jüdischen Intellektuellen und Schrift-stellern, die bereits ins Ausland geflüchtet waren, einen deutschen Paß mit dem Vermerk „nur im Ausland gültig" auszustellen und andererseits die größten Schwierigkeiten bei der Erteilung der Aus-reisegenehmigung zu machen, die oft, wie im Falle Huchels, auch in Hitlerdeutschland nur nach einflußreicher ausländischer Inter-vention gewährt wurde.

Gemeinsam ist auch bei einzelnen Autoren der Zug, daß die einen im Exil deutschbewußter denn je zuvor wurden, von Leonhard Frank bis Carl Zuckmayer, und in den NS-Machthabern die eigent-lichen Verräter am Deutschtum sahen, wie manche Exilautoren aus der DDR sich als die wahren Sozialisten gegenüber den ost-deutschen Machthabern fühlen.

Wohl die Hauptverschiedenheit zwischen den deutschen Exilautoren aus Hitlerdeutschland und jenen aus der DDR besteht darin, daß einige wenige der letzteren gegen ihr Gastland, die Bundesrepublik in einer Weise zu wüten begannen, wie dies „allein mit einem Nach-holbedarf an Widerstand, wie er auch nach dem Dritten Reich her-vortrat, nicht zu erklären ist."[10] Johnson, Kipphardt, Zwerenz und der Philosoph Ernst Bloch sind die Hauptbeispiele. Ein ähn-liches Verhalten war für die Exilautoren aus Hitlerdeutschland zu-mal im Krieg gegen die Gastländer Frankreich, England, aber auch die Schweiz undenkbar. Die radikalste Haltung adäquater Art stellte etwa bei Bernhard von Brentano der Plan zu einer Rückkehr nach Hitlerdeutschland, bei Ernst Glaeser die tatsächlich vollzogene Rückkehr dar. Offenkundig ist es gefährlicher in die DDR zurück-zukehren und leichter, gegen die Bundesrepublik zu toben.

Ein weniger bedeutender Unterschied ist die Art, wie Jurek Beckers Exil begann: man gewährte dem permanenten Stein des Anstoßes, der das eine oder andere Buch ohnehin nur im Westen hatte veröf-fentlichen können, ein Stipendium im Westen und bezahlte ihm zumal am Beginn seinen Abgang ins Exil. Die Machthaber Hitler-deutschlands kassierten lieber umgekehrt eine Reichsfluchtsteuer. Die ostdeutschen Behörden beließen hingegen Jurek Becker nicht nur seinen ostdeutschen Paß, sondern machten ihm später sogar Vorwür-fe, im Westen zu verbleiben, ohne jedoch das Verbot der Herstellung und des Vertriebs seiner letzten Bücher im Osten aufzuheben. Aber vielleicht fühlt sich die DDR durch ihre Autoren noch bedrohter und wahrscheinlich besitzen viele Autoren im sozialistischen Staat nichts, was sie instand setzen würde, eine Fluchtsteuer zu entrichten.

Auf eine Besonderheit der ostdeutschen Literatur hat ihr bisher bedeutendster Darsteller Hans-Dietrich Sander hingewiesen. Ausgehend von einem Stefan Heym-Zitat schlußfolgert er schlagend, daß der vergleichsweise frühe Tod vieler Autoren in der DDR damit zusammenhängt, daß diese kommunistischen Schriftsteller von der kommunistischen Gesellschaft gleichsam hingerichtet werden:

> Bitternis, Zermürbung, Scheitern waren die Prozeduren der Exekution. Die Wechselbehandlung mit Kulturkampf und Kompromiß, die sie von Selbstbezichtigung in Empörung und von Empörung in Selbstbezichtigung trieb, mag sie dabei so abgenutzt haben wie die inneren und äußeren Schwierigkeiten jedweden Werkes.[11]

Ein genauerer Blick auf die eindrucksvolle Namenliste zeigt, daß sich darunter besonders viele Namen von Autoren finden, die schon ein Exil aus Hitlerdeutschland hinter sich hatten, ehe sie aus dem Regen in die Traufe und in einen neuen Totalitarismus gerieten. Dies mag wesentlich dazu beigetragen haben, alle Hoffnung zu verlieren, innerlich völlig aufzugeben und zu sterben. Sollte sich diese Situation in den späteren Generationen ändern, dann mag es sich um eine besondere Verknüpfung einmaliger geschichtlicher Umstände handeln und einen Sonderfall der inneren Emigration.

Was die Lage der inneren Emigration betrifft, so überwiegen grundsätzlich ebenso die Gemeinsamkeiten. Dennoch gibt es einzelne Unterschiede, die sogar bedeutender sind als jene der Exilliteratur.

Erstens bedeutet die innere Emigration viel öfter als in Hitlerdeutschland den ersten Schritt in die Richtung des Exils als zweiten Schritt, der folgerichtig früher oder später nachvollzogen wird. Dies war zumal durch den Krieg in Hitlerdeutschland unmöglich.

Zweitens ist es den ostdeutschen Autoren der inneren Emigration in weitaus höherem Maße möglich, Bücher, die in Ostdeutschland nicht gedruckt werden durften, im westlichen Ausland zu veröffent-

153

lichen. Auch hier ist die größere Beschränkung der Autoren der inneren Emigration in Hitlerdeutschland wohl hauptsächlich durch die Kriegsereignisse bedingt.

Drittens beziehen die Autoren der ostdeutschen inneren Emigration ähnlich denen Hitlerdeutschlands oft eine recht kritische Haltung gegenüber der eigenen Literatur des Exils wie der freien Welt — man denke nur an die Auseinandersetzung zwischen Frank Thiess und Thomas Mann — doch geschieht es auch hier immer wieder, daß ostdeutsche Autoren der inneren Emigration von Stefan Heym bis Rolf Schneider ärger gegen den Westen toben, als dies vergleichsweise in Hitlerdeutschland der Fall war. Es mag durchaus sein, daß der noch größere Druck in Ostdeutschland die noch größere Aggression nach allen Seiten hin erzeugt.

Ansonsten sind die Bilder der verschiedenen Formen des Totalitarismus spiegelgleich. Es paßt durchaus in den Rahmen, daß derselbe Stefan Heym, der beim Arbeiteraufstand des Jahres 1953 in Ost-Berlin nicht laut genug nach der Polizei rufen konnte, trotz aller Kommunismusgläubigkeit zunächst vor der Tatsache stand, daß drei seiner Romane verboten wurden, und daß er wieder einige Jahre später das Bild eines vollentwickelten Opfers und Märtyrers der inneren Emigration bildete.

Diese innere Emigration verfügt über alle üblichen Facetten des Dahinvegetierens einer Literatur in einem Gewaltstaat, deren Vertreter den entscheidenden Schritt ins Exil nicht tun können oder noch nicht getan haben. Da gibt es Werke von bekannten Autoren, die durch Andeutungen, versteckte Hinweise, oft aber auch offene Ausfälle gegen das Regime im Rahmen des Möglichen ihr Bestes für relative Freiheit und Unabhängigkeit der Literatur leisten. Volker Brauns „Unvollendete Geschichte"[12] etwa oder Werner Heiduczeks Roman *Tod am Meer*[13] sind Beispiele dafür. Daneben gibt es Autoren, deren Werke zwar erscheinen können, aber bald darauf, zumal nach der ersten Auflage, verboten werden. Martin Stades Roman *Der König und sein Narr*[14] und Erich Loests Roman *Es geht seinen Gang oder Mühen in unserer Ebene*[15] sind Beispiele dafür. Aber auch diejenigen Werke gibt es, die nur im Ausland erscheinen können, wie etwa Klaus Poches Roman *Atemnot*[16] oder Carl-Jacob Danzigers

154

Buch *Die Partei hat immer recht.*[17] Auch junge Autoren, die hüben wie drüben unbekannt sind, gibt es, und deren Arbeiten nur im Ausland erscheinen können, wenn sie ein Etablierter, wie etwa Stefan Heym, der sich schließlich zum inneren Emigranten gemausert hat, ans Licht zieht.[18] Peter Gruber und Bernd Wagner mögen als Beispiele dafür stehen.

Es gibt die reine Untergrundliteratur von Autoren, deren Arbeiten nur in maschinengeschriebenen Abschriften zirkulieren können, wie die Arbeiten von Wolfgang Hilbig und Ursula Grosse.[19] Es gibt die Autoren, deren Manuskripte unveröffentlicht bleiben müssen, wie Werner Bräunings Roman *Der Eiserne Vorhang.*[20] Und es gab und gibt die Autoren im Gefängnis, von Horst Bienek, der vier Wochen in einer Todeszelle des Gefängnisses in Berlin-Lichtenberg saß bis zu Erich Loests siebenjähriger Zuchthausstrafe in Bautzen und von Martin Pohl bis Frank Schöne, deren Weg nach der Freilassung aus dem Gefängnis sofort ins Exil führte.

Manches Mal zieht sich indessen der Weg ins Exil durch einen schier endlosen Tunnel von Schrecken, Erniedrigung, Unterdrückung und Leid. Um nur ein einziges Beispiel beliebig herauszugreifen: Reiner Kunze.

Er studierte in Ostdeutschland, wurde Assistent an der Universität Leipzig und begann die Methoden der ideologischen Indoktrination zu durchschauen, mit denen er getäuscht und belogen worden war. Der naive Idealist, der sechzehnjährig der Partei beigetreten war, begann zunehmend skeptisch und gleichzeitig damit zunehmend ein Opfer politischer Treibjagd zu werden. Kurz vor der Promotion von der Universität verwiesen, wurde er gezwungen, in der Landwirtschaft und als Hilfsarbeiter im Schwermaschinenbau zu arbeiten. Der Prager Reformkommunismus versprach Lockerung: er übersetzte tschechische Dichtung, er heiratete eine Tschechin, er machte seine Begegnungen mit Überlieferungen und Menschen der Tschechoslowakei zum Thema seiner Gedichte. Als russische und ostdeutsche Truppen die Tschechoslowakei besetzten, trat er im Protest aus der Partei aus. Je mehr er seinem eigensten künstlerischen Instinkt folgt, sich tschechischer Musik, dem Märchen, dem Volkslied zuwendet, desto härter wird der Gegensatz zur Umwelt. Der „Horizont aus Schlagbäumen", den er um sich erblickt, das Auffahren „wenn es klingelt", das er als Schrecken in sich sitzen fühlt, führen zur Rückbesinnung auf das Ich und zu erstarkendem inneren Widerstand. Der Miniaturenband *Die wunderbaren Jahre*[21], der nur in der Bundesrepublik erschien, brachte die Katastrophe ins Rollen. Er wurde aus dem Schriftstellerverband ausgeschlossen, was fast gleichbedeutend mit dem Entzug seiner Existenzberechtigung als Schriftsteller war. Ein Verleumdungsfeldzug und eine Hexenjagd gegen den „Staatsfeind" setzten ein. Es blieb im Grunde nur noch die Freiheit des Exils, wollte er als Autor nicht für immer verstummen.

Noch in der geistigen Sklaverei schrieb er einen kleinen Band „Fast Märchen, fast Geschichten..." *Der Löwe Leopold.*[22] Der in Ostdeutschland bereits ausgedruckte Band wurde nicht mehr ausgeliefert. Er war nur im Westen erschienen. Die Geschichte vom Löwen Leopold, für Kunzes kleine Tochter Marcela geschrieben, berichtet von einem Spielzeuglöwen, der sein Brettchen mit Rädern verliert, zu gehen beginnt, gefüttert wird, zu einem Riesentier anwächst und ein glückliches Ende in einem Zirkus findet, in dem er Kindern Freude bereitet. Die Menschen, die Leopold sehen, lachen und wer lacht, verliert nicht so leicht den Mut.

> Eine von Leopolds berühmtesten Nummern aber war: Er steht im großen Manegenkäfig, und der Dompteur knallt mit der Peitsche und befiehl ihm, sich auf den Hintertatzen aufzurichten. Leopold schüttelt den Kopf. Der Dompteur knallt mit der Peitsche und befiehlt ihm, sich auf den Schemel zu setzen. Leopold schüttelt den Kopf. Der Dompteur knallt mit der Peitsche und befiehlt ihm, durch den Reifen zu springen. Leopold schüttelt den Kopf. Der Dompteur läßt die Peitsche aus dem Käfig schaffen und das Spiel beginnt von vorn: Er befiehlt, und Leopold schüttelt den Kopf. Der Dompteur läßt die Käfiggitter aus der Manege schaffen, und das Spiel beginnt zum dritten Mal: Er befiehlt, und Leopold schüttelt den Kopf. Der Dompteur geht zu ihm, um ihn zu streicheln. Doch Leopold läuft ihm unter den Händen weg. Zornig stampft der Dompteur mit dem Fuß und verläßt selbst die Manege. „Hallo, Leopold, mein Freund!" ruft in diesem Augenblick der Clown Pepo, stolpert über den Laufsteg und umarmt Leopold. „Wollen wir Zirkus spielen?" Da richtet sich Leopold auf den Hintertatzen auf, setzt sich auf den Schemel, springt durch den Reifen und – lacht.

Was in der DDR an offiziell Anerkanntem und Fördernswertem verblieb, waren die schwer erträglichen Schinken der ostdeutschen Großschriftsteller von Bruno Apitz bis Erwin Strittmatter, von der künstlich hochgepäppelten Funktionärsliteratur eines Hermann Kant ganz zu schweigen. Welche Schrumpfliteratur, welch armseliger Rest ohne all die Werke der Exilautoren und ohne den Löwen Leopold.

Anmerkungen

1 Theodor Plievier: *Stalingrad*, Berlin 1945.
2 Harry Wilde: *Theodor Plievier*, München-Wien-Basel 1965, S. 437.
3 Zitat nach: Hans-Dietrich Sander: *Geschichte der Schönen Literatur in der DDR*, Freiburg im Breisgau 1972, S. 99.
4 Max Frisch: *Tagebuch 1946-1949*, Frankfurt 1950, S. 288.
5 Vgl. Martin Esslin: *Brecht*, Frankfurt am Main-Bonn 1962, S. 149-50.
6 Uwe Johnson: *Mutmaßungen über Jakob*, Frankfurt am Main 1959.
7 Uwe Johnson: *Das dritte Buch über Achim*, Frankfurt am Main 1961.
8 Hans-Dietrich Sander, op. cit., S. 331-32.
9 Vgl. Jörg Bernhard Bilke: ,,Heimatlosigkeit als Schicksal. Der SED Staat verliert seine Dichter." In: Gerd-Klaus Kaltenbrunner (Hg.): *Noch gibt es Dichter*, München 1979, S. 95.
10 Hans-Dieter Sander, op. cit., S. 334.
11 Hans-Dieter Sander, op. cit., S. 287.
12 Volker Braun: ,,Unvollendete Geschichte." In: *Sinn und Form*, Heft 5, 1975.
13 Werner Heiduczek: *Tod am Meer*, Halle (Saale) 1977.
14 Martin Stade: *Der König und sein Narr*, Berlin 1975.
15 Erich Loest: *Es geht seinen Gang oder Mühen in unserer Ebene*, Halle/Leipzig 1977.
16 Klaus Poche: *Atemnot*, Freiburg 1978.
17 Carl-Jacob Danziger: *Die Partei hat immer recht*, Düsseldorf 1976.
18 Stefan Heym (Hg.): *Auskunft*, München/Wien 1974.
19 Vgl. den ,,offenen Brief" von Bernd Jentzsch an Erich Honecker im *Berner Bund* vom 24.11.1976.
20 Vgl. Jörg Bernhard Bilke, op. cit., S. 93;
21 Reiner Kunze: *Die wunderbaren Jahre*, Frankfurt am Main 1976.
22 Reiner Kunze: *Der Löwe Leopold*, Frankfurt am Main 1970. Das später folgende Zitat auf den Seiten 26 und 27.

III.
ASPEKTE DER KRITIK

Zum Werk eines vor dem Exil gerade noch etablierten Autors: Hermann Broch

Hermann Broch war einer jener Autoren, die wenigstens von einem kleinen Kreis von Kennern in ihrer Bedeutung durch seine *Schlafwandler*-Trilogie anerkannt waren, ehe er noch ins Exil ging. Er war keineswegs völlig „arriviert" wie etwa Thomas Mann, Franz Werfel oder Stefan Zweig es zu jener Zeit waren und hatte darum nicht nur einen viel schwierigeren Stand im Exil wie nach dem Exil, sondern hatte darum auch mit ganz anderen äußeren Nöten im Exil zu kämpfen als die längst berühmten Autoren, die ihre Verlage in den Gastländern bereits vorfanden, welche längst ihr Werk in Übersetzungen gebracht und ein entsprechendes Publikum geschaffen hatten. Ja solche feststehende Arriviertheit hatte eine noch viel größere Reichweite als bis in die Gastländer, sie reichte über das Exil der Kriegsjahre im engeren Sinn noch hinaus bis in die Jahre nach dem Zweiten Weltkrieg hinein und in die Chancen der Neuverwurzelung im literarischen Nachkriegsleben. Mochten Zweigs Auflagen durch seinen Freitod zurückgegangen sein, daß es der *Doktor Faustus* war und nicht *Der Tod des Vergil*, der gleichsam das repräsentative Werk des Exils wurde, hängt zumindest neben anderen Gründen auch mit der Tatsache zusammen, daß Thomas Mann sofort mit seinem großen, allgemein bekannten Namen in die Schaufenster der Buchhandlungen zurückkehrte, während Hermann Broch sich diesen Namen erst machen mußte. Denn selbst der kleine Kreis von Kennern und Bewunderern aus der Zeit vor dem Exil war auf nahezu Null zusammengeschmolzen.

Eine einzige Ausnahme hat es allerdings gegeben, denn es war Hermann Broch, der als erster und noch vor Thomas Mann eingeladen wurde, Mitglied der nach dem Krieg gegründeten Deutschen Akademie für Sprache und Dichtung in Darmstadt zu werden. Obwohl ihm von Thomas Mann keineswegs immer die verdiente Anerkennung entgegengebracht worden war[1], die jener sehr viel geringeren

Autoren gerne und freizügig spendete, nahm er die Einladung nur unter der Bedingung an, daß Thomas Mann vor ihm eingeladen und aufgenommen würde.

Was Erfolg und Verbreitung, ja überhaupt die Rezeption von Werken der Exilliteratur nach Ende des Krieges betrifft, so spielten auch eine ganze Reihe von anderen Gründen hier eine Rolle mit. Der im Exil weitgehend erfolglose Bertolt Brecht, der die eine Diktatur nur bekämpft hatte, um eine andere vorbereiten zu helfen, zog sich in eine befestigte Theater-Position in dieser neuen Diktatur zurück, um von hier aus durch einen besonders geschäftstüchtigen und einflußreichen westdeutschen Verlag, verbunden mit einem weitausgreifenden Apparat von parteigebundenen oder zumindest ideologienahen Kritikern und Gefolgsleuten, einen gewaltigen Ruhm aufzubauen, wie ihn zumal eine Reihe seiner Stücke gewiß nicht verdienen.

Aber selbst ein Thomas Mann, weit davon entfernt, ein solches Heer ideologisch organisierter Gefolgsleute hinter sich zu haben, und gelegentlich die beiden Formen der rechten wie der linken Diktatur als die „feindlichen Brüder" apostrophierend, fand es aus welchen Motivationen immer heraus fallweise angezeigt, sich mit den östlichen Machthabern in friedlicher, wenn nicht verbindlicher Weise zu arrangieren. Als er etwa einmal, in die Richtung jener östlichen Diktatur hin Reverenz erweisend, im ostdeutschen *Börsenblatt für den deutschen Buchhandel* den Wunsch ausgedrückt hatte, daß seine Bücher auch in der Sowjetzone gelesen werden mögen, sowie die Meinung, daß ein vereinigtes Deutschland einem künstlich geteilten vorzuziehen sei, da schrieb ein Kritiker und anderer ehemaliger Exilautor erbittert:

Wunsch wie Meinung sind von einer geradezu lapidaren Unwidersprechlichkeit. Es wäre nur viel schöner gewesen, wenn er sie beide diesseits der Zonengrenze geäußert und solcherart jenseits Verlegenheit hervorgerufen hätte, statt umgekehrt. Denn unter ostzonalem Impressum die Zerreißung Deutschlands zu beklagen, ist ebenso unschicklich, wie im Hause des Henkers vom Strick zu reden, und läßt die vom Strick bedrohten nur desto schmerzlicher den Umstand gewahr werden, daß Thomas Mann seine Bücher in einer Gegend vertrieben sehen will, aus der Gide und Rilke und Kafka vertrieben wurden.[2]

Hermann Broch wandte sich jedoch alsbald nach dem Zusammenbruch Hitlerdeutschlands konsequent und ohne Ausnahme der neuen Pestbekämpfung einer womöglich noch gefährlicheren Diktatur zu. Durch Krankheit an der persönlichen Teilnahme verhindert, sandte er an den ersten antikommunistischen „Kongreß für kulturelle Freiheit" sein denkwürdiges Telegramm und in einem Briefentwurf an Bodo Uhse schrieb er 1950 die heute bezüglich sowjetischer Wünsche schon prophetisch wirkenden Zeilen:

> Die Sowjet-Union ist ein nicht-saturierter Staat, und ebendarum geht es in der Pax Moskowita. In seiner ungeheuren Ausdehnung ist Rußland natürlich autark, aber seine ebenso ungeheuer ausgedehnten Grenzen sind alles andere als strategisch ideal: die geforderte strategische Insular-Position — und im Zeitalter der Atom- und Hydrogenbomben wird das zu einer strategisch geradezu verzweifelten Forderung — wird erst erreicht sein, wenn der ganze eurasische Kontinent zuzüglich des Mittelmeerbeckens zur russischen Einflußzone gemacht ist.[3]

Er hat sich keiner Illusion hingegeben, weshalb der „Professions-Humanist", der mit Schlagworten operiert, keine echte Lösung darstellt. Er wußte, daß an Stelle dessen, was dieser Humanist beklagt — zum Bekämpfen reicht es nicht einmal — eine politisch mögliche Konstruktion zu setzen sei. Daß man die Härte der Politik zu erkennen und anzuerkennen hätte und auch die Wirkungsmöglichkeit konstruktiver Gedanken sehen müßte.

Das bedeutet aber nicht mehr und nicht weniger, als daß seine schon mit den *Schlafwandlern* begonnene Zeitanalyse, die zu einer Ausweitung während des Zweiten Weltkrieges im Hinblick auf seine entstehenden Theorien der Massenpsychologie, der Politik und des Humanismus geführt hatten, diese im Grunde metapolitischen Theorien nach dem Krieg unverändert und konsequent weiter angewendet und fortgeführt wurden, wobei es den Gesetzen der inneren Logik entsprach, daß sich die Spitzen nunmehr gegen den Kommunismus richteten.

Aus demselben Grund, aus dem er von einer tiefer reichenden und weiter reichenden und weiter vorausweisenden Aktualität ist als die meisten anderen deutschsprachigen Autoren, hat Hermann Broch aber dadurch nach seinem Tod in zunehmender Weise Vorwürfe der Vorläuferschaft des Faschismus, ja des Faschismus selbst einstecken müssen, was seiner Verbreitung nicht immer sehr gedient hat. Er war — und dies schon vor seinem Schritt ins Exil — anerkannt genug, um ein großer Name zu sein und heute zum Kanon der „Klassischen Moderne" zu gehören. Es ist aber fraglich, ob er es geschafft hätte, wären auch *Die Schlafwandler* erst im Exil entstanden.

Mit dieser Trilogie hatte er ein Werk geschaffen, das, als er 1938 seine österreichische Heimat verließ, an Universalität wie an Tiefenschärfe und Vielschichtigkeit eine Zeitanalyse, und damit theoretisch die Voraussetzung zur Therapie lieferte, die zum Besten gehört, was nicht nur die deutsche Literatur bis dahin hervorgebracht hatte.

Im Exil nun schrieb Broch nicht nur die endgültige Fassung des *Versucher* der *Schuldlosen* und des *Vergil*, sondern wandte sich streckenweise ganz von der dichterischen Produktion ab und politischen und massenpsychologischen Studien zu. Wieder bietet sich der Vergleich mit Bert Brecht und Thomas Mann an. Aus tief empfundenen und wohlbegründetem Engagement heraus hatte Brecht schon vor seiner Flucht aus Deutschland eine antipoetische Dichtungstheorie entwickelt, welche seine Stücke zu politischen Lektionen und Pamphleten unter Anwendung lediglich äußerer Techniken literarischer Formen machen sollten. Es war die dichterische Persönlichkeit Brechts, die so manche jener Stücke seinen Intentionen und Theorien entgegen tatsächlich zu bedeutenden Dichtungen und ihn selbst zu einem Dichter wider Willen werden ließen, ein Titel, den man Broch mit viel weniger Recht zu geben versucht hat. Nach seiner Emigration traten jedoch im Falle Brechts rein politische Aktivitäten oft so in den Vordergrund, daß sie alles andere verdrängten: Emigrantentreffen und politische Reden, die mit falschem Titelblatt nach Deutschland eingeschmuggelte Schrift „Fünf Schwierigkeiten beim Schreiben der Wahrheit", die für deutsche Freiheitssender verfaßten Satiren, die Aufsätze und politischen Kampfansagen in Gedichtform, die er für Exilzeitschriften schrieb, dies alles führte sogar zu einer vorübergehenden Kluft zwischen Theorie und Praxis des Theaters bei ihm und später geradezu zu einer neuen Theater-Theorie, dem

Fragment gebliebenen „Messingkauf", der die politischen Ambitionen und Ansprüche im Grunde weiter treibt als bisher.

Auch Thomas Mann hatte angesichts der drohenden Entwicklung bereits 1930 mit seiner „Deutschen Ansprache" im Berliner Beethovensaal einen „Appell an die Vernunft" der Deutschen gerichtet[4], einen Appell jedoch, der zur Folge hatte, daß er auf Grund einer von SA-Männern inszenierten Demonstration nach Schluß seiner Rede den Saal durch heimliche Gänge fluchtartig verlassen mußte. Nach einigen Jahren großbürgerlicher Zurückhaltung erkannte er die Unausweichlichkeit aktiven Eingreifens und sein Verantwortungsgefühl machte ihn nicht nur zum praktischen Helfer, Fürsprecher und Organisator der deutschsprachigen Exilliteratur, sondern er verwendete auch mehr Zeit denn je zuvor auf politisches und kulturpolitisches Engagement und dies bedeutete in seinem Fall vor allem auf Reden: für eine Unzahl von Menschen diesseits wie jenseits der Grenzen Hitlerdeutschlands bedeuteten Thomas Manns Rundfunkreden damals jenen Funken Hoffnung, Trost und Zuversicht, ohne die sie mitunter völliger Verzweiflung anheimgefallen wären.

Auch Hermann Broch fühlte sich durch die Ereignisse dazu getrieben, politische Aufsätze und selbst Resolutionen zu verfassen, wie etwa jenen bereits 1936 verfaßten „Aufruf an einen nichtexistenten Völkerbund".[5] Aber je länger je mehr wandte er sich nicht nur von der Dichtung, sondern auch von solchen direkten Beeinflussungsversuchen der Öffentlichkeit ab und dem systematischen Studium der inneren Zusammenhänge zu, die hinter den verhängnisvollen Ereignissen der Zeitkatastrophe standen. Seine neue Grundlegung des Menschenrechtsbegriffes als zentrales Anliegen einer Theorie der Politik und seine massenpsychologischen Studien gehören hier genannt. Es bedürfte eines eigenen Beitrages, nein einiger Beiträge, um auch nur die wichtigsten Eigenheiten und Verdienste dieser Arbeiten sichtbar zu machen. Hier genüge es, sie allgemein mit den Bestrebungen von Bert Brecht und Thomas Mann zu vergleichen. Gewiß waren Brechts Bestrebungen von einer grundsätzlich ideologiegläubigen marxistischen Haltung bestimmt, die in zweidimensionaler Flachheit Diagnose wie Therapievorschlag auf rein äußerliche, materielle, ökonomische und soziale Verhältnisse beschränkten, während Thomas

Manns Reden ganz in der ebenso großen wie wenig breiten Tradition eines bürgerlichen deutschen Humanismus standen. Sowohl Brecht wie Mann wandten sich jedoch direkt an die Massen, in der Absicht, auf sie in tagesaktueller Weise praktisch einzuwirken, in der Absicht, eine symptomatische Heilung herbeizuführen und nicht in der Absicht, das Übel von Grund aus zu erfassen und zu überwinden. Die dialektischen Spiegelfechtereien Brechts sollten darüber nicht hinwegtäuschen, daß er an einem mechanistischen Modell von hoffnungsloser Oberflächlichkeit arbeitete.

Broch dagegen ging es nicht um die äußeren Symptome, sondern um die Ätiologie. Er wandte sich nicht direkt an die Massen, sondern er wandte sich von der Auseinandersetzung an der aktuellen Tagesfront ab und der Generalstabsanalyse zu, der allgemeinen Theorie zu, der breit angelegten, wissenschaftlich gründlichen Erforschung des Gesamtphänomens zu, um die Wurzeln des Zeitübels zu erfassen, und es bei ihnen packen zu können.

Als sein Verleger ihn einmal drängte, die massenpsychologischen und politologischen Studien abzubrechen, um seinem innersten Drang, jenem seines Dichtertums zu folgen, da berief sich Broch auf persönliche, soziale Notwendigkeiten, berief er sich darauf, daß diese Studien ihm eine Art Professur einbringen und eine Existenzbasis schaffen sollten, aber tatsächlich stand hinter jener Arbeit ein geradezu „metaphysisch-irrationaler Zwang, der mit irgendwelchen Vorstellungen vom Seelenheil zusammenhängt.“[6]

Gewiß hat einer der Broch-Herausgeber recht, wenn er behauptet, daß es Hermann Broch als „Massenpsychologen und Politologen in einer glücklicheren Epoche“ gar nicht gegeben hätte, daß ihn vielmehr die Zeitkatastrophe und das Exil erst dazu gezwungen hätten.[7] Aber dieser Zwang, die letzten Einsichten in das Funktionieren des modernen Massenwahns und Totalitarismus zu gewinnen, die äußersten und weitestreichenden Zusammenhänge zwischen Geschichtsgesetz und Willensfreiheit zu enthüllen, dieser Zwang trieb ihn trotz der theoretischen Unabgeschlossenheit dieser Arbeiten zu einer Zeitdiagnose von solcher Tiefe, daß sich seine Romane ohne diese Voraussetzung nicht nur nicht wirklich verstehen lassen, sondern daß sie ganz anders ausgefallen wären.

Wesentliche Ansätze einer Gesamtschau der Zeit waren schon vor Brochs Exil in die *Schlafwandler*-Trilogie eingegangen und waren bereits in die beiden ersten Fassungen des *Versucher* übernommen worden. Jetzt aber, im Exil, stellen jene massenpsychologischen und politologischen Studien und Einsichten eine der unabdingbaren Voraussetzungen dar, um der dritten Fassung des *Versucher*, dem zusammengefaßten Ganzen der *Schuldlosen* und vor allem der endgültigen Version des Romans *Der Tod des Vergil* gerecht werden zu können.

Den direktesten Ausdruck fanden Brochs Ideen zur Zeitdiagnose in der Darstellung jener Kombination spießbürgerlich quasi-idealistischer Vorurteile mit egozentrischem Opportunismus, die zu jener „schuldlosen" Schuldhaftigkeit der vermeintlich *Schuldlosen* geführt haben. Noch immer in direkter Gegenwartsbezogenheit, jedoch auf ein abstraktes Miniaturmodell abstrahiert und reduziert, spielen sie eine Hauptrolle im *Versucher.* Den konzentriertesten und umfassendsten Ausdruck aber fanden sie in der indirekten Darstellung des Vergil-Romans, demonstriert am Beispiel einer parallelen Umbruchszeit vor zweitausend Jahren.

Auch Bert Brecht hat gerade in seiner Exilzeit versucht, dramatische Darstellungen des Zeitgeschehens zu geben. Die Stücke jedoch, in denen er in direkter Weise eine solche zusammenfassende Analyse gibt, *Furcht und Elend des Dritten Reiches, Der unaufhaltsame Aufstieg des Arturo Ui* und *Schweyk im zweiten Weltkrieg* gehören zu seinen schwächsten. Abgesehen davon, daß er in der Exilzeit daneben auch einige seiner besten Dramen schrieb, die indirekt in einzelnen Punkten an das Thema rühren, könnte man ihm wohl auch zugute halten, daß die breitangelegte Zusammenfassung eines solchen Vorwurfs eher eine Sache der Epik als des Theaters und selbst auch des „epischen" Theaters darstellt. Thomas Mann hat dies gezeigt, indem er eine solche Zusammenfassung zur Grundlage des großartigsten Romans machte, den er jemals geschrieben hat, des *Doktor Faustus.* Die zahlreichen und oft besonders ausführlich behandelten musikologischen, historischen, dichtungsgeschichtlichen Details dürfen uns nicht darüber hinwegtäuschen, daß es sich hier um einen Roman handelt, der durch und durch ein Exilwerk darstellt, und daß im

Zentrum neben den autobiographischen Facetten des Exilschrift-
stellers Thomas Mann vor allem die deutsche Hybris steht, wie sie
der große Lübecker Romancier mit all seiner geschichtlichen und
kulturkritischen Umsicht gesehen und eingesehen hat.

Thomas Manns *Doktor Faustus* ist ein sehr deutsches Buch! Deutsch
nicht nur durch den speziellen Brennpunkt, den die deutsche Entwicklung in der allgemeinen Zeitanalyse einnimmt, sondern deutsch
auch in den Mitteln der Darstellung und bei deutsch meine ich hier
natürlich: deutsch im besten Sinn.

Dennoch besteht für mich kein Zweifel, daß Hermann Brochs *Tod
des Vergil* ein Werk darstellt, das in der Konzeption seiner Anlage
umfassender und künstlerisch bedeutender ist als der Roman Thomas Manns.

Es ist wohl überflüssig, hier zu bemerken, daß die umfassendere,
gleichsam mondiale oder zumindest atlantisch-westliche Konzeption
nicht automatisch eine solche literarische Überlegenheit bedingt,
sonst wären etwa Jean Gionos Romane, die alle in einem beschränkten Gebiet der Provence spielen, hoffnungslose Provinzliteratur und
etwa Vicki Baums *Menschen im Hotel* Hochkunstwerke. Nicht die
größere Breite der Anlage, sondern die im vorliegenden Fall zusätz-
lich mit ihr verbundene tiefere Durchdringung der Zusammenhänge
als Grundlage der epischen Komposition ist hier von ausschlagge-
bender Bedeutung.

Die kultur- und geistesgeschichtlichen Implikationen hat Brochs
Verleger Daniel Brody in gleichwohl unterspielt-ironischer Weise
trefflich charakterisiert, als er aus seinem mexikanischen Exil an
Broch schrieb:

> Vergil war ja der Vater der europäischen Kultur (die Mutter war die Syna-
> goge!) und diese Kultur centrierte in ihren Anfängen doch in den griechi-
> schen Gegenden Italiens. Rom war nur das Warenhaus, wo alles aufgesta-
> pelt und ausgeboten wurde. Und wenn auch Vergil nur einer der Chefs der
> Distributionskommission war, die ihre Waren bei den phönizisch-ägyptisch-
> griechischen Manufacturers, wie Plato, Philo und Hermes Trismegistos, be-
> zog, so hat er doch die besten Prospectusse dazu verfaßt und die meisten
> Abnehmer herangezogen.[8]

Aber dies ist nur eine Ebene oder Schicht des Romans; die politisch-kulturkritische Schicht der historischen Parallelen ist eine andere. Wenngleich Broch den direkten Einfluß Amerikas auf seine Dichtung mit Null veranschlagt hat, so maß er doch gerade in politischer Hinsicht dem Einfluß Amerikas auf sein Denken eine bedeutende Rolle bei und mehr noch spielt sein Exildasein in Amerika eine kaum zu überschätzende Rolle für sein politologisches und massenpsychologisches Denken, das teils direkt, teils indirekt in seine Romandichtung eingegangen ist. Dabei ist für Broch einer der Hauptfaktoren, der in der Gegenwart zu Massenwahnbildung und Totalitarismus führt, das gesteigerte Autoritätsbedürfnis des Menschen unserer Zeit, das dadurch entsteht, daß dieser Mensch unserer Zeit die ihn umgebenden Mächte mythisiert und das heißt, daß er im Unterschied zum Menschen der Vorzeit nicht die Mächte der Natur, sondern das Rationale schlechthin mythisiert, wie es ihm in Gestalt der Wissenschaft entgegentritt. Durch völlige Unterordnung unter ihre Autorität hofft er seiner Unsicherheiten ledig zu werden.

Dieses schlagwortlose und ideologiefreie konstruktive Neudurchdenken der gegenwärtigen Lebensverhältnisse und Geistigkeit führt Broch naturgemäß zu der Schlußfolgerung, daß es vor allem der Marxismus war und ist, der all diesen grundlegenden Tatsachen und Wünschen Rechnung trägt: „Infolgedessen hat er sich zur Totalität entwickeln können. Die Faschismen sind im großen und ganzen bloß seine Nachahmung."[9]

Die Faschismen als nationalistische Imitationsformen des Marxismus, das hört sich heute viel selbstverständlicher und einleuchtender an als 1950 und ein Thomas Mann war von solcher Einsicht meilenweit entfernt, von Bert Brecht nicht erst zu reden.

Die neue Konstituierung der individuellen Menschenwürde und des individuellen Menschenrechts durch die Fundierung eines „irdisch Absoluten", der ethische Aufruf zum Widerstand gegen alle Versklavungstendenzen, das Eintreten für eine Radikalität der Mitte, hängen mit dieser Einsicht eng zusammen.

Was die Dichtung Brochs betrifft, so beschränkt sie sich jedoch nicht darauf, in einer bestimmten Schicht jene Ideen inhaltlich zu verwenden, sondern diese Dichtung und ganz besonders *Der Tod des Vergil* ist in seiner Struktur als *ganzes* eine Antwort auf die Herausforderung der Zeit, die Zusammenhänge von Zeitkatastrophe und Dichtung gehen in diesem Fall bis in die Form der Dichtung und das heißt, auf eine kurze Formel gebracht: Den Gefahren des Totalitarismus der Zeit wird die Totalitätsschau des neuen Romans von Broch gegenübergestellt.

Was bedeutet das aber? Es bedeutet neben den bekannten Zügen des Infragestellens der Fabel, des Verlusts des positiven Helden und der Aufhebung der Zeit vor allem die Realisierung eines Stils, den man den neusymbolistischen Stil des musikalisch-lyrisierenden Monologs nennen kann. Das heißt: Die Struktur dieses Romans ist so gestaltet, daß die Aufhebung der Zeit durch die völlige Akzentverschiebung von der Darstellung irgendwelchen Außengeschehens durch Erzählen auf Reflexionen im Inneren des Helden erreicht wird. Ja der ganze Vergil-Roman ist als ein einziger innerer Monolog angelegt. Die Funktion dieses Monologs ist völlig verschieden von jener des Monologs bei Joyce, Proust oder Thomas Mann, wo die Gegensätze von außen und innen, rational und irrational, pointillistisch nebeneinander gestellt werden. Bei Broch hat der Monolog die Funktion eines musikalisch lyrisierenden Selbstkommentars, der einem streng durchkomponierten Aufbauprinzip folgt:

> Beginnend mit der äußersten Realitätsebene wird Schicht um Schicht tiefer gegangen, wobei jede Schicht den Inhalt der vorigen als Material, als lyrisches Material behandelt und nun ihrerseits wieder lyrisch verarbeitet.[10]

Das wieder bedeutet aber: Die scheinbare Gegensätzlichkeit von Rationalität und Irrationalität löst sich in der Realität tieferer Seelenschichten auf und das lyrische oder Lyrisierende allein vermag diese Einheit antinomischer Gegensätze darzustellen. Darum hat Broch diesen Roman geradezu ein „Gedicht" nennen können: besonders deutlich soll hier die Funktion des Unausgesprochenen und Unaussprechlichen gemacht werden, jener „Ausdruck des Zwischenraums", der die Einheit und Totalität erst herzustellen vermag und der im lyrischen Ausdruck am deutlichsten wird.

Darum hat Broch selbst die drei Grundelemente des Stils von seinem Vergil-Roman wie folgt umschrieben:

a) er trachtet in jedem Darstellungsmoment das Kontradiktatorische der Seele zu Einheit zu bringen;
b) er trachtet unaufhörlich, die gesamte (musikalische) Motivenfülle in Bewegung zu erhalten;
c) er trachtet eben hierdurch, die Simultaneität des Geschehens allüberall festzustellen.

Iöchst vereinfacht ausgedrückt, lassen sich diese Prinzipien in einem inzigen zusammenfassen: ein Gedanke, ein Moment, ein Satz.[11]

)ies hat nichts mit absichtsvoll umständlicher oder künstlicher Kontruktion zu tun, sondern dieser Stil wächst aus der formalen Einheit nit dem Inhaltlichen gleichsam natürlich und harmonisch von selbst teraus. Mit anderen Worten: Die Darstellungsmethode entstand aus em dargestellten Gegenstand:

> Gerade in ihrer komplizierten Durchsichtigkeit spiegeln diese Sätze die Luzidität des Fieberkranken, aber in ihrem schwingenden Rhythmus sind sie das getreue Abbild des wogenden Dahinziehens, mit dem der Todesnachen den Sterbenden dahinträgt.[12]

)er Sterbende aber ist nicht irgendjemand Beliebiger, er ist einer der rößten Geister und der größte Dichter seiner Zeit, ist Vergil, und eine Zeit ist genau so wie unsere Zeit eine Zeit der Umbrüche, des Jbergangs, der Gefahren in Totalversklavung und Totalitarismus nterzugehen. In der Totalitätsschau Vergils, die seine Zeit und ihre endenzen ebenso zur Einheit zusammenfaßt wie Leben und Tod als wei Aspekte der einen und gleichen menschlichen Existenz, zeigen ich gleichsam durch Kontrastwirkung die Schwächen des Systemenkens von Augustus in schlagender Deutlichkeit.

Iermann Broch, einer der größten Geister und Dichter unserer Zeit, umindest in deutscher Sprache, er selbst als Exilautor in radikaler 'erdeutlichung ein Beispielsfall der Ausgesetztheit und Gefährdung es Menschen und besonders des geistigen Menschen, hatte eine xemplarische Kulturtat gesetzt, die den Tendenzen des Totalitarisius, der das Unendliche und Absolute auf Endliches reduzieren ill, eine echte Totalitätsschau entgegengesetzt, die das Unendliche lbst im Endlichen sichtbar macht. Er stellt nicht nur den Menschen seiner Ganzheit dar, und das heißt den gesamten Umfang seiner

Erlebnismöglichkeiten „angefangen von den physischen und gefühls
mäßigen bis hinauf zu den moralischen und metaphysischen", son
dern er zeigt vor allem auch wie das Menschliche, das Absolute un
verbrüchlich dem Ich eingesenkt ist:

> Und mag der Mensch noch so sehr in Unsicherheit und Haltlosigkeit ver
> sinken, gleichgültig gegen sich wie gegen den Nebenmenschen und infolge
> dessen schuldig, es bleibt — solange er imstande ist Ich zu sagen — das in
> ihm wesende Absolutheitsfünklein flammbereit und wiederanfachbar, au
> daß er, und sei's auf einer Robinson-Insel, mit seinem Ich auch das Neben
> Ich wiederfinde: solcherart, von Anfachung und Wieder-Anfachung bewegt
> geschieht die Läuterung, und das Kunstwerk — nicht jedes, wohl aber jede
> totalitäts-angenäherte ... — besitzt diese Anfachungskraft.[13]

Der Roman als Fiktion und das heißt als eine von der Phantasie ge
schaffene Erzählung stellt ebenso wie die Erzählungen des Mythos
eine Urfunktion der Menschheit dar. Henri Bergson hat die Zusam
menhänge dieser Funktion auf biologischer Grundlage zu deuten
unternommen. Nach ihm steigt das Leben auf verschiedenen Wegen
von denen manche auch Irrwege sein können, zu immer höheren
Formen auf, bis schließlich beim Menschen ein Bewußtsein verwirk
licht wird, das durch seine Intelligenz ihm innerhalb eines gewissen
Rahmens Initiative, Unabhängigkeit und Freiheit gewährt. Auf tie
feren Stufen hält die Natur das Geheimnis des Instinkts bereit, um
Gefährdungen des Lebens zu überwinden. Der Mensch, in der Sphäre
der Intelligenz mehr gefährdet als in der Sphäre des Lebens, ha
darum die fiktionsbildende Funktion (fonction fabulatrice) ent
wickelt, die sich aus einem Residuum von höherem Instinkt nährt
Da die Intelligenz nicht auf die Wirklichkeit, sondern auf Wahr
nehmungsbilder reagiert, schafft der Mensch sich „imaginäre Wahr
nehmungen", Geister, Götter, Mythen, Fiktionen in Form große
Erzählungen, die eine Lebensnotwendigkeit des Menschen darstel
len, eine Lebensnotwendigkeit, die zum Zweck der Lebenserhaltung
bei Bergson biologisch motiviert ist. Nun hat Max Scheler darau
hingewiesen, daß Einrichtungen der menschlichen Natur, die ur
sprünglich rein biologischen Zwecken dienten, im Verlauf der Ent
wicklung auch zu außerbiologischen und überbiologischen Zielen
führen.

Die Erinnerung an diese Zusammenhänge erscheint wichtig, weil sich von hier aus die überragende Bedeutung des Exilautors Hermann Broch erhellen läßt, wobei die Herausforderungen gerade des Exils ihn zu solch außerordentlichen Leistungen angespornt haben mögen. Den jahrtausendelangen, aus tiefer innerer Notwendigkeit erwachsenen Anstrengungen der menschlichen Phantasie und Imaginationskraft, oder um mit Bergson zu reden „Fabulierfunktion" und Mythen, auch in Form von Fiktionen und Erzählungen der Bedrohung durch die Natur entgegenzustellen, wird hier durch Hermann Broch ein Gegenmythos gegenübergestellt. Denn die höchste Bedrohung kommt nun nicht mehr von Seiten der Natur, sondern von Seiten der Technisierung, der ihrerseits mythisierten Rationalität der Wissenschaften, die zur Wissenschaftsgläubigkeit gesteigert die bedrohliche Autoritätsbedürftigkeit des Menschen und damit seine Neigung zur Flucht vor der Freiheit und in einen Totalitarismus gleichviel ob kommunistischer oder faschistischer Provenienz, hervorrufen und denen durch neue Formen der menschlichen Fabulierfunktion begegnet werden muß. Gewiß, diese Entwicklung eines Gegenmythos hat bereits eine längere Vorgeschichte und hat zu so genialen Gipfelleistungen wie denen etwa eines Franz Kafka oder Albert Camus geführt.

Hermann Brochs Exilroman *Der Tod des Vergil* stellt jedoch im Zusammenhang dieser Entwicklung einen nicht abzuleugnenden Höhepunkt dar, geschrieben in einer Zeit, in der die eine Form des modernen Totalitarismus gerade erst überwunden wurde als eine noch größere und gewaltigere bereits heraufdämmerte.

Hermann Broch selbst aber, der dieses Werk hervorgebracht hatte, war viel zu wissend, wissend nicht nur um die eigene Größe, sondern auch um die ungeheure Begrenztheit seiner Möglichkeiten, als daß er sich einem leichtsinnigen Optimismus hingegeben hätte. Es ist ein Zeichen der Zeit, daß es nicht einfach war, für dieses große Werk einen Verleger zu finden. Broch schrieb in diesem Zusammenhang an seinen alten, gleichfalls ins Exil geflohenen Verleger Daniel Brody nach Mexiko über einen anderen, ebenfalls ins Exil geflohenen Verleger, nämlich Kurt Wolff, der den Roman veröffentlichte:

Ich war ausgesprochen glücklich, Kurt Wolff zu treffen: Du kannst Dir vorstellen, was es geheißen hätte, bei den New Yorkern herumhausieren zu müssen, denn das Verlagswesen ist ja hier eine Industrie, welche ausschließlich auf Massen-Verkäuflichkeit basiert ist, für die also das Buch ausschließlich Ware ist und sich demnach ausschließlich nach der durchgängigen Geschmacks-Mediokrität richten muß; wenn nicht irgend eine Sensation mitspielt, wie z.B. der Nobel-Preis Thomas Manns ... so ist etwas Außergewöhnliches nicht anbringbar...[14]

Hermann Broch war auch viel zu wissend, als daß er die allgemeine Situation im Hinblick auf die totalitaristischen Gefahren optimistisch beurteilt hätte. Er meinte vielmehr, „daß ein Übel (und gar wenn es bereits solche Ausmaße gewonnen hat) erst seine Klimax erreichen muß, ehe es dialektisch umschlägt: was immer ich also mit der Massenpsychologie erreicht haben mag, es ist ... augenblicklich verurteilt wirkungslos zu bleiben..."[15]

Wie wenig aber die Einsichten wie ihr fabulierfunktionaler dichterischer Ausdruck von Hermann Broch gegenwärtig unter einem guten Stern stehen mögen, wie wenig ihren gesellschaftsgeschichtlich wie geistesgeschichtlich gesehen gegenwärtig eine verheißungsvolle Prognose in nächster Zukunft gestellt werden kann: mit ihrer zunehmenden Unpopularität wächst in gleichem Ausmaß ihre innere Notwendigkeit. So lange man sie aber frei und offen darstellen und empfehlen kann, ist überhaupt alle Berechtigung auf Hoffnung vorhanden, auf Hoffnung, daß sich zugleich mit ihrer Verbreitung ihre Botschaft erfüllen könne: die Anfachung des Absolutheitsfünkleins im Menschen

Anmerkungen

1   Vgl. die Reaktion Thomas Manns als Berater des amerikanischen „Book of the Month Club" in Fragen der Aufnahme von Brochs *Schlafwandler*-Trilogie in das Programm des Buch-Klubs und Daniel Brodys Brief an Broch vom 18. Mai 1944.

2   Friedrich Torberg: *PPP. Pamphlete, Parodien, Post Scripta.* München-Wien 1964, S. 79 f.

3   Hermann Broch: *Briefe*, hg. v. Otto Pick, Zürich 1957, S. 429.

4   Man könnte als ersten Schritt Thomas Manns in diese Richtung auch bereits seine Rede vom 15. Oktober 1922 „Von deutscher Republik" be-

trachten, obwohl die Gefahr Hitlers noch nicht so unmittelbar gegeben war.

5 Das Manuskript befindet sich im Broch-Archiv der Beineke Rare Book Library zu Yale. Zum ersten Mal gedruckt wurde die Resolution unter dem Titel „Aufforderung an einen nichtexistenten Völkerbund" in Hermann Brochs *Gedanken zur Politik*, Frankfurt am Main 1970, S. 24-36.

6 Hermann Broch: *Massenpsychologie*, Zürich 1959, S. 8.

7 Wolfgang Rothe im Vorwort zur *Massenpsychologie*, op.cit., S. 11.

8 Hermann Broch-Daniel Brody: *Briefwechsel 1930-1951*, hg. v. Bertold Hack und Marietta Kleiss, Frankfurt am Main 1971, Spalte 770.

9 Hermann Broch: *Briefe*, op.cit., S. 403.

10 Hermann Broch: *Dichten und Erkennen*, Zürich 1955, S. 266.

11 *Dichten und Erkennen*, S. 267.

12 *Dichten und Erkennen*, S. 268.

13 Hermann Broch: *Die Schuldlosen*, Zürich 1954, S. 360 und 365.

14 Hermann Broch-Daniel Brody: *Briefwechsel 1930-1951*, Spalte 794.

15 *Briefe*, S. 403.

Zum Werk eines vor dem Exil fast etablierten Autors:
Friedrich Torberg

Ende Oktober 1940 kam Friedrich Torberg auf dem Dampfer „Excalibur" von den American Export Lines, der letzten Linie, die noch Verkehr mit Europa aufrechterhielt, im Hafen von New Jersey an. Willi Schlamm, der frühere Herausgeber der *Wiener Weltbühne*, Leopold Schwarzschild, der frühere Herausgeber des *Tagebuch* und einige andere Freunde erwarteten ihn am Pier. Ein Vertreter von Warner Brothers — auch Torberg hatte einen jener Ein-Jahres-Verträge einer kalifornischen Filmfirma erhalten — händigte ihm eine Fahrkarte nach Los Angeles und 100 Dollar aus, und nach einwöchigem Aufenthalt in New York, den er vor allem zum Zusammensein mit Franz und Alma Werfel benützte, reist er per Bahn gemeinsam mit Leonhard Frank nach Los Angeles weiter.

Schon der Aufbruch nach den Vereinigten Staaten war bezeichnend genug für Torberg gewesen: obwohl in Schwierigkeiten mit der portugiesischen Polizei und einmal sogar verhaftet[1], war er eifrig dabei zu organisieren und war er es gewesen, der zwischen einigen der übrigen neun „outstanding Anti-Nazi-Writers", die nach Kalifornien sollten, und den nach Portugal entsandten amerikanischen Funktionären Kontakt hergestellt hatte. Und bezeichnend genug war es auch, daß kaum ein anderer Exilautor jener Tage mit einer gleichartigen Kombination von Aktivität und Humor auf die Geschehnisse reagierte, die zugleich keinen arrivierten Schriftsteller so getroffen hatten wie Torberg. Denn die meisten anderen waren als Autoren entweder schon längst anerkannt und ihr bereits bestehender Ruhm war nicht so ohne weiteres zu erschüttern, oder aber sie hatten kaum zu schreiben begonnen und hatten nichts zu verlieren. Torberg war 1938, als die Hitlerarmee in Österreich einmarschierte, als noch nicht dreißigjähriger Autor von vier in mehreren Sprachen übersetzten Romanen gerade daran, den entscheidenden Schritt zum großen Autor zu tun, als er am Schreiben gehindert wurde: gehindert nicht nur von außen, sondern vor allem durch die eigene innere Verpflichtung, aktiv einzugreifen in die Geschehnisse. Dieser Zwiespalt zieht sich durch die ganze Entwicklung Torbergs. Noch Jahrzehnte nach dem Ende des Zweiten Weltkriegs ist er nicht beseitigt, und natürlich war er es auch nicht, als der Freiwillige der tschechischen Exilarmee in Frankreich schließlich im Zug von New York nach Kalifornien saß. Ein Jahr nach seiner Ankunft schrieb er an Alma Mahler-Werfel: „Mir ist... ziemlich leer und schäbig zumute, und ich weiß auch warum: weil ich nun schon seit mehr als zwei Jahren nichts Richtiges mehr gearbeitet habe".[2] Wohl sollte er noch in Kalifornien zum Schreiben kommen. Aber alles in allem standen die vier Jahre seines Aufenthalts in Hollywood unter dem einen Hauptwunsch, so viel Geld verdienen zu können, daß er nach New York gehen und sich wenigstens für längere Zeit in Ruhe dem Schreiben widmen könnte.

Los Angeles hielt allerdings Angenehmes und Anregendes für Torberg bereit, nämlich persönliche Begegnungen mit einer Reihe von Menschen, die er rückblickend „das hervorstechendste Merkmal und das nachhaltigste Erlebnis jener Zeit" genannt hat.[3] Freunde halfen ihm, ein hübsch möbiliertes Häuschen in einem Seitental des Laurel Canyon zu finden[4], das gegen den Berghang gebaut war und eine zum Tal hin völlig aufschiebbare Glaswand besaß.

Eine alte Freundschaft war es, die ihn mit Gina Kaus verband. Schon in den zwanziger Jahren hatte er sie im Wiener Café Herrenhof kennengelernt, hatte einige Jahre mit ihr gemeinsam dem Kreis um Karl Kraus angehört und traf sie nun in Hollywood wieder, wo die ehemalige Romanautorin sich völlig dem Film verschrieb. Eine herzliche Freundschaft verband ihn auch mit Felix Guggenheim, dem früheren Leiter der Deutschen Buchgemeinschaft, der den Verlag der pazifischen Presse in Los Angeles ins Leben rief, in dem auch eine Erzählung Torbergs *Mein ist die Rache* erstmalig erschien. Ferner sind da der Schauspieler und nachmalige Burgtheaterdirektor Ernst Häussermann und nicht zuletzt der Germanist, Werfelübersetzer und Kunstkenner Professor Arlt mit Frau zu nennen. Als Torberg aus tiefster Erbitterung einmal in einem Brief an Alma Mahler-Werfel gegen die Kulturlosigkeit von Los Angeles zu Felde zog, da fühlte er sich verpflichtet, die Arlts besonders auszunehmen, als „wirklich besonders reizende Menschen und legitime Kulturträger."[5]

Eine ganz besondere Rolle unter den Freunden kam der Schauspielerin Gisela Werbezirk zu, von der er rückblickend schrieb, daß durch ihre Komik oft eine so „elementare Tragik" durchbrach, daß „einem das Lachen verging" und „ihr Alter war von Anfang an keine Angelegenheit der Jahre, sondern einer zeitlosen, unendlich weisen Distanz zum Leben: in das sie sich dennoch mitten hineinstellte".[6] Von Kindesbeinen an hatte er diese häßliche und ungeheure Persönlichkeit verehrt und nun in Hollywood saß er ihr „richtig zu Füßen" und entspann sich so etwas wie eine tatsächliche „Mutter-Sohn-Beziehung".[7]

Daneben ist vor allem George (Giury) Marton zu nennen, der frühere Inhaber des gleichnamigen Theaterverlags in Budapest, Wien und Paris, der in Hollywood eine Writers' and Actors' Agency führte, in einigem Abstand von ihm ferner George Froeschel Korngold Vater und Sohn, die Regisseure Lubitsch und Dieterle, Salka Viertel und Fritzi Massary.

Von den Schriftstellerkollegen, die wie Torberg selbst zunächst täglich im Writers Building von Warner Brothers saßen, pflegte er intensiven Verkehr mit Alfred Polgar, den er von Wien her gut kannte und mit Alfred Neumann und dessen Frau, die er erst in Hollywood kennenlernte und zu denen sich bald ein engeres Verhältnis ergab. Er hat beiden später ein schönes Denkmal der Erinnerung gesetzt: den „wunderbar stillen, liebenswerten Menschen" Alfred Neumann hat er dabei sogar in der Umgebung Hollywood gezeichnet, während er Polgar viel allgemeiner vor dem Hintergrund seiner „Liebschaft mit der Sprache" darstellte.[8] Daneben ist seine Beziehung zu Erich Maria Remarque wichtig, der aber Hollywood bald verließ, und ganz besonders zu Franz Werfel, mit dem ihn „bis an sein Lebensende innige Freundschaft verbunden hat."[9]

Auf das engste eingeschlossen in diese Freundschaft war Alma, die nach ihrer Ankunft in Beverly Hills es auch zustande brachte, eine Art „Salon" zu führen und besonders Musiker in ihren Kreis zu ziehen: Schönberg, Strawinsky, Bruno Walter sind nur einige der berühmtesten Namen. Gewiß ging es hier für Torberg nicht nur um freundschaftliche Beziehungen, sondern um gesellschaftlichen Verkehr und allgemeine geistige Anregung. Aber solche gesellschaftliche Zentren waren für die in Los Angeles massiert versammelten deutschsprachigen Autoren, Künstler und Schauspieler, von denen sich viele niemals auch nur an Kalifornien zu assimilieren begannen, von größter Wichtigkeit. Hier fanden sie das, was das südkalifornische Gastland nicht bieten konnte: intellektuelle Anregung von gleich oder doch ähnlich interessierten, die dazu überdies dem gleichen europäischen Kulturboden entstammten.

Diese gesellschaftlichen Zusammenkünfte hatten zwei völlig verschiedene Seiten: wenn sie ad hoc organisierte einmalige Zusammenkünfte wie etwa Geburtstagsfeiern waren, die zudem im Zeichen der Exilarmut und in krassem Widerspruch zu ähnlichen Veranstaltungen Jahre zuvor in Europa standen, dann konnten sie etwas gespenstisches, ja geradezu beängstigendes haben, worin die Isolation und Traurigkeit der Exilsituation deutlicher und bedrückender sichtbar wurde als im Einzelschicksal.

Da aber, wo die finanziellen Verhältnisse eine großzügigere, und vor allem auch kontinuierliche Gastlichkeit erlaubten und wo sich überdies ein bestimmter Kreis herausbildete, dominierten fast ausschließlich die angenehmen, anregenden und bereichernden Seiten. Dies war der Fall bei Alma Mahler-Werfels Salon, dem auch Amerikaner, wie die Arlts, oder längst vor der Zeit des Nazi-Exils in Kalifornien etablierte Europäer wie Ludwig Bemelmans angehörten. Dazu kamen die Korngolds, die Bruno Franks und die erfolgreichen ungarischen Bühnenschriftsteller Fodor und Bus-Fekete.

Ein anderer gesellschaftlicher Mittelpunkt ähnlicher Art war das Haus des Schauspielers Ernst Deutsch. Hier führte in den Abendstunden Frau Anuschka Deutsch „open house", und hier versammelten sich die deutschsprachigen Künstler und Schauspieler mit solcher Ausschließlichkeit, daß das Haus scherzhaft den Beinamen „Festung Europa" erhielt. Und hier bildeten vor allem der Filmregisseur Max Nossak, der Filmschriftsteller Hans Winge, der Schauspieler Ernst Kalser und später auch Walter Slezak eine Art kontinuierliches Zentrum.

Zwei weitere gastliche Zentren, die nicht unähnlich waren, und wo Torberg verkehrte, waren das Haus von Milan und Lisa Reitler und das Haus der ehemaligen Wiener Textilindustriellen Brüder Altmann.

Zu den Festen des Abends standen indessen des Tages Arbeit in ziemlich negativer Diskrepanz. „Da saß man nun also", schrieb Torberg später darüber, „im 'Writers' Building', einem flachen hellgetünchten Bauwerk, in dem die Schriftsteller gehalten wurden und das, von außen, dem Schönbrunner Affenhaus glich, wie ja die ganze Anlage des prächtig bepflanzten Studiogebäudes ein wenig an eine Menagerie gemahnte."[10] Hier muß man, weil man hier sitzen mußte, obwohl man gleichzeitig keine oder doch so gut wie keine Arbeit verrichten durfte.

Die Hollywood-Karriere der hier versammelten deutschsprachigen Exilautoren, sofern überhaupt einer von ihnen Aussicht auf eine solche Karriere haben konnte, war von vornherein durch die Unterzeichnung des Lebensrettungskontraktes von 100 Dollar pro Woche vollständig erledigt. Wegen der geringen Bezahlung bekamen sie nichts zu tun. Denn: „Wer eine so kleine Gage bezieht, der kann — nach den ehernen, millionenschweren Gesetzen der Hollywooder Logik — unmöglich etwas wert sein. Wäre er etwas wert, dann bezöge er ja keine so kleine Gage."[11]

Torberg selbst findet rückblickend, daß diese Einstellung der Filmindustrie keineswegs ganz zu Unrecht bestand, und daß Werfel und Feuchtwanger, die diese Verträge ablehnten, trotz großem Anfangsrisiko das Richtige getan hatten.[12] Die Richtigkeit der Haltung seitens der Produzenten machte indessen das erste Jahr Torbergs in Kalifornien von Mitte November 1940 bis Mitte November 1941 nicht viel angenehmer. Er mußte allmorgendlich im Studio erscheinen, mit einstündiger Mittagspause bis fünf Uhr nachmittags in seinem Büro zur Verfügung stehen und erhielt doch kaum etwas zu arbeiten, obwohl er im Unterschied zu seinen Kollegen als einziger ein passables Englisch sprach und schrieb.

Die amerikanischen Schriftsteller-Kollegen im Studio behandelten die Exil-Autoren mit großer Höflichkeit und Herzlichkeit, luden sie auch häufig zu einem Drink in die Kantine ein und fragten auch manchmal über Europa. Die wirklichen Filmgewaltigen jedoch, die Ex-Europäer nicht ausgeschlossen, hielten sich von jeglichem Verkehr mit dem „100-Dollar-Proletariat" geflissentlich fern.

Wenn aber Torberg rückblickend erklärt, daß er spätestens vom zweiten Tag seines Aufenthaltes in Los Angeles an „nur noch eine Vorstellung von Hollywood-Karriere hatte: genug Geld zu verdienen, um nach New York übersiedeln zu können"[13] , dann liegt der Grund dafür keineswegs in dieser Situation seines ersten Jahres und der damit verbundenen Erfolglosigkeit, sondern hat ganz andere Ursachen.

Schon bevor er noch in Los Angeles ankam, schrieb er von der dreitägigen Schnellzugfahrt quer durch den Kontinent an die Werfels in New York zurück: „Eigentlich will ich Euch nur ganz rasch sagen, daß mir der Abschied von Euch sehr leicht gefallen ist: indem ich selben nämlich nicht als solchen betrachte. Vielmehr hoffe ich, Euch sehr bald in New York zu sehen."[14] Und in einem Brief an Alma heißt es: „Du würdest mir eine königliche Freude machen, wenn Du mir mehr von New York schreiben wolltest..."[15] Eine überaus seltene, wenn nicht die einzige positive Bemerkung über Los Angeles findet sich in einem Brief an Franz Werfel nach New York, um ihn zu veranlassen, doch jetzt, unmittelbar nach dem Eintritt der Vereinigten Staaten in den Krieg, selbst nach Kalifornien zu kommen. Selbst hier aber ist das Lob von Los Angeles ein sehr relatives: „daß" nämlich, „diese gewisse zelluloid-verpackte Weltabgewandtheit, in die man hier hineingezwungen ist, jetzt alle ihre Vorteile erweisen wird, und jedenfalls der Seele, dem Geist und vor allem den Nerven weit besser bekommen wird als der Hexenkessel, zu dem New York jetzt erst recht ausarten muß. Ich gestehe, daß mir in solchen Zeiten die provinzielle Wichtignahme der unbedeutenden Ereignisse lieber ist als die großstädtische Informiertheit über die wichtigen."[16]

Die Werfels übersiedelten indessen nach Kalifornien und Torbergs Drang nach dem Osten änderte sich keineswegs. Ja, nachdem es ihm schließlich gelungen ist, nach New York zu übersiedeln, beginnen seine Briefe, die nun an die Werfels in Kalifornien gerichtet sind, die beiden, und nach dem Tod Franz Werfels Alma allein, zu überreden, doch wenigstens vorübergehend nach New York zu kommen.

Die beiden wirklichen, tiefreichenden und wahrscheinlich einzigen Gründe des Wegstrebens von Los Angeles und Hinstrebens nach New York sind die provinzielle Beschränktheit des Kulturraumes von Los Angeles zu jener Zeit und die Gefahr, die er gerade in der Versuchung eines zu großen Erfolges im Filmgeschäft für seine Schriftstellerlaufbahn erblickte. Denn Torberg war immer wieder fähig, sein innerstes und persönlichstes Anliegen, nämlich jenes des Autors, aufzugeben oder zumindest zeitweilig beiseite zu schieben, wenn er den Eindruck gewann, daß die aktuellen, politischen Tagesereignisse den Dichterberuf als geradezu unverantwortlich erscheinen ließen, aber sein innerstes Anliegen für ein andauerndes gutes Filmgeschäft aufzugeben: dazu war er nicht bereit. Die vorausgesetzte oder wirkliche Notwendigkeit des Engagements ließ Torberg immer wieder die Feder des Romanciers und Lyrikers, sei es mit dem Gewehr, sei es mit dem Kugelschreiber des Journalisten und Kritikers vertauschen, aber sonst auch schon nichts.

Was nun den kulturellen Stand von Los Angeles zu jener Zeit betrifft, so schreibt Torberg beispielsweise über „das vorsichtshalber auf sechs Tage beschränkte Gastspiel der San Francisco Opera", daß er den Eindruck des sogar besten Ensembles der Wiener Oper hatte, „aber so, als wäre es auf einer Tournee in St. Pölten steckengeblieben (und das war es ja auch)".[17] Und halb amüsiert, halb entsetzt schickt er an Alma eine Rosenkavalier-Kritik von eben jenem Gastspiel, die er aus der *Los Angeles Times* ausgeschnitten hatte: die Verfasserin der Kritik, die knapp zuvor den *Chocolate Soldier* von Oscar Straus gesehen hatte, nahm dies zum Anlaß, um nun Johann mit Richard Strauss zu verwechseln. Es gelangen ihr aber noch weitaus schaurigere Dummheitshöhepunkte, so etwa die von Torberg besonders zitierte Stelle: „Hugo von Hofmannsthal schrieb Slapstick und Strauss machte eine wienerische Künstelei daraus."[18]

Aber es ist keineswegs nur der europäische Kulturimport nach Los Angeles, der Torberg Traumata bereitete, sondern der ehemalige Angehörige des Kreises um Karl Kraus litt unter dem Zeitungsenglisch seiner näheren südkalifornischen Umgebung in einer Weise, daß die Verhunzungen der deutschen Sprache durch die *Neue Freie Presse* sich dagegen wie goetheanisch-olympische Wohlgesetztheit ausnahmen. Als ein allerdings besonders extremes Beispiel schnitt er für Franz Werfel aus einer einzigen Nummer des *Daily Variety* elf tatsächlich kaum zu überbietende Überschriften eines fast bis zur Unkenntlichkeit barbarisierten Englisch aus und klebte sie an den linken Rand seines Briefes, von oben bis unten, indem er sie im Brief selbst mehr bitter als heiter kommentierte; er schrieb:

Ich hab Dir den nebenstehenden Albdruck ausgeschnitten und aufgepickt, er entstammt *einer einzigen* Nummer des *Daily Variety*, das sich schon vor Jahren durch den Titel PARA PICKS DOSTY FOR POWER verdient gemacht hat, d.h. die Paramount wählt einen Dostojewsky-Stoff für Tyrone Power, und als man mir das damals erzählte, wollte ich es nicht glauben. Aber es ist − wie alles, was man drüben für die Erfindung mittelmäßiger Reisefeuilletonisten hielt − *es ist wahr*, und ich bitte Dich um Deinen Segen dazu, daß ich mich an diese Sprache nicht akklimatisieren will (WERFEL OKAYS TORBERG NIXING PIX SLANG.)[19]

Was Torbergs Beziehung zur Filmindustrie betrifft, so schrieb er um die Zeit, als sein Ein-Jahres-Vertrag mit Warner Brothers auslief, an Alma:

Was *ich* treibe ist kaum des Berichtens wert, ich habe ein bißchen Angst, ebenso wie zuvor in die Tretmühle der Studio-Arbeit nun in die *noch* schlimmere des 'Free-Lancing' zu geraten, d.h. ins Blaue hinein Geschichten zu erfinden und sich vom geringsten Anzeichen einer 'Chance' verrückt machen zu lassen.[20]

Es dauerte drei weitere Jahre, ehe er seinen Hollywood-Erfolg erzwang. Es war kein Monster-Schinken einer riesigen Produktionsgesellschaft, sondern nur ein sogenannter „Sleeper", den er schaffen geholfen hatte, aber für einen solchen Sleeper war der Erfolg ganz ungewöhnlich und jedenfalls groß genug, daß Torberg einiges Geld verdiente, einige glänzende Hollywood-Angebote bekam, diese ausschlagen, nach New York gehen, und auf Hollywood mit gutem Gewissen und nicht aus Mißerfolgskomplexen heraus schimpfen konnte.

Sleeper nannte man einen sehr billigen, von einer kleinen Produktionsgesellschaft „auf Verdacht" hergestellten Film, der dann bei vorhandenen Erfolgschancen jeweils von einem großen Verlag angekauft wurde oder nicht. Der Film, zu dem Torberg gemeinsam mit

Arthur Ripley, einem Hollywood-Veteran irischer Herkunft, die Story schrieb, während er für das Drehbuch allein verantwortlich zeichnete[21], behandelte eine Exilgeschichte.

Ein tschechischer Pianist spielt in dem von den Nazis bereits okkupierten Prag entgegen ausdrücklichem Verbot eine national-tschechische Musiknummer, wird verhaftet und flüchtet auf die französische Kolonialinsel Guadeloupe. Mit einigen gleichfalls dahin verschlagenen Schicksalsgefährten versucht er nach den Vereinigten Staaten zu gelangen, was nur auf illegale Weise möglich ist. Erfindungsreiche Gangster haben einen illegalen Einreiseweg zur See für Flüchtlinge dieser Art organisiert. Eine Liebesgeschichte und politische Komplikationen gaben dem Ganzen Farbe, Spannung und Leben. Produzent war Rudolf Monter, die Regie führte Arthur Ripley und die beiden Star-Rollen waren auf Francis Lederer als den Pianisten und Sigrid Gurie als seine Geliebte verteilt. Torberg hatte ursprünglich für seine geliebte Werbezirk eine ergiebige Nebenrolle hineingeschrieben. Da sie jedoch einen der beiden Stars an die Wand zu spielen drohte, mußte auf dessen Betreiben hin die ganze Nebenrolle wegfallen und das Drehbuch während der Produktion umgeschrieben werden. Das war um so schwieriger, als der Film aus Kostengründen vorher geprobt und erst nachher geschossen wurde, so daß er in der Rekordzeit von vierzehn Tagen abgedreht werden konnte.

Der Film erhielt den Titel *Voice in the Wind*, wurde von United Artists angekauft, erlebte in einem großen New Yorker Broadway-Kino eine feierliche Premiere und wurde ein wirklicher Erfolg.

Als literaturkritisch erwähnenswerte Filmarbeit Torbergs ist außerdem nur noch eine Filmstory zu nennen, die er unter dem Titel „Zorah Pasha" gemeinsam mit Franz Werfel geschrieben hat. Zorah Pasha war eine historische Figur aus dem Ägypten der Jahrhundertwende. Die Story wurde trotz vorübergehenden großen Interesses zweier Produktionsgesellschaften niemals verkauft[22], woran auch eine von Angela Steward vorgenommene Bearbeitung nichts ändern konnte.

Später, als Torberg Kalifornien längst verlassen hatte und Werfel bereits tot war, verfaßte er auf Wunsch von Alma ein Film-Exposé zu Werfels *Stern der Ungeborenen*, das dann von Hermann Broch erweitert und gleichfalls niemals verkauft wurde.

Wie sehr Torberg auch seine Filmarbeit als Mittel zum Zweck betrachtet haben mag, als reinen Gelderwerb, um sich die Möglichkeit zum Schreiben seines geplanten Romans zu schaffen, so ist das Drehbuch von *Voice in the Wind* für seine innere Haltung wie für seine literarische Überzeugung doch überaus bezeichnend und fügt sich in geradezu typischer Weise in sein übriges literarisches Gesamtschaffen ein. Der Pianist, der sich um die unerhörte Macht der Unterdrücker nicht kümmert und der Smetanas *Moldau* spielt, um sein Publikum in einem doppelten Sinn aufhorchen zu lassen: er ist ein Torberg-Held reinsten Wassers: denn er ist ein einzelner, der sich der Politik und ihrem schicksalbestimmenden Einfluß einerseits nicht entziehen kann, der aber zugleich nicht klein beigibt oder gar aufgibt, sondern der sich und den anderen auch noch unter hoffnungslosen Begleitumständen beweist, daß politische Entscheidungen moralische Entscheidungen sind, vor die der einzelne gestellt wird, und daß er selbst da noch eine Freiheit dieser Entscheidung besitzt, wo alle Freiheit längst untergegangen zu sein scheint.

Entscheidungsfreiheit, ethische Haltung, politisches Engagement, ja Engagement überhaupt, das alles sind bei Torberg keine abstrakten, philosophischen, welterlösenden Ideenskelette, sondern überaus handfeste einfache und persönliche Aufgaben des einzelnen. Und er setzte in die Tat um, was er für richtig hielt, im großen wie im kleinen: nicht nur verließ er die sichere Schweiz, um sich als Freiwilliger der tschechischen Exilarmee in Frankreich anzuschließen, sondern als etwa sein Freund Werfel erkrankte, da war es vor allem er, der dem Dichterfreund wie dessen Gattin beistand. „Nach dem schwersten Anfall Franz Werfels teilte Torberg meine Nachtwachen", berichtet Alma in ihrem Tagebuch. Er kam „jeden Abend, bewaffnet mit einer riesigen Thermosflasche mit starkem, schwarzem Kaffee, den er, mit Kognak gemischt, austrank, um bei Kraft zu bleiben."[23]

Selbst Torbergs Briefwechsel aus der Exilzeit ist bei aller Verschiedenheit – die sich aus seiner Einstellung auf das Wesen der jeweiligen Briefpartner ergab – gemeinsam durch echtes Engagement charakterisiert: im Fall der Briefe an Franz Werfel war es allerdings ein allgemein literarisches, im Fall der Briefe an Alma ein allgemein menschliches Engagement. In den ernsten Briefen an Hermann Broch ging es um Probleme der Theorie des Romans, im heiteren Briefwechsel mit einem gleichfalls in Hollywood lebenden Schauspieler und Regisseur Richard Revy um den Unterschied zwischen „deutsch" und „österreichisch", ein ungewöhnliches Thema mit ernstem Hintergrund in einer Zeit, in der dieses Problem vom Staatspolitischen her völlig ungeklärt war und in der zudem die nach den USA emigrierten österreichischen Sozialisten eine rein „großdeutsche" Haltung einnahmen.[24]

Durch den Druck, einen gewissen Erfolg bei der Filmarbeit zu erreichen, ist Torberg während seiner Jahre in Kalifornien nicht dazugekommen, sehr viel zu schreiben. Was er jedoch hier produziert hat, nimmt in seinem eigenen Schaffen wie im Rahmen der deutschen Exilliteratur einen beachtenswerten Platz ein.

Torbergs literarisches Schaffen jener Zeit ist durch zwei gemeinsame Hauptzüge charakterisiert: durch die völlige Durchdringung von politischem Engagement und durch eine überaus konservative und strenge Form.

Das politische Engagement zunächst war weder ein konstruiertes Anfügen oder Einfügen ideologischer Spruchbänder in seine Dichtungen, noch bedeutete es die Reduktion von deren künstlerischer Substanz auf ein abstraktes Ideologieskelett. Es war vielmehr mit einer ganzen Persönlichkeit und mit seinem Werk zu einer untrennbaren Einheit verschmolzen aus der Erkenntnis heraus, daß in der Umwelt und Zeit einfach „alles politisch ist, also daß es zwar Romane geben kann, die nichts mit der Seefahrt zu tun haben, aber keinen, der nichts mit dem politischen Zustand zu tun hätte".[25]

Wie wenig dies jedoch nicht nur in der Praxis, sondern auch in Torbergs eigener Theorie auf eine Aufgabe des eigentlichen ästhetischen Wesenskerns der Dichtung hinausläuft, hat er wiederholt ausdrücklich unterstrichen, einmal etwa indem er darlegte:

Leider ist es üblich, politische Romane politisch zu werten und leider werden die meisten politischen Romane geradewegs auf solche Wertung hin geschrieben, oder doch unter Bedachtnahme auf sie. Daher die meisten politischen Romane schlecht sind und nur deshalb eine gute Zensur erhalten können, weil sie auch von seiten der Wertschätzer mit einem agitatorischen Plakat verwechselt werden.[26]

Was Torbergs Überzeugung von solcher Auffassung unterscheidet, ist sein Wissen, daß die politische Diskussion im Menschlichen geführt werden muß und daß sie ins Ästhetische sublimiert werden muß, und weil er ein Künstler ist, hat er diese Überzeugung auch in die Praxis umzusetzen verstanden.

Bei dieser Umsetzung ins Praktische hat sich Torberg immer wieder Gestaltungsweisen bedient, die auf eine traditionelle und strenge Form seiner Dichtung hinauslaufen. Für diesen zweiten Zug der Formstrenge gibt es zumindest vier verschiedene Gründe, von denen nicht weniger als drei ebenfalls wieder mit seiner Exilsituation zusammenhängen.

Zunächst einmal entstammt Torberg einer nachexpressionistischen Dichtergeneration neuer Sachlichkeit, für welche die Formzersprengung expressionistischer Provenienz tote Literatur, geschichtliche Vergangenheit, die neuen, nachexpressionistischen Formexperimente älterer Autoren, die ursprünglich aus dieser expressionistischen Zeit herkamen, keine Versuchungen waren. Zweitens mag eine gewisse Rolle auch die menschliche wie literarische Intimität Torbergs mit Franz Werfel spielen, der zwar ursprünglich vom Expressionismus herkam, in der Zwischenzeit jedoch längst selbst zu einem Vertreter überaus traditioneller und formstrenger dichterischer Gestaltung geworden war. Drittens scheint auch im Falle Torbergs die psychologische Reaktion auf das soziale, politische und menschliche Chaos der Zeit die bewußte Hinwendung zu überkommenen festen literarischen Formen als einem wie sehr schwachen auch immer, so doch symbolischen Halt gewesen sein.[27] Ein vierter möglicher Grund schließlich wurde indirekt in Torbergs späterer Exilzeit in New York zum ersten Mal von Hermann Broch aufgezeigt, als nämlich dieser darauf hinwies, daß die traditionelle Formstrenge in diesem Fall eines Romans durch ihre Unbekümmertheit um die „neuen technischen Probleme der Romankunst" als Ergebnis eine „spannende Erzählung" zur Folge habe, „welche möglichst viele Menschen erreicht und sie fesselt, auf daß sie solcherart ethisch berührt und aufgerührt werden".[28]

Beide Züge, das Engagement sowohl wie die Formstrenge, finden sich bis zu einem gewissen Grad bereits vor Torbergs Flucht in das Exil. Das Engagement erfährt hier lediglich eine nachdrückliche Wendung zum Politischen hin und die Tendenz zur Formstrenge wird graduell vertieft. Darüber hinaus zeigt sich ein weiterer neuer Zug in den Dichtungen Torbergs, die im kalifornischen Exil entstanden: eine Hinwendung zum Religiösen.

Gewiß gehen auch hier erste Ansätze auf viel frühere Zeiten zurück und war es bereits in den allerersten Anfängen Torbergs der lehrende und fördernde Freund seiner Prager Jahre Max Brod gewesen, der ihn zuerst auf Martin Buber aufmerksam gemacht hatte. Nun trat dieser Einfluß mit der Hinwendung zum Religiösen direkt und sehr nachdrücklich in Erscheinung.

Unter den Gedichten jener Zeit stehen etwa neben dem persönlichen Heimweh-Gedicht „Sehnsucht nach Alt-Ausee" die Strophen von „Kaddisch 1943" und „Seder 1944", die Verfolgung, Tod und Flucht der jüdischen Zeitgenossen Torbergs ins Zeitlos-Religiöse heben, und das Titelgedicht des ganzen Bandes spricht von zwei einander zugesellten Heimatlosigkeiten, von denen nur die eine jene äußere des Exils ist.[29]

Die in der besten Formtradition des neunzehnten Jahrhunderts gestaltete Rahmennovelle *Mein ist die Rache* hat nicht nur einen Titel, welcher der Bibel entnommen ist, sondern ihr Held ist keineswegs zufällig ein Rabbinatskandidat.

Auch der Titel des Romans *Hier bin ich, mein Vater*, von dem ein erster Teilentwurf in Kalifornien entstand, und der dann später in New York geschrieben wurde, stammt aus der Bibel, und den Höhepunkt des Romans am Schluß bildet die endgültige Klarheit bringende Auseinandersetzung des Anti-Helden Otto Maier mit seinem ehemaligen Religionslehrer.

Torberg selbst hat rückblickend diese Hinwendung zum Religiösen als eine direkte Folgeerscheinung seiner Auseinandersetzung mit dem Faschismus erklärt: „Ich halte nämlich die Diktatur-Anfälligkeit des heutigen Menschen für ein religiöses Problem, und als 'wahre' Frage erscheint mir die Frage nach seiner Beziehung zu Gott."[30] Auf den ersten Blick könnte es dabei erscheinen, als interessierten Torberg in Zusammenhang mit dem Religiösen lediglich die praktischen Entscheidungen des einzelnen vom ethischen Aspekt des Religiösen her, doch bei genauerem Hinsehen zeigt sich, daß es um mehr geht als das Problem psychologisierender Moral aus einer religiösen Perspektive betrachtet. Es zeigt sich vielmehr, daß es um die epische Darstellung eines Trugschlußmechanismus im menschlichen Leben geht, der in der nahezu gesamten großen Literatur der Zeit von Camus bis Faulkner und von Huxley bis Broch dargestellt worden ist: Wie man im Mittelalter die Menschen versklavte und Ketzer verbrannte, weil man das Unendliche in ein Prokrustesbett endlicher Dogmen gepreßt hatte, so erfolgt nun einfach die reziproke Umkehrung, nämlich eine Verabsolutierung des Endlichen, als Vorwand für die gleichen Versklavungen und Ketzerverbrennungen.

In diesem Punkt war er sich mit seinem Freund und Briefpartner Hermann Broch ganz einig, der noch spät, am Ende von Torbergs New Yorker Exiljahren, das Problem in die Sätze zusammenfaßte:

> Der Mensch ist also autoritätsbedürftiger denn je zuvor geworden; er mythisiert also die ihn umgebenden Mächte, nicht zuletzt das Rationale schlechthin, wie es ihm in Gestalt der Wissenschaft entgegentritt, und durch unbedingte Unterordnung unter solche Autorität hofft er seiner Unsicherheiten ledig zu werden.
> Der Marxismus trägt all diesen Tatsachen und Wünschen Rechnung. Infolgedessen hat er sich zur Totalität entwickeln können. Die Fascismen sind im großen und ganzen bloß seine Nachahmung.[31]

Von dieser zentralen Idee her führt ein direkter Weg in das Zentrum der von Torberg im amerikanischen Exil geschriebenen Werke und von dieser Idee her zeigt sich auch deutlich die innere Einheit seiner Exiljahre in Los Angeles wie in New York. Denn wie sich die in Los Angeles verfaßte Novelle und der ebenfalls hier entworfene Roman gegen die faschistische Form eines solchen Totalitarismus richten, so wendet sich der zweite Roman Torbergs, den er zur Gänze im New Yorker Exil schrieb, gegen die kommunistische Form desselben Totalitarismus.

In der Novelle *Mein ist die Rache* wartet durch Monate hindurch auf dem Pier von New Jersey, im November 1940, am gleichen Ort also und zur gleichen Zeit da Torberg ankam, der Rabbinatskandidat Joseph Aschkenasy vergeblich darauf, ob einer oder einige der fünfundsiebzig seiner früheren jüdischen Leidensgenossen aus dem deutschen Konzentrationslager Heidenburg nicht doch ankämen. Die Hölle des Konzentrationslagers, durch die er zu gehen hatte, führte zu einer völligen Wendung seiner inneren Einstellung von gott- und schicksalsergebener Passivität zum Glauben an die Freiheit der Entscheidung. Nachdem er den Lagerkommandanten erschossen hat und geflohen ist, alles Handlungen, die er gleichsam in Trance vollzogen hat, beginnt ihn das Bewußtsein zu quälen „dem Herrn die Rache entwunden" zu haben und „Ihm nicht einmal das Opfer gebracht" zu haben, das ihm gebührt.[32]

Worum es Torberg dabei ging, war nicht zuletzt die Kritik an einer bestimmten jüdischen Haltung, die im Leben wie in der Literatur überaus verbreitet war, „denn so ziemlich alles, was es bisher von den Geschwistern Oppenheimer bis zu Professor Mamlock gab, bezog sich doch eigentlich auf das Problem eines Juden, der plötzlich draufkommt, daß er ein Jud ist, nachdem er schon seit Generationen geglaubt hat, daß es keine Rolle spielt... Was er daraufhin zu tun unternimmt, richtet sich je nach der Banalität des respektiven Autors, — immer aber tut er etwas dagegen..."[33]

Die Novelle erschien in Felix Guggenheims Verlag der Pazifischen Presse und eine der ersten und wohl einsichtigsten Beurteilungen kam von Hermann Broch, der neben der künstlerischen Qualität vor allem zwei Züge hervorhob: zum erstenmal sei das sadistischhomosexuelle Moment bei den KZ-Folterungen erfaßt und dargestellt worden und vor allem: die stillschweigende Übereinkunft der Juden zur non-resistance sei überzeugend hervorgehoben worden, jener unheimliche und unheidnische Zug des jüdischen Schicksals, wodurch es in die Zukunft weist.[34]

Im Jahr 1943, in dem die Novelle in Los Angeles erschien, hatte Torberg auch seinen Erfolg als Drehbuchautor mit der „Stimme im Wind", und nun wollte ihn plötzlich die Filmindustrie ernsthaft gewinnen. Man bot ihm Verträge mit einer Wochengage von 500 Dollar, siebenjähriger Verlängerungsoption und entsprechender Aufwärtsstaffelung an. Er lehnte ab und nahm ein Angebot seines Freundes Willi Schlamm an, für 100 Dollar wöchentlich zum *Time Magazine* in New York zu gehen. Er wußte nur allzu gut aus nächster Hollywood-Erfahrung, daß die Annahme eines solchen Filmvertrags sein Ende als Schriftsteller und seine lebenslange Verbindung mit Hollywood bedeutet hätte, und beides wollte er nicht. Endlich hatte er etwas Geld, zudem noch das Angebot von Willi Schlamm.

Am 20. April 1944 notierte Alma Mahler-Werfel in ihr Tagebuch: „Torberg übersiedelt in wenigen Tagen nach New York. Er wird uns sehr abgehen."[35] Er wohnte zunächst einige Monate im tschechischen Viertel und zog dann in ein Apartement, das viel näher dem Time und Life Building gelegen war.[36] Die Arbeit für das *Time Magazine* dauerte nur etwa ein Jahr. Willi Schlamm bereitete hier nicht weniger vor als eine deutsche Ausgabe des *Time Magazin* nach dem Sieg über Hitler. Neben Torberg sollten Stefan Ehrenzweig, Alfred Polgar und Leopold Schwarzschild die führenden Mitarbeiter sein. Die Wochenschrift sollte bedeutendes Niveau haben und Torberg versuchte auch seinen Freund Werfel als Beiträger zu gewinnen. Das Unternehmen wurde ebenso großzügig wie detailliert vorbereitet und gedieh bis zu einer vollausgedruckten Probenummer.[37] Gegen Kriegsende wurde der Zeitschriftenplan begraben und Torberg verlor seinen Posten.

Ende Juni 1945 ist der Zeitschriftenplan noch einmal aktuell geworden, doch plante Torberg da schon, sich ein bis zwei Monate auf die Redhill-Farm in Ottsville, Pennsylvanien, zurückzuziehen, die seinem Freund, dem erfolgreichen Hollywoodstar Walter Slezak gehörte, um an seinem geplanten „Spitzelroman" zu arbeiten. Die Spannung zwischen politischem Engagement und schriftstellerischer Berufung fand eine Lösung von außen her, als der ganze Zeitschriftenplan überraschend und plötzlich fallengelassen wurde. Im letzten Drittel des Juli konzentrierte sich Torberg bereits auf die Arbeit am ersten seiner beiden Exil-Romane in der abgeschiedenen Waldeinsamkeit Pennsylvaniens.

Hier auf der Farm bin ich über alle Erwartung gut dran, die Einsamkeit und diese spezifische Feld- und Hügel-Ruhe war tatsächlich genau das, was ich gebraucht habe, – ich wohne in einer Art Miniatur-Bungalow zwischen

Garage und Geräteschuppen, Schlaf- und Arbeits-Viereck durch ein Bade-zimmer getrennt, ein großer Tisch, der nicht ein bißchen wackelt, soviel Kaffee als ich will, und mehr will ich nicht.[38]

Torberg besaß einen Verlagsvertrag über den Spitzel-Roman mit Gottfried Bermann-Fischer. Er hatte schon bald nach seiner Ankunft in New York mit dem Verleger-Ehepaar, das in der Nähe New Yorks lebte, Verbindung aufgenommen, und nach der Lösung seiner Bin-dung mit dem *Time Magazine* bestand seine Tätigkeit vor allem in der Rolle eines Konsulenten und persönlichen Beraters Gottfried Bermann-Fischers.

Im Bermann-Fischer-Verlag erschien schließlich auch der Spitzel-Roman unter dem Titel *Hier bin ich, mein Vater* sowie der zweite Roman, den Torberg im Exil schrieb, *Die zweite Begegnung*.[39] Er gab auch das *Zehnjahrbuch*, 1938-1948 des Verlages Bermann-Fischer heraus, aus dem er von vornherein „durch einen verbinden-den Text eine Art Literaturgeschichte der Emigration" machen wollte.[40] Auch an der Zeitschrift des Verlages, der *Neuen Rund-schau*, arbeitete er mit, in der 1947 vor allem sein bemerkenswer-ter imaginärer Dialog „Innere und äußere Emigration" erschien.[41] Überhaupt gestalteten sich die New Yorker Jahre von Torbergs amerikanischem Exil literarisch als ebenso fruchtbar wie die ka-lifornischen Jahre vergleichsweise dürftig und dürr geblieben wa-ren. Er stellte eine deutsche Bühnenbearbeitung von Ferenc Mol-nárs Komödie *Panoptikum* her, einem Stück, das Molnár im ame-rikanischen Exil verfaßt hatte, er begann für Zeitschriften Auf-sätze zu schreiben, und seine Romanproduktion im Exil setzte ernst-haft ein.

Molnár gehörte zu den New Yorker Freunden Torbergs. Sie wohn-ten nur wenige Minuten voneinander und es ergab sich fast von selbst, daß sie regelmäßig zusammenkamen.[42] Zu Molnár, der seine Anekdoten nicht nur erzählte und in seine Komödien einbaute, sondern der sie auch lebte, kamen überaus verschiedenartige litera-rische Freunde. Remarque, der schon lange vor Torberg von Los Angeles nach New York übersiedelt war, und Polgar, der ihm erst später folgte, Hermann Broch, der sich aus einem theoretisierenden Briefpartner in einen lebendigen Freund verwandelt hatte, und Hermann Kesten, der sich um Torberg schon bemüht hatte, als er noch in Portugal saß, Ernst Lothar und Carl Zuckmayer.

Nach Franz Werfels Tod übersiedelte auch Alma Mahler-Werfel nach New York, ebenso wie Ernst Deutsch nach New York gekommen war. Die Schauspieler bildeten eine eigene, nicht weniger heterogene Gruppe der Freunde und eine wichtige dazu, da der ethische Romancier und engagierte Zeit- und Kulturkritiker Torberg zeit seines Lebens dem Zauber des Thespiskarrens verfallen war. Eine noch aus Europa stammende Freundschaft verband ihn mit Marlene Dietrich. Daneben ergaben sich nähere Beziehungen zu dem Komiker Armin Berg sowie zu Hans Jaray und Lili Darvas, zu Oscar Karlweis und Leopoldine Konstantin und, dem Range der freundschaftlichen Bedeutung nach, keineswegs zuletzt zu Walter Slezak.

Schließlich ist als enger persönlicher Freund Klaus Dohrn zu nennen. Häufig verkehrte er in New York auch mit Bruno Walter, weniger intensiv mit Hannah Arendt und Gert von Gontard. Mit letzterem wie auch mit George Grosz traf er öfter durch seine Freundschaft mit Zuckmayer zusammen.

Bald nach seiner Ankunft in New York hatte Torberg auch Marietta Bellak kennengelernt, hatte sie geheiratet, und nun litt sie mehr unter als mit ihm in den Tagen der heftigsten Romanproduktion, hütete zeitweilig die Kinder Gottfried Bermann-Fischers, nahm am Briefwechsel mit Alma Mahler-Werfel teil und wollte vor allem zurück nach Europa, wie er, ohne zu wissen wohin. ,,Liebste Alma" schrieb sie Ende Juli 1946, ,,also was sagst Du: wir hab'ns dermacht, der Torberg ist fertig und wir sind am Land."[43] Das ,,Land" war die malerische Küste von Maine, wo sich die Reitlers im Sommer aufhielten, bei denen Torberg schon in Los Angeles verkehrt hatte.

Der Roman aber wurde ein solcher Erfolg, daß Bermann-Fischer in den ersten sechs Wochen in dem begrenzten Gebiet, in dem er ihn absetzte, mehr Exemplare verkaufte als von irgendeinem anderen Buch seines Verlages in Österreich und in der Schweiz mit Ausnahme von Thomas Manns *Doktor Faustus*. Dieser Erfolg, in direkter Weise durch die Verkaufsziffern wie in indirekter durch die Vorstellungen Bermann-Fischers, brachte Torberg dazu, sogleich mit einem zweiten Roman zu beginnen. Hitler war besiegt, die Gefahr des Nazismus beseitigt, aber Stalin begann mit denselben Methoden zu okkupieren, jeglichen freien Geist zu unterdrücken, Konzentrationslager zu errichten, Freiheitsliebende ins Exil zu treiben und der unmittelbarste und aktuellste Anlaß war der Putsch in der Tschechoslowakei, einem Land, dem Torberg nicht nur durch familiäre Bindungen nahestand (sein Vater stammte aus Böhmen). Torberg hatte einige entscheidende Entwicklungsjahre in Prag verbracht, war dort von Max Brod, mit dem ihn eine lebenslange Freundschaft verband, entdeckt worden und hatte von Prag aus — mit dem *Schüler Gerber* — seinen ersten literarischen Erfolg errungen.

Torbergs Briefe im Jahr 1948 sind immer wieder erfüllt von Sorge und Grimm über die Vorfälle. War es bisher Ironie gewesen, die sich allenfalls zum beißenden Spott steigerte, wenn er ein kleines Gedicht auf die Sowjetbewunderung seines kalifornischen Exilgefährten Lion Feuchtwanger schrieb oder die amerikanische Premiere des sowjetischen Propagandafilms *Der Regenbogen* Torbergs „Traum vom heiligen Sowjet" auslöste[44], so wurde es ihm nun bitter ernst. Er schlägt in der New Yorker Public Library seinen eigenen alten Aufsatz „Redepflicht" nach, den er im März 1933 nach der Machtübernahme Hitlers geschrieben hatte, und stellte mit Zufriedenheit fest, daß der Essay Wort für Wort nun dieselbe Gültigkeit gegen Stalin hat. Er registrierte die Symptome, das Nachgeben des Präsidenten Beneš, das über das seinerzeitige Nachgeben Bundeskanzler Schuschniggs noch weit hinausging, die Verhaftung des österreichischen Gesandten Dr. Marek in Prag, den er gut gekannt hatte, vor allem aber die verblüffenden Parallelen der Komplementärerscheinungen Totalitarismus-Exil, die sich wiederholen, und es ist nur folgerichtig, daß sein zweiter Exilroman in Prag spielt, so wie der erste in Wien spielte.

Ende Juni begann er daran zu schreiben, dann zog er sich wieder in die Einsamkeit zurück[45], allerdings nur wenige Monate, und nach knapp eineinhalb Jahren war das Manuskript fertig. Der Roman erschien unter dem Titel *Die zweite Begegnung* 1950, ein Jahr vor Torbergs Rückkehr nach Wien.

Die beiden Romane, die Torberg im Exil geschrieben hat, sind nach Anlage und Technik in manchem verschieden. So etwa hat der erste einen negativen Helden, Otto Maier, einen Wiener Juden, der als Gestapo-Spitzel arbeitete, im Glauben, damit seinen Vater aus dem Konzentrationslager retten zu können, während der zweite einen positiven Helden hat, Martin Dub, einen tschechischen Ex-Offizier und Philologie-Studenten, dem schließlich die Flucht aus der kommunistischen Tschechoslowakei in die Freiheit gelingt. Der erste Roman ist durchgehend als das fiktive Tagebuch des Helden angelegt, wodurch sich eine eingeschränkte Rolle des Erzählers ergibt, und der zweite Roman ist von einem allwissenden Erzähler gestaltet, mit dauernden Unterbrechungen durch das fiktive Tagebuch des Martin Dub.

Diese und einige weniger wichtige Verschiedenheiten fallen jedoch den Gemeinsamkeiten gegenüber kaum ins Gewicht. Beide Romane ergänzen einander als direkte erzählerische Darstellungen der Probleme, Gefahren und Entscheidungsmöglichkeiten von Totalitarismus und Freiheit, von Opportunismus und Exil und dies nicht nur in jenem äußeren Sinn, als der eine Roman die Diktatur des Nazismus, der zweite aber jene des Kommunismus behandelt. Sie stellen miteinander fast eine Art erzählerisches Kompendium aller typischen psychologischen und soziologischen Möglichkeiten der „Mitmacher-Situation" einerseits und der „Exil-Situation" andererseits dar.

Obwohl ihnen aber beiden die dichterische Sublimierung ins Indirekte und die geschichtsphilosophische Tiefendimension etwa des Brochschen Vergil-Romans fehlt, so suchen und finden sie doch das Wesentliche ihres Darstellungsgegenstandes wie ihrer Kriterien nicht im Politischen, sondern im Menschlichen, wie es sich auch im Politischen spiegelt: Dadurch, wie durch ihre hohe künstlerische Form, werden sie über die aktuelle zeitgeschichtliche Schilderung hinaus zu zeitlosen epischen Darstellungen. Ja durch die besondere Schlußwendung des ersten Romans ins Religiöse wie durch so manche Stellen im „Tagebuch" des Martin Dub im zweiten Roman gewinnen sie Facetten, die über das reine Geschichtenerzählen und auch über die geschickt geknüpfte Fabel wesentlich hinausreichen.

Die Menschendarstellung ist oft von unerhörter Überzeugungskraft und lebt sowohl von den Erfahrungen von Flucht und Kampf des

Autors selbst wie auch von seiner subtilen Analyse psychologischer Zusammenhänge. Die Darstellung ist frei von jeglicher Wehleidigkeit und allem Sentiment, sie entbehrt des falschen Pathos ebenso wie der zeitpolitisch-ideologischen Verkürzungs- und Verkitschierungsversuche und zeigt die lebendige Frische „sachlichen" Berichtens durch einen instinktsicheren Moralisten. Mitunter werden die diversen verlogenen Vorwände in den Köpfen einzelner Figuren mit vollendeter Kunst aufgebaut und entwickelt, aber nur, um unter Zuhilfenahme der einen oder anderen Technik der Lust des Erzählers an ihrer Demaskierung fröhnen zu können.

Kein geringerer als Hermann Broch hätte über den ersten Roman am liebsten einen ganzen Aufsatz „Politische Literatur als Emigrationsfrucht" geschrieben[46] und in der Besprechung, die er tatsächlich für den New Yorker *Aufbau* schrieb, hob er hervor, daß es für Eigenart und Wert des Buches von besonderer Wichtigkeit sei, daß es Torberg nicht um Mitleid für das Opfer gehe, sondern um das Herausarbeiten der unterlassenen moralischen Verpflichtungen eben dieses Opfers. „Indem er dies tut, gibt er seinem Roman einen entscheidenden politischen Auftrieb und gewinnt ihm eine ethische Sphäre, die der sonstigen Emigrantenliteratur zumeist mangelt, weil sie im allgemeinen immer nur wieder die Ungerechtigkeit des jüdischen Loses aufweist."[47]

Im zweiten Roman aber fand Broch in vielen der Aufzeichnungen des Helden Martin Dub in seinem Tagebuch wesentliche Parallelen zu einem seiner eigenen innersten Anliegen: „Seit 1934, also seit sechzehn Jahren, beschäftige ich mich intensiv mit den Dubschen Problemen. Hieraus hat sich meine Massenpsychologie entwickelt..."[48]

Torberg war nicht nur einer der am frühesten und deutlichsten bewußten Vertreter der deutschen Exilliteratur nach 1933, er war auch ein systematischerer literarischer Gestalter der Emigrationsprobleme in ihrer Gesamtheit und ein schärfer blickender Analytiker der Bedrohungen und Gefahren des Exils und der Exilliteratur als die meisten seiner Leidensgenossen, und er wurde schließlich auch in länger anhaltender Weise ein Opfer der Emigration als viele andere. Denn wenn er zunächst festgestellt hatte: „Wir standen im luftleeren Raum. Wir mußten erst wieder atmen lernen, damit wir sprechen konnten, und mußten sprechen lernen, in fremden Sprachen sprechen, damit wir uns die Basis schufen, in der eigenen Sprache wieder zu schreiben"[49], dann war dies nur der allererste Anfang des Emigrantenschriftstellerelends. Aber auch nach der Rückkehr Torbergs nach Wien stellte ein Kritiker fest: „Heute, mehr als zwei Jahrzehnte nach seinen Anfängen, ist Friedrich Torberg der deutschen Öffentlichkeit noch immer fast unbekannt: die nationalsozialistische Politik der 'Ausmerzung artfremden Schrifttums' hat ihr Ziel weitgehend erreicht."[50] Heute erst, weitere vier Jahrzehnte später, hat sich dies endlich völlig geändert. Zunächst drohte freilich der Ruhm des Zeitschriftenherausgebers und Theaterkritikers denjenigen des Schriftstellers zu überdecken. Aber schließlich bewirkte die erste Ausgabe seiner *Gesammelten Werke* bereits eine Wendung zum besseren. Die Auflage des *Schüler Gerber* überschritt die Hunderttausender-Grenze, Fernsehverfilmungen taten das ihre und mit dem Erscheinen des *Süßkind*-Romans sind Erfolg und Ruhm Torbergs als Erzähler völlig etabliert. All dieser Erfolg wird dabei bis heute der tatsächlichen Leistung noch immer nicht gerecht.

Es mag dabei mitspielen, daß Torberg nach seiner Rückkehr neuerlich und in ebenso aktueller Weise und keineswegs rückwärtsgewandt Dinge schrieb, welche viele Leute nicht gerne lesen oder hören, es mag weiterhin mitspielen, daß er, ein wahrer „Emigrant des Daseins"[51], auch noch in einem zweiten, tieferen, inneren Sinn als jenem der Flucht aus Nazideutschland, ein anderes Schriftstellerschicksal zu Lebzeiten kaum haben kann, was er selber indirekt und überzeugend im Gedicht von einer andren Fahrt aus der Heimat des Bewußtseins in die Nacht von Traum und Schlaf ausgedrückt hat:

> Weiß von Fahrt, die mit verhängten Ankern
> und mit schwarzen Segeln schlaff gebläht
> an den fern im Nebel immer schlankern
> Türmen meines Traums vorüberweht...[52]

Es mag schließlich auch noch mitspielen, daß die Herausforderung der Zeit und Torbergs reaktionsbedingtes Schwanken zwischen engagierter Journalistik und der Berufung zum Epiker, ja daß darüber hinaus seine Zersplitterung in die verschiedenartigen Tätigkeiten eines Herausgebers, Übersetzers, Theaterkritikers unheilvoll mitwirkt.

Die Hauptschuld trägt wohl trotz alledem in erster Linie seine „äußere Emigration", wenngleich sie auch einen ernsten Trost bietet. Denn nach Torbergs eigener Überzeugung waren die emigrierten Schriftsteller schon zur Zeit und im größten Elend ihres Exils immer noch besser dran als die nicht emigrierten, da „sie ihr Bestes zeigen durften".[53]

Anmerkungen

1 Dies wird in einem Brief von Torbergs Freund Willi Schlamm vom 10. Oktober 1940 an Miß Mildred Adams vom Emergency Rescue Committee in New York geschildert, der sich im Archiv dieses Komitees befindet.

2 Brief vom 27. September 1941. Der Brief befindet sich wie der Großteil von Torbergs Werfel-Korrespondenz in der Alma Mahler-Werfel Collection der Bibliothek der Univ. of Pennsylvania in Philadelphia.

3 S. 12 der Beantwortung eines Fragebogens, den Friedrich Torberg in freundschaftlicher Weise am 17. März 1971 an den Autor sandte. Von nun an zitiert als „Fragebogen".

4 8440 Yucca Trail. Hier lebte Torberg, bis er 1944 Hollywood verließ.

5 Brief vom 9. November 1941.

6 Friedrich Torberg, *Das fünfte Rad am Thespiskarren*, München-Wien 1966, S. 424.

7 Brief Friedrich Torbergs an den Autor vom 17. März 1971.

8 Friedrich Torberg, *PPP: Pamphlete, Parodien, Postscripta*, München-Wien 1964, S. 382-383 und 387-389.

9 „Fragebogen", S. 6.

10 Friedrich Torberg, *PPP*, S. 382.

11 Friedrich Torberg, *PPP*, S. 383.

12 „Fragebogen", S. 5 und 6.

13 „Fragebogen", S. 7.

14 Undatierter Brief, geschrieben auf dem Papier der Eisenbahngesellschaft mit dem Kopf: „The Steamliner – City of Los Angeles", Univ. of Pennsylvania.

15 Brief vom 27. September 1941. Univ. of Pennsylvania.

16 Brief vom 15. Dezember 1941. Univ. of Pennsylvania.

17 Brief vom 9. November 1941 an Alma Mahler-Werfel. Univ. of Pennsylvania.

18 Brief an Alma Mahler-Werfel vom 9. November 1941.

19 Brief an Franz Werfel vom 17. Dezember 1942. Univ. of Pennsylvania.

20 Brief vom 19. November 1941 an Alma Mahler-Werfel, Blatt II. Univ. of Pennsylvania.

21 Vgl. Joseph Strelka, „Friedrich Torberg", *Bücherschau* (Wien), Nr. 12 (1965), S. 3. Ein Exemplar des Drehbuches befindet sich im Besitz Friedrich Torbergs.

22 Vgl. das „Statement by Friedrich Torberg regarding the tale of 'Love and Hatred of Zorah Pasha' to Messrs. Spiegel & Morros". Univ. of Pennsylvania.

23 Alma Mahler-Werfel, *Mein Leben*, Frankfurt/M. 1960, S. 346-47.

24 Daneben sind vor allem noch Torbergs Briefe aus jener Zeit an Erich von Kahler und an Carl Zuckmayer zu nennen.

25 Friedrich Torberg, „Über den menschlichen Zustand", *Europäische Hefte*, Prag, Paris, Bern, I. Nr. 15 (1936), S. 75.

26 Friedrich Torberg, „Über den Menschlichen Zustand", S. 75.

27 Vgl. Theodore Ziolkowski, „Das Sonett in der Exilliteratur", in *Exil und innere Emigration*, I. Third Wisconsin Workshop, hg. v. Reinhold Grimm und Jost Hermand, Frankfurt 1972, S. 153-172. Wie wenig man aus diesem vielfach auftretenden Zug ein allgemeines „Gesetz" machen kann: Siehe Joseph Strelka, „Der Roman in der Exilliteratur", S. 89-100 dieses Buches.

28 Hermann Broch, „Literatur der Anständigkeit", *Aufbau* (NY), XIV, Nr 27, 2. Juli 1948, S. 11.

29 Vgl. Friedrich Torberg, *Lebenslied. Gedichte aus 25 Jahren*, München-Wien 1958.

30 Friedrich Torberg, „Diktatur-Anfälligkeit des heutigen Menschen", *Der Monat*, Nr. 57 (Juni 1953), S. 330 f.

31 Hermann Broch, *Briefe von 1929-1951*, Zürich 1957, S. 402 f.

32 Friedrich Torberg, *Mein ist die Rache*, Wien 1974, S. 109.

33 Brief an Franz Werfel vom 19. Juni 1942. Univ. of Pennsylvania.

34 Hermann Broch, *Briefe*, S. 193 f.

35 Alma Mahler-Werfel. *Mein Leben*, S. 346.

36 Die erste Adresse war 314 East 72nd Street, die zweite Adresse, die Torberg bis zu seiner Rückkehr nach Europa anfangs 1951 beibehielt, war 150 West 55th Street.

37 Vgl. den Brief Torbergs an Werfel vom 6. Juni 1945, in dem er von dem „vertraulichen Projekt" berichtet. Der Brief befindet sich im Franz-Werfel-Archiv der Univ. of California, L.A.

38 Brief an Alma Mahler-Werfel vom 6. August 1945, Univ. of Pennsylvania.

39 *Hier bin ich, mein Vater*, Stockholm 1948. — *Die zweite Begegnung*, Frankfurt/M. 1950.

40 Brief an Alma Mahler-Werfel vom 16. März 1947.

41 Nunmehr abgedruckt in den Gesammelten Werken: *PPP*, S. 53-69.

42 Vgl. Friedrich Torberg, *PPP*, S. 390-399.

43 Anhang zu einem Brief Friedrich Torbergs vom 28. Juli 1946 aus Bar Harbor, Mainz, an Alma Mahler-Werfel. Univ. of Pennsylvania.

44 Das bisher ungedruckte Spottgedicht auf Feuchtwanger (das bereits aus dem Jahr 1935 stammt), „Der Kunstreiter", befindet sich in der Bibliothek der Univ. of Pennsylvania. Es ist undatiert und stammt wahrscheinlich aus der kalifornischen Exilzeit Torbergs. „Der Traum vom heiligen Sowjet" wurde 1944 geschrieben, *PPP*, S. 49-52.

45 In das Ridgely Inn in Stone Ridge, NY, im November 1948.

46 Vgl. Hermann Brochs Brief an Torberg vom 29. Juni 1948, abgedruckt in: *Forum*, Wien, VIII (1961), S. 186.

47 Hermann Broch, „Literatur der Anständigkeit".

48 Hermann Broch in einem Brief vom 28. Juli 1950 an Friedrich Torberg, abgedruckt in *Forum*, S. 186.

49 Zitat aus zweiter Hand. Nach Herbert Ahl, *Literarische Portraits*, München, Wien 1962, S. 93.

50 Wolf Jobst Siedler; „Die Freiheit der Entscheidung", *Monat*, Nr. 55 (April 1953), S. 77.

51 Herbert Ahl, S. 93.

52 „Nachtfahrt", in: Friedrich Torberg, *Mit der Zeit – gegen die Zeit*, hg. u. eingel. v. Herbert Eisenreich, Graz, Wien 1965, S. 18.

53 Zitat aus zweiter Hand. Nach Herbert Ahl, S. 95.

Zum Werk eines vor dem Exil völlig unbekannten Autors:
Alfred Gong

Wie die Ungunst der äußeren Verhältnisse einen Autor völlig oder nahezu völlig lähmen und an einer natürlichen und gedeihlichen Entwicklung trotz des größten Talents hindern kann, zeigt das Beispiel Alfred Gongs. Durch allzu lange Zeit hatte er nahezu alle Energie auf das Problem des reinen Überlebens zu konzentrieren gehabt, und als er es endlich geschafft hatte, in New York City eine Wohnstatt in Freiheit zu finden, da war die Härte des äußeren Lebens in jenem gärenden, siedenden Schmelztiegel, waren Probleme der Lebenserhaltung mit solcher Wucht über ihn hereingebrochen, daß er kaum Stunden, geschweige denn Tage der notwendigen Stille und Abgeschiedenheit finden konnte, ohne die sich eine Art Lyrik wie die seine nicht entfalten kann. Zu tief verletzt auf all den früheren Fluchtwegen, zu hart angepackt von einer amusischen und fremdsprachigen Umwelt, vor allem aber zu wenig selbstbewußt durch wenigstens einen frühen Erfolg und dessen Anerkennung war im Fall dieses vor dem Exil zu jungen und darum völlig unbekannten Autors eines jener Phänomene entstanden, für welche manche literatursoziologische Betrachter den Begriff vom „Verschleiß des Genies" durch äußere, soziale Bedingungen geprägt haben.

Kaum ein großer, schon vor dem Exil bekannter und berühmter Autor hat durch seinen Weggang aus Hitler-Deutschland nach dem Krieg keine Resonanz mehr finden können, auch wenn diese Resonanz aus verschiedenen, besonderen Gründen in manchen Fällen oft nachgelassen hatte. Nur wenige relativ bekannte Autoren, die im Exil weiterschufen, sind wirklich Opfer der Entwicklung geworden, sofern sie überleben konnten. Es gibt zwar etliche, aber nicht allzu viele Entdeckungen, zumeist zweitrangiger Autoren, deren Werk tatsächlich bis heute nicht entsprechend rezipiert worden ist und die erst wieder ans Licht gezogen werden müssen. Die größte Zahl der vielfach unbekannten Opfer sind jene, die aus dem einen oder anderen Grund so früh ins Exil gingen, oder von den Verhältnissen in die innere Emigration gedrängt wurden, daß sie noch gar nicht zu schreiben begonnen hatten, als die Unterdrückung einsetzte.

Nur ganz wenige von diesen haben es geschafft — wie etwa Wolfgang Hildesheimer — und jene wenigen stehen eher als Zeugen für jene zahlreichen, von denen manche wahrscheinlich völlig stumm geblieben sind. Im Falle von Alfred Gong handelt es sich um einen Autor, der durch die Verhältnisse auf solch arge Weise getroffen wurde, der aber immer wieder einmal, zwischen all den vielen Dutzenden und Hunderten von ungeschriebenen Versen und Gedichten den Impuls und die Kraft fand, jenes Geschick solch letzter Vereinsamung und äußersten Ausgestoßenseins — neben der Erinnerung an Kindheit und frühe Jahre — auf lyrische Weise zum Ausdruck zu bringen: jener Ausgesetztheit und letzten Vereinsamung, deren man sich im Steinmeer und in den wogenden Menschenmassen von New York noch bestürzender bewußt wird als in der äußersten Isoliertheit in der Natur.

Die meisten der verhältnismäßig wenigen, allzu wenigen Gedichte, zu denen sein Exilschicksal ihm den Mund aufstieß, sind indessen Beispiele einer Lyrik von großer künstlerischer Bedeutung, und er stellt einen der eindrucksvollsten Beispielsfälle äußerster äußerer Behinderung dar.

Alfred Gong gehört nicht zu jenen Grenzfällen der deutschen Exilliteratur, deren Vertreter noch als Kinder oder halbe Kinder ins Exil gingen und erst im Gastland zu schreiben begannen, sondern zu jenen, die zunächst gar keine Wahl zwischen äußerem und innerem Exil hatten, die zunächst ins innere Exil gestoßen wurden und das äußere erst nach Ende des Krieges wählen konnten, wie sein engerer Landsmann Paul Celan. Ja, im Grunde war es ein doppeltes Exil das ihn forttrieb: da seine rumänische Heimat faschistisch geworden war, stand ihm kein Fluchtweg nach außen offen. Als sie kommunistisch geworden war, weilte er in Wien und konnte wählen. Die Rückkehr war ihm aus innerer Überzeugung abgeschnitten, und so trieben Unruhe und Erlebnishunger den nun staatenlosen Osteuropäer durch die Städte des Westens. München, Berlin, Rom und Paris waren ihm nach eigenem Zeugnis nur Stationen auf der Suchfahrt nach einer neuen Heimat, und er nahm die Gelegenheit wahr, als bevorzugte „displaced person", da aus einem Land hinter dem Eisernen Vorhang stammend, nach den USA auszuwandern. Keineswegs hatte er dabei von vorneherein den festen Entschluß gefaßt, da auch wirklich zu bleiben, eher hatte er die heimliche Absicht gehabt, sich das Land anzusehen und nach Westeuropa zurückzukehren. Bald nachdem er jedoch am 14. Oktober 1951 in New York gelandet war, geriet er so sehr in den Bann dieser Weltstadt, daß er da seßhaft wurde.

Nichts wäre indessen falscher, als anzunehmen, daß sein gleichsam „verspätetes Exil" erst damit begann. Einen Schatten von Exilcharakter hatte seine Existenz von Anfang an gehabt, war er doch in Czernowitz, jener Hauptstadt der östlichen Provinz der alten Donaumonarchie, als Kind einer deutsch-jüdischen Familie geboren worden, als diese Monarchie bereits zwei Jahre aufgehört hatte zu existieren. In einem höchst persönlichen Bekenntnisgedicht von ihm heißt es:

> Aufschrei — weil ich das Blut der Mutter
> mußte verlassen, als wüßte ich
> was mich draußen erwarte. (Sabbat, den vierzehnten August
> Neunzehnzwanzig, sechzehn Uhrpunkt)

Gong besuchte in einem Staat, in dem eine andere als seine Muttersprache gesprochen wurde, das Gymnasium und begann 1939 an der Universität Czernowitz Romanistik und Vergleichende Literaturwissenschaft zu studieren. Sein erstes, aufgezwungenes, wirkliches Exil mit allen dazugehörigen Ängsten, Schrecken und Ausgesetztsein begann ein Jahr später, als aufgrund des Hitler-Stalin Paktes die Sowetunion die nördliche Bukowina annektierte. Zunächst wurde er als Sohn eines Bourgeois von der Universität relegiert. Dann wurden Gongs Eltern, weil sie ein winziges Geschäft besessen hatten, zusammen mit seiner einzigen Schwester in ein äußeres Zwangsexil nach Sibirien geschickt. Gong selber entrann durch einen glücklichen Zufall der Verhaftung, da er die Nacht der Razzia bei einer Freundin verbracht hatte. Nun begann jedoch für ihn ein inneres Zwangsexil der pausenlosen Flucht und Verfolgung innerhalb seiner staatlichen

Heimat, da ihm die Möglichkeit einer Flucht in ein freieres Ausland einfach abgeschnitten war. Zwar endete dieses erste Exil schon nach knapp mehr als einem Jahr, indessen nur, um durch ein anderes, ebenso schreckliches, fortgesetzt zu werden. Hitler marschierte in Rußland ein, und mit der Eroberung der Bukowina durch deutsche und rumänische Truppen wurde die Verfolgung Gongs einfach unter einem verschiedenen ideologischen Vorzeichen fortgesetzt: jetzt war es nicht mehr der Sohn des Bourgeois, den man suchte, sondern der Sohn des Juden.

Wieder gelang es Gong durch einen schicksalhaften Zufall, der Zwangsdeportierung zu entrinnen. Zwar war er gemeinsam mit der gesamten Judenschaft der Stadt im neuen Ghetto von Czernowitz zusammengetrieben worden, doch gelang es ihm durch Bestechung eines der etwas weniger bösartigen Bewacher, kurz zuvor aus dem Ghetto zu fliehen, bevor seine sämtlichen Insassen nach Transsilvanien deportiert wurden.

Gong lebte ein weiteres Jahr als Flüchtling in seiner engeren Heimat. Er konnte mitunter bei einzelnen jüdischen Freunden übernachten, welche als offizielle Ausnahmen vorläufig von der Deportation verschont geblieben waren, da sie, wie die offizielle Bezeichnung lautete, „wirtschaftswichtige Juden" waren. Mitunter konnte er auch bei nicht-jüdischen Freunden schlafen, die den Mut hatten, dem Gesetz zu trotzen. Schließlich gelang es ihm, sich Personalpapiere zu beschaffen. Ein Bekannter von ihm, Dimitrie Petrescu, schon damals als der verkommene Poet Dimitrie Stelarn („Stelarn" – Der Sternige) bekannt, „verlor" seine Papiere, als er seinen Rausch im gleichen Zimmer ausschlief, in dem Gong weilte. Als Dimitrie Petrescu zog nun Gong 1943 in ein erstes, etwas freieres Exil, nämlich die Hauptstadt Bukarest. Diese Stadt erwies sich nicht nur als humaner als die Progromlandschaft der Bukowina, sondern bot einem guten rumänischen Bürger wie dem frischgebackenen Dimitrie Petrescu sogar die Möglichkeit, als Filmkritiker für die Zeitung *Capitala* zu schreiben, die zur „arisierten Presse" gehörte. Indessen stand das Schreiben von Filmkritiken von Anfang an unter keinem sehr glücklichen Stern, denn die zunehmenden Luftangriffe der Alliierten erlaubten es Gong zumeist nur halbe Filme zu sehen, und seine Kritiken schrieb er häufig in Luftschutzkellern.

Im Spätsommer 1944 schlägt für Gong die Stunde der Freiheit, da Rumänien sich von Nazideutschland abwendet. Aber die Freiheit währt nicht lange. In der ersten Zeit der Hungersnot dieser kurzen Friedens- und Freiheitsperiode wird Gong zum Schwarzhändler. Als er 1946 sieht, daß die kommunistische Machtübernahme in Rumänien unvermeidlich ist, kehrt er von einer „Geschäftsreise" aus Österreich einfach nicht mehr zurück. Wie so vielen seiner Leidensgenossen in den dreißiger Jahren wird Österreich für Gong in den vierziger Jahren ein erstes freies Exilland. Er lebte sich in einen Kreis junger österreichischer Autoren und Künstler ein[1], er veröffentlichte seine ersten literarischen Versuche in Zeitschriften und Anthologien und er wurde Dramaturg am Kleinen Theater im Konzerthaus. Zu seinen engeren Freunden gehörten vor allem Rudolf Felmayer[2], der auch Gongs ersten Lyrikband herausgab, Hermann Hakel und der Regisseur Michael Kehlmann. Das Leben eines unbekannten, beginnenden freien Literaten mit den winzigen Nebeneinkünften einer ganz kleinen Bühne war hart im Wien der Nachkriegszeit. Es war denn auch nicht nur Unruhe und Erlebnishunger, sondern mitunter auch buchstäblicher Hunger, die den Bewunderer Jessenins, Lorcas und der Lyrik Brechts weitertrieben.

Seine Einfahrt in den Hafen von New York im Herbst 1951 hat Gong später selbst beschrieben: wie beim Anblick der Freiheitsstatue die Nichten aus der Alten Welt ihren Tränenreserven freien Lauf ließen, die Odysseuse ihr Kartenspiel verließen, Deutsche aller Zonen mit den Kameras zielten, baltische Juden ihre schläfenlockigen Knäblein emporhoben und seekranke Bäuerinnen vom Balkan auf den Knien gekrochen kamen, sich bekreuzigten und geheilt waren.[3]

Alfred Gongs Exil in den USA war nicht müheloser, einfacher und leidensärmer, weil er Jahre nach Kriegsende gekommen war. Gewiß, im Grunde konnte er erst hier in den USA tatsächlich seiner literarischen Aufgabe folgen. Doch als er halb zerbrochen und halb verhungert hier gelandet war, gewährte ihm der Moloch der Riesenstadt New York wohl völlige Freiheit, allen derartigen Interessen nachzugehen, aber er stellte auch neue Herausforderungen und Bedingungen des Überlebens an ihn, die den Halbzerbrochenen mehr und mehr ermüdeten und ihn oft in einen inneren Zustand versetzten, welcher dem völligen Zerbrochensein näher schien als dem pionierhaft-tatfreudigen Vorwärtsstreben des endlich aller Not Entronnenen. Denn er war keineswegs aller Not entronnen.

Zuerst wohnte Gong in jenem Teil des Westens der Stadt New York, in jenem Viertel, in dem sich die meisten Emigranten aus Hitlerdeutschland niedergelassen hatten, so daß es scherzhaft mitunter „Das Vierte Reich" genannt wurde. Hier begann eine harte Schule für ihn. Er versuchte verzweifelt, etwas Geld zu verdienen, zuerst als Fabrikarbeiter, dann als Bibliothekar, schließlich als kommerzieller Übersetzer im Wall Street Viertel.

Die monumentale Riesenhaftigkeit, der schreckliche Sog der Masse in ihrer Macht wie Ohnmacht, die ungeheurliche Vielfalt, die bis in die entlegensten Gegensätzlichkeiten reicht, dies alles beklemmt und fasziniert Gong zugleich an New York. Der verspätete Exilautor fragt:

> Was ist eigentlich New York?, ein barbarisiertes Rom oder die verwirklichte Zikkurat von Babel?, ein gnadenbefristetes Vineta oder das Vorbild irdischer Zukunft? Endlich war mir das bislang Undurchdringliche transparent: New York ist alles in einem − zur gleichen Zeit.[4]

Er schreibt vom Menschen, dem einzelnen dem wirklichen Menschen in diesem gigantischen Malstrom, und er nennt und beschreibt einen Fensterputzer und einen Kanalarbeiter, einen reichen Tierliebhaber und einen zerlumpten Geiger, eine junge Schauspielerin und einen Blinden. Er nennt und beschreibt nicht die gebürtige Schweizerin Norma Righetto, deren Deutsch noch Rhythmus und Melodie des Kanton Glarus atmet, die ihn zu lieben beginnt, um seines Schicksals willen, die ihr hart erarbeitetes Geld hinlegt, um ihn zu unterstützen, die es fertig bringt, dem stets ruhelos Flüchtigen, Umhergetriebenen, dem Exilanten seit Geburt, einen Schatten von bürgerlicher Sicherheit und Geborgenheit zu geben. Er heiratet sie schließlich, er zieht aus dem Steinmeer Manhattan aus in die Bronx, wo die Häuser kleiner sind, wo es zumeist armselige winzige Vorgärten gibt, wo das Leben etwas langsamer und menschlicher dahinzufließen scheint. Aber dennoch ist es noch immer die Stadt New York. Der im fremden

Exil um Anerkennung und Durchbruch ringende Autor deutscher Sprache muß einen Posten in einem der Riesenkrankenhäuser in der Bronx antreten. Mehr als durch alles andere, ja mehr als durch alle Fluchten seiner verfolgungsreichen Vergangenheit, leidet er an seiner Resonanzlosigkeit, an der undurchdringlichen Einsamkeit, in die er sich gestürzt sieht. Er versteht sie im Grunde nicht, diese Menschen rings um ihn, die ein Leben führen, das ihm nichts sagt und das ihn nicht anzugeben scheint, und sie verstehen ihn nicht. Es ist nicht nur das Problem des deutschen Autors in fremdsprachiger Umwelt, nicht nur ein sprachliches Problem — obwohl es das auch ist. Es reicht viel tiefer. Denn er versteht auch seine europäischen Mitmenschen nicht, jene, die sich so erfolgreich assimilieren, — was ihm als Autor deutscher Sprache verwehrt ist —, und jene schon gar nicht, welche sich nicht assimilieren können, welche eine Art Schlacke im riesigen Völkerschmelztiegel der Riesenstadt darstellen und welche aus der Not ihrer Hilflosigkeit eine Tugend des Unterstreichens ihrer ethnischen Herkunft bis zur Übertreibung in unfreiwillig parodistische Karikatur machen. Als er den auf „Wiener Art" eingerichteten Literatenstammtisch des Kaffeehauses Blue Danube besucht, dem Oskar Maria Graf präsidierte und dem Fritz Bergammer die schönste versöhnliche Note österreichischen Kulturerbes verlieh, da hält er es nicht aus, sagt es auch gerade heraus, es gibt Streit und er kommt nicht mehr.

Der wohlmeinende und wohl informierte bajuwarische Direktor des deutschen Goethehauses, der als geschickter Organisator alles an deutschem Leben in der Stadt zusammenzufassen und nutzbar zu machen versucht, die deutsch-jüdische Gesellschaft in den Geschäften und Lokalen der achtundsechzigsten Straße, ganz besonders aber die Steuben-Parade reizen ihn auf, werden zu Zielscheiben seiner Satire[5], die viel weniger vergnüglich als bitter ist, und die er als besonders bedeutend sehen möchte, um nicht zugeben zu müssen, daß sie nicht Ausdruck überlegener Distanz ist, sondern ein Verschweigen des erstickten Hilfeschreis aus der Untiefe seiner Einsamkeit: Jener Einsamkeit, vergrößert und verdeutlicht durch die Exilsituation, deren erdrückende Schwere er schmerzlich erträgt und deren teuer erkaufte Gnade er nicht zu sehen vermag. So sieht er sich als „Robinson" in einem Gedicht von kafkaesk bestürzender Eindringlichkeit letztmöglicher kommunikationsloser Ausgesetztheit:

Robinson
auf dem Eiland Manhattan
lauscht
fallendem Schnee.

Zu träg, um Briefe zu öffnen,
zum Schreiben zu müde.
Nur selten verbindet
ein Traum
mit der früheren Fremde.

Gegenüber im Fenster
die Negerin Friday
telefoniert.[6]

„Mit der früheren Fremde“: Auch das hatte er erkennen müssen. Zuvor hatte er mir einmal geschrieben: „Es stirbt sich leichter in Europa“ und er hatte bald darauf einen verzweifelten Ausbruchs- und Rückkehrversuch gemacht. Das Ziel hieß Wien und er plante den Kauf einer Wohnung, er hoffte auf die bereichernden Impulse einer lebendigen, deutschsprachigen Umgebung, auf Anerkennung wenigstens im engsten Kreise gleichstrebender Kenner. Aber der Versuch der Wien-Reise endete in der Katastrophe seiner Einsicht, daß keine der Hoffnungen hielt, was er sich versprochen hatte. Abgesehen von ein oder zwei Ausnahmen verstanden selbst die gleichstrebenden Kenner nicht den Dichter in ihm, die Beschränktheit der geschäftigen Literatur-Politiker und -Organisatoren stieß ihn ab, er fand sich in der deutschsprachigen Umgebung so verlassen, verloren und ausgesetzt wie in New York, mit dem einzigen Unterschied, daß ein uneinsichtiger und bedrückender Provinzialismus ihm alles noch unerträglicher machte als der Hintergrund der aufregenden und brausenden Welt-Kulturmetropole New York. So kehrte er denn enttäuscht zurück in die Ausgestoßenheit seines Exils in New York, das er einmal seine „Riesenzelle“ genannt hat und dessen Schicksal so freiwillig zu sein schien wie es unentrinnbar war.

In einer Selbstdarstellung hat er sich, Benns Ausdruck gebrauchend, als einen „Phänotyp unserer Zeit“ bezeichnet. Er versuchte sich selbst aus der Distanz zu sehen und schrieb von sich in der dritten Person:

210

Sein Leben wurde von den historischen Widersprüchen und Katastrophen unserer Zeit gezeichnet, sie fanden ihren Niederschlag und ihre Transkription in seiner Dichtung. Der europäische Grenzlandbewohner, der die Mesalliance und den Vernichtungskampf zwischen Hitler und Stalin am eigenen Leibe zu spüren bekam; ein Odysseus, der Staatsangehöriger der Sowjetunion war, nun Bürger der USA ist, dessen Sprache ihn aber als Wahldeutschen ausweist; nebenbei auch der Ostjude, der wahrscheinlich das christlichste Gedicht in der zeitgenössischen deutschen Literatur verfaßt hat („Erkenntnis"); schließlich ein anonymer „Robinson auf dem Eiland Manhattan", mitten in der überbevölkerten Leere auf ein Schiff zurück hoffend.[7]

Wohl wissend, muß man hier hinzufügen, daß dieses Schiff kaum jemals kommen würde, und wenn doch, daß es ihn nicht in das Ithaka endlichen Angelangtseins bringen konnte, war er doch schicksalhaft zur Rolle eines Exilanten in Permanenz bestimmt.

„Niederschlag und Transkription" von Gongs Existenz und persönlichem Schicksal in seinem schriftstellerischen Werk gliedern sich in vier Schichten. Die direkteste und zugleich oberflächlichste ist jene seiner Herausgeber-Tätigkeit und seiner Essayistik.

Zunächst forderte das überwältigende Erlebnis Amerikas und besonders der Stadt New York Gongs Stellungnahme heraus, und er begann um das Verständnis des gegensätzlichen Riesenphänomens zu ringen. Besonders von der internationalen, weltumfassenden Vielfalt beeindruckt, trat Gong an den United States Information Service heran und schlug die Herausgabe einer ganzen Serie „Autoren erleben Amerika" vor. Es sollte je einen Band mit Reaktionen und Bekenntnissen englischer, französischer, italienischer, russischer und spanischer Autoren geben. Gong selbst machte sich sofort an den deutschen Band. Als er aber dem zunächst sehr interessierten Direktor der Publikations-Abteilung das fertige Manuskript überreichte, da fand dieser, daß dieses Manuskript nicht ganz den Propaganda-Aufgaben seiner offiziösen Stelle entsprach, und er schlug die Streichung einiger kritischer Stimmen vor, um ein freundliches Werbebild aus dem Band zu gestalten. Der herumgetriebene Gong, der aus seinen Erfahrungen mit anderen Ländern die traurigen und bitteren Seiten der Wahrheit weit besser kannte als die angenehmen und erhebenden, bestand auf der ganzen Wahrheit. Er machte sich auf die

Suche nach einem Verlag, der das Manuskript akzeptierte, wie es war, und so erschien schließlich in der Nymphenburger Verlagshandlung *Interview mit Amerika*. [8]

Einen Schritt über das Verständnis seines schicksalhaften Gastlandes hinaus machten Gongs eigene essayistische Versuche seiner Darstellung. Es ist auffallend, wie diese Essayistik, von welchen Motivationen sie auch immer ausgeht, beharrlich zum Thema der Darstellung New Yorks, seiner Menschen und seines Einflusses zurückkehrt. Nicht weniger bezeichnend ist es, wie sich alle diese Essays gleichsam von selbst zu Satiren verschiedenster Formen verwandeln, sei es die Form pathetischer Satire im Sinne von Schiller und Karl Kraus wie in den „Grünhorn Blues", sei es die Form kosmischer Satire wie in „Teutsches Tun in Neuyork". [9] Diese Haltung ergibt sich zwangsläufig aus der paradoxen Situation des einfach nicht assimilierungsfähigen oder assimilierungswilligen deutschsprachigen Autors einer Kultur gegenüber, deren Vorteile er politisch, sozial und materiell akzeptiert und genießt, zu welcher er sich auf diesen Ebenen auch durch einen freiwilligen, ja erwünschten Staatsbürgereid bekennt, deren Geistigkeit anzunehmen er jedoch aufgrund seiner ursprünglichen Herkunft und Persönlichkeitsbildung geradezu Angst hat. Gongs Satiren sind ein permanenter, unbewußter Kampf gegen die Versuchungen einer zu weitgehenden Assimilation, die er mit der Aufgabe seines ursprünglichen Schöpfertums bezahlen zu müssen fürchtet, ähnlich wie Rilke die begonnene psychoanalytische Behandlung aus gleicher Furcht heraus abgebrochen hat. Aus diesem höchst persönlichen Grund waren ihm seine Satiren so wichtig, was dazu beitrug, daß er sie mitunter auf Kosten seiner Lyrik zu überschätzen neigte.

Dies gilt nicht nur für die erste Schicht der essayistischen, sondern auch für die zweite, literarisch schon höher stehende Schicht seiner erzählerischen Satiren, die ihren zusammenfassenden Ausdruck in dem Band *Happening in der Park Avenue* gefunden haben.

Diese erzählerischen Satiren sind einem anonymen Ich-Erzähler in den Mund gelegt, der ebenso viel oder genauso wenig Ähnlichkeit mit der empirischen Persönlichkeit Gongs aufweist wie das von ihm entworfene Bild New Yorks und seiner Menschen mit deren Wirklichkeit. Darsteller wie Dargestelltes sind in satirischer und grotesker Weise bis zur Karikatur übertrieben, aus der künstlerischen Absicht heraus, die literarischen Charakterisierungsmöglichkeiten unter Nutzbarmachung der Tiefenschärfe von Groteske und Karikatur zu steigern.

Das bedeutet aber nicht nur, daß aus dieser Grotesk-Formung, ihrer Ironie, ihrem Witz, ihrer Überspitzung, Unterhaltung und Genuß für den Leser entspringen, sondern es bedeutet weit mehr: Zusammen mit der knappen Sprache, den Sätzen, die mitunter beschreibende Hauptworte aneinanderreihen, mitunter wie abgehackt oder überraschend in einem Wortwitz, einem unerwarteten Paradox abbrechen, stellen diese Satiren eine der adäquaten sprachlichen Möglichkeiten dar, dem gigantischen Phänomen der Stadt New York gerecht zu werden. Der oftmals synkopierte Rhythmus dieser Erzähl-Prosa, die Einblendung und Montage von ins Karikaturistische übertriebenen Namen, Reklame-Slogans, Zitaten und Liedfetzen vervollständigen diese Züge, gestalten sie zu einem einzigen sprachlichen Ganzen, zum literarischen Ausdruck, den der ungeheure Stoff „das Leben von New York" hiermit gewonnen hat.

Es ist kein heiteres Bild, das diese witzigen Satiren über das New Yorker Leben enthüllen. Sie geben einen Querschnitt durch ein breites Spektrum des Lebens der Stadt, vom vornehmen Viertel der Park-Avenue bis hinunter zum spanischen und schwarzen Harlem und zur Bowery, der Straße der vergessenen Menschen. Sie zeigen die Armut der Reichen wie der Armen, sie zeichnen genau die kleinen und großen Hoffnungslosigkeiten der Flucht-Versuche daraus; sie stellen eine breite Skala der Krankheiten unserer Zeit dar, wie sie sich im ungeheuren, herrlich-schrecklichen Ungetüm der Stadt New York in besonderer und universaler Deutlichkeit herauskristallisieren und potenzieren, um im satirischen Brennspiegel dieser Geschichten in höchster Wirklichkeit lebendig zu werden.

Einen dritten Sektor, in Wien durch Gongs dramaturgische Tätigkeit ausgelöst und angeregt, stellen seine Hörspiele dar.[10] Infolge des völligen Fehlens der notwendigen technischen Grundlagen im New Yorker Exil wurden diese in Wien begonnenen Versuche nicht lange fortgesetzt und kamen rasch zu einem Ende.

Die innerste, unmittelbarste und vierte Schicht stellt Gongs Lyrik dar, in welcher sich seine dichterische Bedeutung am reinsten enthüllt. Es liegen drei Gedichtbände vor, die, abgesehen von der äußeren technischen wie von der inneren persönlichen Entwicklung, die sie spiegeln, von einer gewissen charakteristischen Gemeinsamkeit und Einheit in Struktur und Stil geprägt sind.[11]

Gongs Gedichte gehören im höchst allgemeinen und weitestgefaßten Sinn Hugo Friedrichs der „modernen Lyrik" an. Die traditionellen Strophen-Formen sind verschwunden und aufgebrochen zu reim- und regellosen rhythmisierten Versgruppen, die einem inneren Gesetz folgen: das Ergebnis besteht im Zerlegen und Deformieren, einer Ästhetik des Häßlichen, Vereinsamung und Angst, einer verfremdend wirkenden Unbestimmtheitsfunktion der Determination, des Absurden und der Sprach-Magie, inkongruentem Stil und neuer Sprache.[12] Die lyrischen Sackgassen „konkreter Poesie" oder didaktisch-gesellschaftskritischer Reduktion der Lyrik zu politischer Rhetorik hat Gong niemals beschritten. Bis zu einem gewissen Grad könnte man viele seiner Gedichte mit dem Werk jener Autoren vergleichen, die als Beispielsfälle einer Spätphase des hermetischen Gedichts charakterisiert worden sind.[13] Ähnlich wie für Paul Celan und Johannes Bobrowski waren Trauma und Schrecken des Zweiten Weltkriegs der auslösende Faktor für seine Lyrik.

Gewiß: Gong hat trotz gelegentlicher Lektüre in Büchern über die Kabbala niemals wie Celan eine ästhetische Version und Synthese von jüdischer Mystik mit absoluter Poesie versucht. Seine Thematik ist auf den ersten Blick weniger hermetisch, ja sie erinnert fast an traditionelle Bekenntnisdichtung persönlichster Art. Sie führt dabei nicht wie jene Bobrowskis zurück zur „gestorbenen Sprache" der Pruzzen, sondern zur ostjüdischen Herkunft aus der Bukowina. Rückblickend, selbst auf das Elend dieser Zeit, tut sich eine Welt der Offenbarung und Bejahung in seinen Gedichten auf; Ausschau haltend auf das Leben in New York der jeweiligen Gegenwart, verschließt sich alles.

Man hat vom frühen großen Vorbild Gongs, von Frederico Garcia Lorca, gesagt, er besäße den Vorteil und die Überlegenheit gegenüber all jenen, die sich ihre lyrischen Voraussetzungen erst erarbeiten müssen, in seiner spanischen Herkunft. Spanien, wurde gesagt, wäre neben Irland dasjenige Land Europas, das sich noch aus dem Mythos erneuert.[14] Man hat dabei den europäischen Osten vergessen, die Heimat Celans und Mandelstams, aber auch Joseph Roths und Alfred Gongs. Im Exil von Nex York versucht er sich zu erinnern, zurückzulauschen in tiefe Schichten des Unbewußten, vielleicht noch viel weiter zurückreichend als bis zur frühen Kindheit, um den schöpferischen Born längstvergessener Vergangenheit nun ins Bewußtsein zu heben. „Meine Stadt", „Bukowina", „Topographie" von Czernowitz, das sind einige seiner Gedichttitel. Aber auch Gedichte wie „Die Steine gedenken", „Damals, als pan Silvester...", „Studium Generale", „Initiation", „Mein Vater", „Gejaid" führen zurück in jene Welt, und in „Somnia" spricht er es förmlich aus:

> Später, als sie seltener wurden, ahnte er:
> Mit den Genen erbt man auch ihre Träume,
> und Schlaf ist ein Streifen, belichtet
> wieder und wieder zwischen Eiszeit und
> Endbrand.

Aber nicht nur den Kampf um die Erinnerung an jene vergessenen Welten hat Gong durchzufechten, sondern auch den alten Kampf des unbekannt ins Exil gegangenen Autors um Resonanz und Anerkennung. Es ist ein verzweifelter Kampf, aus derselben verlorenen Bastion heraus geführt, und je weniger Siege in Einzelgefechten möglich sind, desto näher und größer ist die endgültige Ermüdung. Man findet Gedichte Gongs in Zeitschriften, Anthologien und Lesebüchern. Aber er ist im Grunde unbekannt. Ein Buch, das eine Überschau über die deutsche Lyrik der Gegenwart gibt, nennt seinen Namen nicht, und das ist keineswegs eine Ausnahme, sondern die Regel.[15]

In einem späten Gedicht, „Nachbilanz", stellt Gong denn auch die schon lethargisch klingende Frage:

> Wenn die sterile Feder bald
> auf das leere Blatt fallen wird,
> was hast du noch zu gewärtigen?
> Wie schlägt man denn seine Zeit
> bis zur Abberufung tot?

Nicht daß Gongs Gedanken mehr und mehr um den Tod kreisten, sondern daß er dem permanenten Ausgeschlossen- und Ausgestoßensein kaum mehr Kraft entgegenzusetzen hatte, bestimmte seine Tragik. Den letzten Abschnitt seines letzten Gedichtbandes nannte er „Verdämmerung", und als Motto stellte er ihm ein Wort Dante Gabriel Rossettis voran: „Look at my face: My name is Might-have-been, I am also called No-more, Too-late, Farewell." Wer sollte denn auch seine Verse lesen und dem Zermürbten, Halbgebrochenen noch seine späte Chance geben, wer in seiner nunmehr sowjetischen einstigen Heimat der Bukowina, wer in seiner neuen „Exilheimat" New York, wer in den Gebieten der deutschen Sprache seiner Lyrik, deren teils so betulicher Literaturbetätigung er fremder geblieben ist als seinem Exil? Aufopfernd gepflegt von seiner Frau, ansonsten jedoch menschlich wie literarisch fast völlig vereinsamt, ist Alfred Gong am 18. Oktober 1981 in New York verstorben.

Anmerkungen

1   Erste Gedichte und Essays von Alfred Gong erschienen in Wien in den Zeitschriften *Lynkeus*, hg. v. Hermann Hakel und *Neue Wege*, hg. v. Friedrich Plakovics. Auch im Band 2 (1955) der Anthologie „Tür an Tür", hg. v. Rudolf Felmayer. Noch in späteren Jahren erschienen Gedichte Gongs in österreichischen Zeitschriften. Vgl. bspw. *Literatur und Kritik*, Nr. 52 (März 1971), S. 92-94. Spätere Gedichte und Veröffentlichungen in: *Akzente, Alternative, Christ und Welt, Die Horen, Hortulus, Kultur, Literatur und Kritik, Merkur, Neue Deutsche Hefte, Neue Literatur, Wort in der Zeit, Zet.*
2   *Manifest Alpha*, hg. v. Rudolf Felmayer in dessen Kleinbuchreihe „Dichtung aus Österreich", Wien 1960.
3   „Grünhorn Blues", *Literatur und Kritik*, Nr. 50 (Nov. 1970), S. 584-591.
4   „Grünhorn Blues", ebda., S. 590.
5   Vgl. etwa: „Teutsches Tun in Neuyork", *Merian*, XXIII, Nr. 9 (Okt. 1970), S. 112-114.
6   Das Gedicht „Robinson" findet sich in dem bisher reifsten und besten Gedichtband *Gnadenfrist*, Baden bei Wien 1980, S. 55.
7   Diese Selbstdarstellung hat Alfred Gong für den Verfasser dieses Aufsatzes geschrieben und einem Brief vom 17. März 1973 beigelegt.
8   *Interview mit Amerika*, hg. v. Alfred Gong, München 1965. Vgl. auch: „Capital of our Time" (Foreign Writers Experience New York), *AGR* (Phila-

delphia), April/Mai 1964, S. 6-14; „Weltstadt unserer Zeit" (Deutsche Autoren erleben New York), *Zeitschrift für Kulturaustausch*, Institut für Auslandsbeziehungen (Stuttgart), Nr. 3 (1965), S. 118-126; „Reflected Images" (America in German Writing), *AGR*, XXXII, Nr. 3 (Feb./März 1966), S. 8-12.

9 „Grünhorn Blues", ebda.; „Teutsches Tun in Neuyork", ebda.; „Democracity", *FAZ*, 1. April 1964; „Am deutschen Broadway", *SZ*, 2. März 1967. Einige dieser Essays sind noch immer ungedruckt.

10 Hörspiele, die Gong noch in den USA schrieb, waren: *Zetdam* (1958), *Um den Essigkrug* (1959), *Klischee aus Übersee* (1961).

11 *Manifest Alpha*, ebda.; *Gras und Omega*, Heidelberg 1961; *Gnadenfrist*, Baden bei Wien 1980.

12 Vgl. Hugo Friedrich, *Die Struktur der modernen Lyrik*, Reinbek bei Hamburg 1968.

13 Hans Dieter Schaefer, „Zur Spätphase des hermetischen Gedichts", in *Die deutsche Literatur der Gegenwart*, hg. v. Manfred Durzak, Stuttgart 1971, S. 148-169.

14 Günter Blöcker, *Die neuen Wirklichkeiten*, Berlin 1957, S. 215.

15 Otto Knörrich, *Die deutsche Lyrik der Gegenwart*, Stuttgart 1971.

Zum letzten Gedichtband Peter Huchels:
Die neunte Stunde

Die neunte Stunde ist der bis jetzt späteste, reifste und bedeutendste Gedichtband Peter Huchels. Einer der größten Lyriker vor ihm hat einmal gesagt, Verse seien nicht Gefühle, sondern Erfahrungen, um derentwillen man viele Städte, Menschen und Dinge sehen muß, um derentwillen man „Die Tiere kennen" muß, man fühlen muß, „wie die Vögel fliegen und die Gebärde wissen" muß, „mit welcher die kleinen Blumen sich auftun am Morgen".[1] Darüber hinaus aber, erkannte er, daß es auch nicht hinreiche, Erfahrungen und Erinnerungen zu haben:

> Man muß sie vergessen können, wenn es viele sind, und man muß die große Geduld haben, zu warten, daß sie wiederkommen. Denn die Erinnerungen selbst *sind* es noch nicht. Erst wenn sie Blut werden in uns, Blick und Gebärde, namenlos und nicht mehr zu unterscheiden von uns selbst, erst dann kann es geschehen, daß in einer sehr seltenen Stunde das erste Wort eines Verses aufsteht in ihrer Mitte und aus ihnen ausgeht.[2]

Die Zeichen der Gedichte Huchels in diesem späten Band, die Hieroglyphen seiner Verse sind solche Sublimierungen Blut gewordener Erfahrungen einer bedeutenden Existenz, der das harte Schicksal widerfuhr, in deutsches Geschehen und deutsche Geschichte des zwanzigsten Jahrhunderts hineingeboren worden zu sein. Was aber Jakob Burckhardt von Exil und Verbannung im besonderen erklärt hat, das gilt für das Ausgesetztsein der extremen Belastungen und Grenzsituationen sozialer, politischer, geistiger Gefährdungen gegenüber im allgemeinen: solche Belastung hat „die Eigenschaft, daß sie den Menschen entweder aufreibt oder auf das Höchste ausbildet."[3]
Schon in seiner Jugend, auf dem Bauernhof seines Großvaters aufwachsend, zwischen dem kargen Los und der kargen Sprache von Taglöhnern und Mägden, Kesselflickern und Schnittern unterschied

er zwischen Einengung und Beschränkung, die im wahrsten Sinn des Wortes natur-gegeben, und damit annehmbar war und solcher, die künstlich und unannehmbar war. Unter dem Einfluß des durch Jagen und Fischen naturverbundenen Großvaters war ihm schon früh der lebendige Geist der Wahrheit und der Liebe der freireligiösen Gemeinden näher als jegliches System eines Kirchendogmas.

Während seines Studiums an den Universitäten Berlin, Freiburg und Wien und während seiner Wanderjahre in Frankreich, auf dem Balkan und in der Türkei, nahm er vor allem jene Einflüsse auf, die seinem Wesen als Einzelgänger und seiner Betonung des Individualistischen entsprachen. So etwa spiegeln die Verse eines frühen, noch unselbständigen Gedichts in Ton, Rhythmus und Bildern die Mystik von Rilkes Stundenbuch wieder.[4] Die Signaturlehre eines anderen großen Einzelgängers, Jakob Böhmes, gab Huchel den ersten Anstoß eine eigene lyrische Zeichensprache zu entwickeln, bei der allerdings die Grundidee der Böhmeschen Signaturlehre insofern in ihr Gegenteil umgestülpt ist, als Huchels Zeichen nicht wie jene Böhmes auf „das ewige Wesen", sondern auf „das Ausbleiben Gottes " weisen.[5] Seine schon früh einsetzende Wertschätzung der Gedichte Georg Trakls mit ihren eigenwertigen Bildern in Verbindung mit jener Signaturlehre führten zur Schaffung einer lyrischen Zeichensprache die schon besonders in Naturmetaphern weitgehend ausgebildet war als er 1932 den Lyrikpreis der literarischen Zeitschrift *Die Kolonne* erhielt, in der sich „Naturlyriker" von Elisabeth Langgässer und Günter Eich bis Martin Raschke und Eberhard Meckel vereinigt hatten.

Die entsetzliche Unterdrückung alles Geistigen durch den kollektivistischen Rechtstotalitarismus Hitlers beantwortete der Lyriker Huchel durch das Schweigen des Nichtveröffentlichens. Schon das Erscheinen des Gedichtbandes *Der Knabenteich*, für den er den Preis der *Kolonne* erhalten hatte, und der 1933 hätte erscheinen sollen, verhinderte er. Nur einige unpolitische Funkdichtungen wurden von ihm gesendet. 1940 wurde er zur deutschen Armee eingezogen. 1945 kehrte er aus russischer Kriegsgefangenschaft heim, heim in die damals russische Zone Deutschlands.

Als psychologische Reaktion auf das Trauma des Rechtstotalitarismus mag es verständlich sein, daß er die gewiß nicht weniger entsetzliche Unterdrückung alles Geistigen durch den kollektivistischen Linkstotalitarismus nicht ebenso sofort mit gleichem Schweigen beantwortete. Er wurde 1946 Sendeleiter beim Ostberliner Rundfunk, und wurde 1949 Chefredakteur der ostdeutschen Literaturzeitschrift *Sinn und Form*, schrieb nicht nur durch Naturmetaphern und Mythen verschlüsselte Gedichte und nicht nur solche bitterer Trauer und Klage über die Unmenschlichkeiten des Zweiten Weltkriegs, sondern auch Gedichte, in denen sich gedämpfter Optimismus beispielsweise über die kommunistische Bodenreform ausdrückte. Er hat zunächst auch nach seinem Verlassen Ostdeutschlands in einem Interview es abgelehnt, sich als „Nicht-Marxist" einstufen zu lassen[6] und hatte 1951 den ostdeutschen „Nationalpreis III. Klasse" erhalten.

Dennoch konnte von ihm gesagt werden, daß er „als Einzelner" die literarische Situation nicht zu verändern vermochte, „wenn auch seine Gedichte alles übertreffen sollten, was Brecht, Becher, Arnold Zweig, Anna Seghers oder Hermlin nach ihrer Rückkehr verfaßten". Er veröffentlichte auch nur in Zeitschriften; bis zu seinem „Exodus" aus Ostdeutschland, „erschien in der DDR bezeichnenderweise von ihm kein einziger Gedichtband".[7]

Ja gerade seine Teilnahme an der ostdeutschen Literatur und Literaturpolitik führte notwendig schneller und zu einem tieferen Bruch als hätte er genau so schweigend abseits zu stehen versucht wie in der Zeit des Nationalsozialismus. Denn obwohl er die notwendigen Parteierfordernisse erfüllte und aus Anlaß des Ablebens des ostdeutschen Kultusministers und Lyrikers Johannes R. Becher selbstverständlich die „diffizile Arbeit"[8] unternahm, eine Sondernummer von *Sinn und Form* herauszubringen, stellte er doch im allgemeinen literarische Qualität über die Parteidoktrin. Dies führte dazu, daß er im Zusammenhang mit einer allgemeinen Kursverschärfung auf dem VI. Parteitag der SED im Januar 1963 von einem Magdeburger Parteisekretär des Angriffs „gegen die Politik der Partei und gegen den sozialistischen Realismus" bezichtigt wurde. Huchel hatte im Zuge dieser Angriffe — vor allem auch von Seiten des eifernden Fanatikers Kurella — nicht nur seinen Posten als Chefredakteur von *Sinn und Form* verloren, worauf das Niveau der Zeitschrift sofort erschreckend sank; er wurde nach der 1963 erfolgten Verleihung des West-Berliner

Kunstpreises für Literatur in die Situation einer wahrhaft „inneren Emigration" gezwungen. Er mußte in seinem Haus in Wilhelmshorst bei Potsdam in völliger Isolation leben, es war ihm untersagt Post oder Bücher zu empfangen und im gegenüberliegenden Haus saß ohne Unterbrechung ein Spitzel, der die Autonummern der besuchenden Freunde notierte. Das Verlassen Ostdeutschlands oder der Besuch ausländischer Freunde waren ihm überhaupt untersagt. Nicht einmal die Gedichte, die er in den letzten vierzehn Jahren in der offiziösen ostdeutschen Literaturzeitschrift *Sinn und Form* veröffentlicht hatte, durfte er zu einem Band gesammelt herausbringen.

Endlich, nach acht Jahren, gelang es der Initiative des Internationalen PEN Clubs und einem „Appell" in der Londoner Times an den beschränkten ostdeutschen Ministerpräsidenten Ulbricht, die Bewilligung zu Huchels Auswanderung aus der DDR zu erlangen. Unter Verlust von Haus und Vermögen übersiedelte Huchel mit Frau und Sohn nach Westdeutschland. Nach einem einjährigen Aufenthalt in Rom unternahm er Reisen nach England, Belgien, Holland und Skandinavien. Unter den zahlreichen Ehrungen ist vor allem die Aufnahme in die Bayrische Akademie der Künste — zusammen mit Alexander Solschenizyn — zu nennen, sowie die Verleihung des Ordens „Pour le merite" und des großen Literaturpreises des Brüsseler Europarates.

Manche haben in Huchel einen reinen Naturlyriker sehen wollen und obwohl dies zumal in seiner Frühphase weitgehend richtig ist[9], wird die Seite der Natur später doch in zunehmender Weise nur mehr eine Schicht neben anderen, nicht zu reden davon, daß auf weiten Strecken seines Schaffens keineswegs im Sinn der sogenannten „Naturlyriker" das lyrische Ich den Mächten und Elementen der Natur gegenüber steht und ihnen durch Herkunft, Identifikation und Rückkehr in sie verbunden ist, sondern daß die Metaphern und Bilder der Natur als Chiffren für menschliche Beziehungen stehen.

Die Reduktion auf eine noch viel engere Teilwahrheit bedeutet es, wenn man Huchels Gedichte ausschließlich von der politischen Ebene her sieht und den kleinen Teil von ihnen, wo diese im Vordergrund steht, womöglich einseitig aus marxistischer Sicht nach ihrer diesbezüglichen Brauchbarkeit beurteilt — wie dies tatsächlich geschehen

222

ist.[10] Zweifellos ist in Huchels Schaffen auch eine politische Schicht vorhanden. Obwohl sie aber wichtiger ist, als es auf den ersten Blick erscheinen mag, und zwar gerade da, wo sie nicht offen in Erscheinung tritt, sondern wo sie sich hinter Bildern und Symbolen aus Natur oder mitunter auch Geschichte verbirgt, ist Huchels Schaffen doch nichts weniger als zur Gänze politische Lyrik.

Wie der nur siebzehn Jahre ältere bedeutende preußische Lyriker Gottfried Benn vorübergehend eine Affinität zum Rechtstotalitarismus faschistischer Prägung hatte, dessen Praxis ihn bald zu Protest und ins Schweigen trieb, so hatte sein jüngerer Landsmann Huchel eine vorübergehende Affinität zum Linkstotalitarismus kommunistischer Prägung, dessen Praxis ihn zu paralleler Reaktion trieb.

Natürlich gibt es zahlreiche Verschiedenheiten persönlicher Variationsformen. Benn sagte von sich etwa, daß nur manchmal eine Stunde ist, in der er wirklich ist, in der die beiden „Fluten" oder die beiden „Welten" hochschlagen zu einem „Traum". Die beiden Welten sind wie bei Huchel das Ich und die Natur, aber Huchels „Traum" erscheint weniger irrational und wirklicher. Beide aber, Benn wie Huchel setzen den Tendenzen zu quantitativer, nur berechnender, gleichmacherischer Barbarei ihren Sinn für Sensitivität und Qualität des Dichterischen entgegen. Beide protestieren gegen die Funktionäre als Erfüllungsgehilfen seelenloser und systematisierter Ideologie durch Verachtung, durch Ausweichen in verhüllten Protest, durch Schweigen. Beide setzen den Gefährdungen eines extremen Kollektivismus, sei es von rechts oder links, einen entschiedenen Individualismus entgegen.

Man hat den Individualismus Peter Huchels den auf Individualitätsüberwindung zielenden, linksorientierten, sozialen und manchmal geradezu kollektiv sehnsüchtigen Gedichten westdeutscher Autoren der Sechziger- und Siebzigerjahre gegenübergestellt und geurteilt:

Die Tatsache, daß das Prinzip der Persönlichkeit von Dichtern, die unter dem Kommunismus leben, wieder bekräftigt wird, während viele Dichter, die in relativ individualistischen Gesellschaftsordnungen leben, noch immer die Sprache und die poetologischen Grundlagen der Dichtung zu depersonalisieren trachten, wäre nur dann ein Paradoxon, wenn Dichter Konformisten wären, wenn Dichter völlig unabhängig wären von den inhärenten Paradoxa der Geschichte, oder wenn die Entwicklung der Lyrik sich gradlinig vollzöge und nicht dialektisch, d.h. unter dem Anstoß von Konflikten und Spannungen.[11]

Von hier aus wird es besonders einsichtig, daß die dritte und besonders wichtige Schicht im Schaffen Peter Huchels neben der naturbezogenen und der politischen vor allem die individuell-existentielle ist, die sich weniger im Zusammenhang mit dem politisch-historischen Kontext als in den Bezügen zu einer allgemein menschlichen Symbolik mythischer Wiederkehr kontrastierend präzisiert und niederschlägt.

Die Leistung des Dichters, im Persönlichen wie im Lyrischen sich von den radikalen Freiheitsbedrohungen, Unterdrückungsmaßnahmen und Ideologisierungseinflüssen freizuhalten, kann kaum hoch genug angeschlagen, ja kann in Ländern der freien Welt kaum wirklich verstanden, geschweige denn nachvollzogen werden. Vom ersten, durch die faschistische Machtübernahme indirekt verhinderten Gedichtband des Dreißigjährigen bis zum Großteil des sechsten Gedichtbandes des Neunundsechzigjährigen, der ein Jahr nach seinem Verlassen des kommunistischen Ostdeutschland erschien, standen Leben und Schaffen dieses Autors unter einem ganz unglaublichen Druck und konnten sich einfach nicht frei entfalten. Es geht also nicht um einige Jahre, oder selbst Jahrzehnte, sondern im Grunde um den weitaus wichtigsten und überwiegendsten Teil seines ganzen Lebens, daß er wo nicht zum Schweigen, so zumindest zum verschlüsselten Schreiben durch Anspielung, Umschreibung, Gestaltung von Parallelen in Natur und Geschichte, gezwungen war. Ohne daß er aktiv dafür besonders eingetreten wäre, einfach auf Grund der Koordinaten seines Lebens im Osten Deutschlands der Dreißiger- bis Siebzigerjahre stand sein Leben vor allem anderen unter der Wucht eines erdrückenden Schattens erlittener Politik. Für den Menschen wie für den Dichter ist es unter solchen Voraussetzungen gleich ungewöhnlich und schwer, wo nicht unmöglich, das unmittelbar Menschliche zu bewahren, zu retten, zum Ausdruck zu bringen. Die Dichtung Peter Huchels legt aber für das Gelingen solcher Haltung beredtes Zeugnis ab.

Es ist unter diesen Umständen nur allzu verständlich, daß man die Entwicklung von Huchels lyrischem Schaffen unter dem Gesichtspunkt seiner verschiedenen Reaktionsphasen auf den politischen Druck hin in Abschnitte eingeteilt hat:

1. Die Frühzeit des Anfangs vor Hitlers Machtübernahme
2. Die Zeit der Herrschaft des Nationalsozialismus von 1933-1945
3. Die Zeit, in der Huchel in Ostdeutschland geduldet und gefördert war von 1946-1962
4. Die Zeit der Isolation und Verfolgung in Ostdeutschland 1962-1971 [12]
5. Die erste Zeit der Freiheit in Westdeutschland von 1971-1978, die Zeit der Ablösung vom Alten und der Hinwendung zu Neuem
6. Ab 1977 die Zeit verklärter Einsamkeit und innerer Ruhe.

Diese Unterteilung hat indessen wenig mit der grundlegenden Eigenart der Gedichte von Huchel zu tun. Hier hat man weit sinnvoller drei Phasen unterschieden:

1. Die Phase von Gedichten in traditionellen Strophenformen, fast durchwegs gereimt, von 1925-1947
2. Die Phase des zunehmenden Einbruchs offener Formen reimloser Verse, unregelmäßiger und ruheloser Strophen und der bewußt chiffrierten Bildsprache von 1948 bis etwa 1968 [13]
3. Die Phase der zwar beibehaltenen äußeren offenen Form, die jedoch von innen her wesentliche Änderungen erfährt: an Stelle der politisch motivierten Chiffrierung tritt eine künstlerisch bedingte; die zentralen Metaphern und Chiffren der Erstarrung wie Nebel und Eis, Fels und Meer, Asche, Staub und Kalk mit ihren oft direkten politischen Bezügen weichen zeitlos-mythischen des Engels und Ophelias, Odysseus' und Persephones mit individuell-menschlichen Bezügen.

An die Stelle des Natur-Mythos der Frühzeit ist der menschliche Mythos getreten, in dessen Wiederkehr und Bild die jeweils konkrete, gegenwärtige Situation sich spiegelt und klärt, und in dessen Zeitlosigkeit sie in ihrer Zeitverhaftetheit aufgehoben ist. Im Band *Gezählte Tage* von 1972 finden sich noch Gedichte der Phasen zwei und drei nebeneinander: die vorwiegend politisch bezogenen Gedichte von „Winter" und „Die Niederlage" bis zu „Der Waschtag" und „Meinungen" neben „Undine" oder „Erscheinung der Nymphe im Ahornschauer".

Der Band mit dem Titel *Die neunte Stunde* des sechsundsiebzigjährigen Huchel enthält nur Gedichte der dritten Phase. Es sind die reifsten, verklärtesten, bedeutendsten Gedichte Huchels. Schon das Titelgedicht mit seiner Anspielung auf Leiden und Tod Christi, die symbolisch als Chiffre für das menschliche Leiden überhaupt und besonders für das Leiden des Mannes mit der Hirtentasche, einer Chiffre für Huchel selbst steht, zeigt jene Verschmelzung gegenwärtiger Wirklichkeit mit mythischer Vergangenheit.

Die zeitlos mythische Wahrheit der stets neuerlichen Erfüllung und Realisierung mythischer Formen durch die Wiederkehr paralleler Situationen in der Gegenwart, und in diesem Sinn der Mythos als Chiffre, spielt eine Rolle in einigen der wichtigsten Gedichte dieses neuen Bandes.

Das erste Gedicht des Bandes handelt von Enkidu, dem Gefährten des mythisch-sumerischen Königs Gilgamesch, der ihn „hinter den sieben Eisenriegeln" des Stadttors von Uruk lehrte, von der „Unterwelt" wieder loszukommen. Der Pfeilspitze Adas, des ammonitischen Gegenstücks des sumerischen Enlil als Sturm- und Donnergott, ist ein anderes Gedicht gewidmet, Melpomene, der „tragischen" Muse, ein drittes. In doppelt indirekter Weise und Transformation sind Bilder der Natur und Bilder mythischer Frühzeit mit Bildern persönlicher Erinnerung verschmolzen, die auf einen der tragischen Akte der deutschen Geschichte zielen, die Huchel mit-durchlebte. Auf dieses Mit-Durchleben zielt ein einziges, erschütterndes „wir" in der vorletzten Strophe des ganzen Gedichts, das ansonsten durchgehend in distanzierter Darstellung in dritter Person Chiffre an Chiffre reiht.

Oftmals dienen die persönlichen Fürwörter in diesen Gedichten ebenso transformierender und verfremdender Funktion wie die metaphorischen Chiffren. So identifiziert sich Huchel etwa viel direkter und unmittelbarer mit einzelnen Gedichten, die in distanzierender dritter Person gehalten sind, wie etwa mit dem emporsteigenden „Mann" im Titelgedicht „Die neunte Stunde", mit Odysseus in „Das Grab des Odysseus" oder mit dem davongehenden „Fremden" im Abschlußgedicht des Bandes, als mit den Figuren mancher Gedichte, die in der ersten Person geschrieben sind und in denen der Abstand zwischen dem empirischen Ich des Dichters und dem lyrischen Ich der Figuren viel weiter klafft wie etwa in „Der Ammoniter", in „Jan-Felix Caerdal" oder in „Im Kun Lun Gebirge".

226

Mitunter wechselt das persönliche Fürwort innerhalb eines Gedichtes von „er" zu „ich" – oder umgekehrt – und wieder zurück wie in „Aristeas I" oder in „Der Ketzer aus Padua". Gleichviel aber, ob sich und wenn ja, inwieweit sich der Dichter mit diesen Figuren identifiziert oder ob sie ihn nur als bemerkenswerte Gegenstände lyrischer Reflexion interessieren, die Wahl und Vorliebe für sie ist bezeichnend: da ist einerseits Marsilius von Padua, der in seinem Hauptwerk *Defensor Pacis* für eine weltliche, auf Volkssouveränität beruhende Staatsform eintrat und da ist andererseits jener Magier Aristäus, der sich nicht nur nach den einen in ein Reh, nach den anderen in eine Krähe verwandeln konnte, sondern von dem vor allem auch überliefert ist, daß er sieben Jahre nachdem er verstorben und verschwunden war, wieder zurückkehrte, ein Gedicht schrieb, und auf's neue verstarb.

Auf den ersten Blick ist nicht immer leicht zu entscheiden, ob manche Figuren dieser Gedichte zumindest einzelne Züge des Autors tragen oder nicht, vom Zigeuner Itau, über den verleumderisch falsche Gerüchte ausgesprengt werden, als er schon längst aus der Gegend verschwunden ist, über Hamlet, dessen Gesicht sich in einem Wassergraben spiegelt bis zum entthronten König Lear, der Knüppelholz schlägt für seine Linsensuppe.

Es ist bezeichnend für die tiefe Einsamkeit, aus der diese Gedichte stammen, daß sie sich im Grunde niemals an ein „Du" wenden. Wenn sie es anscheinend tun, wie etwa in „Östlicher Fluß" oder „In Bud", dann spricht der Autor zu sich selbst, oder aber wie in „Unterwegs" meint er eine durchziehende Zigeunerin, die er nicht direkt anspricht und die jene Worte niemals hören wird: das „Du" dient lediglich dramatisierender Verlebendigung dessen, was direkt die dritte Person des „Sie" meint.

Wenn Huchel in diesem Band sich aber direkt an andere wendet, wie in „Mein Großvater" oder „In memoriam Günter Eich", dann sind es Tote, die er aufruft, und er sagt wiederum nicht „du", sondern „er" oder allenfalls „wir". Selbst wenn er die Landschaft beschwört, steht er oftmals nicht direkt dem „Du" der Natur gegenüber, sondern beschwört Erinnerung und Vergangenheit wie in „Blick aus dem Winterfenster" oder in „Brandenburg".

„Nichts zu berichten", heißt es einmal, „das Einhorn ging fort und ruht im Gedächtnis der Wälder". Das Wunschbild, das tief in der Seele sitzt, es wird nicht direkt heraufgeholt, nicht hinaus projiziert ins Sichtbare. Es wird in der Tiefe belassen, der es zugehört. Doch gerade das Bewußtsein seiner Abwesenheit ruft es auf und macht es gegenwärtig. Jene innere Stille des Gedächtnisses, der Vergangenheit, der Erinnerung ist so viel mächtiger und lebendiger als die lärmende „Wirklichkeit" der äußeren Gegenwart, zumal wenn sie zur zeitlosen inneren Gegenwart erhoben wird wie in der Beschwörung des historischen Bretonen Jan-Felix Caerdal oder gar in mythischer Gestaltungsintensität von archetypischer Gültigkeit wie in „Persephone", in der das gesamte Universum „in den Duft einer Rose" einzieht.

Wie weit hat er sie hier alle hinter sich gelassen, die ihn unterdrückt haben und verfolgt, aber kaum weniger jene, die ihn bewunderten und für einen der „Ihren" hielten. Und dennoch: in der unendlichkeitsfernen Erinnerungstiefe seiner Einsamkeit, aus der sich in zeitlos-mythischer Universalität Verse wie jene über Persephone entringen, ist in vielfach gefilterter, geläuterter, sublimierter Form auch eine ferne Aber- und Aberspiegelung all jener kleinen und schwachen Menschlichkeit mitenthalten, die Spurenelemente mit beisteuert zum überwältigenden Duft jener einen, geheimnisvollen Rose.

Anmerkungen

1   Rainer Maria Rilke: *Die Aufzeichnungen des Malte Laurids Brigge*. Zürich 1948, S. 23.
2   Rainer Maria Rilke, op. cit., S. 24.
3   Jakob Burckhard: *Die Kultur der Renaissance in Italien*. Köln 1956, S. 69.
4   „Du Name Gott, wie kann ich dich begreifen?" Die ersten zehn Verse des Gedichts sind abgedruckt bei Axel Vieregg: *Die Lyrik Peter Huchels*. Berlin 1976, S. 17.
5   Axel Vieregg, op. cit., S. 17.
6   Rudolf Hartung „Gezählte Tage". In: Hans Mayer (Hg.): *Über Peter Huchel*. Frankfurt am Main 1973, S. 123.
7   Hans-Dietrich Sander: *Geschichte der Schönen Literatur in der DDR*. Freiburg 1972, S. 87.
8   Peter Huchel in einem Brief an Hans Henny Jahnn. In: *Hans Henny Jahnn –*

Peter Huchel. Ein Briefwechsel. 1951-1959. Hg. von Bernd Goldmann. Mainz 1974, S. 95.

9 Albert Soergel − Curt Hohoff: *Dichtung und Dichter der Zeit.* Düsseldorf 1964, Band II., S. 631.

10 John Flores: *Poetry in East Germany.* New Haven and London 1971, S. 121.

11 Michael Hamburger: *The Truth of Poetry.* New York 1970, S. 260. In deutscher Übersetzung erschienen unter dem Titel *Die Dialektik der modernen Dichtung.* München 1972, S. 337.

12 Zum ersten Mal findet sich diese Einteilung bei Peter Hamm: „Vermächtnis des Schweigens: Der Lyriker Peter Huchel." In: *Merkur*, Nr. 18 (1964), S. 480, übernommen von John Flores, a.a.O., von Fritz J. Raddatz: „Passe defini." In: Hans Mayer (Hg.): *Über Peter Huchel.* Frankfurt am Main 1973, S. 139-144 und anderen.

13 Peter Wapnewski hat in seiner Anthologie: Peter Huchel: *Ausgewählte Gedichte.* Frankfurt am Main 1973 gleichfalls drei Phasen im Schaffen von Huchel unterschieden. Über die innere Einheit und relative Abgeschlossenheit der ersten Phase von 1925-1947 besteht wohl kein Zweifel. Die Zäsur zwischen Phase 2 und 3 hat Wapnewski aber etwas äußerlich mehr von Huchels politischer Haltung als vom Wesen der Gedichte her zwischen 1962 und 63 gelegt, und die dritte Phase einfach mit dem Band *Chausseen Chausseen* beginnen lassen. Nun hat sich trotz Huchels politischer Ächtung 1962 weder die Chiffrensprache seiner Gedichte noch deren Ton grundlegend gewandelt. Ein solcher Wandel scheint sich mir erst mit der Veröffentlichung der „Neuen Gedichte" in der Zeitschrift *Neue Deutsche Hefte*, 15. Jg. (1968), Heft 117, S. 29-32 anzukündigen. Der Band *Gezählte Tage* enthält noch alte Gedichte der zweiten und bereits neue Gedichte der dritten Phase.

SELEKTIVE BIBLIOGRAPHIE

Die Auswahl dieser Bibliographie wurde nach zwei Gesichtspunkten getroffen: erstens wurden vorwiegend Titel von allgemeinerer Bedeutung aufgenommen und allzu Spezielles, auf einzelne Autoren allein bezogenes weggelassen und zweitens wurde von jenem allgemeineren Schrifttum nur jenes aufgenommen, das ein gewisses Objektivitätsstreben aufweist und literaturwissenschaftlich von Bedeutung ist. Der besseren Übersichtlichkeit halber wurde die Bibliographie in drei Teile gegliedert: 1. Bibliographien, Kataloge und Quellenkunde, 2. Erinnerungen und Thesen von Exilautoren selber und 3. Bücher und Aufsätze der Sekundärliteratur.

1. Bibliographien und Bio-Bibliographien, Ausstellungskataloge, Bio-bibliographische Anhänge in Anthologien und Schriften zur Erfassung von Archiv-Material und Quellenkunde

Amir, Dov: *Leben und Werk der deutschsprachigen Schriftsteller in Israel*, München 1981.

Berthold, Werner: Die Sondersammlung Exil-Literatur 1933-1945. In: *Die Deutsche Bibliothek 1945-1965*, hg. von Kurst Köster, Frankfurt a.M. 1966, S. 136-148.

Berthold, Werner: Ausstellungskatalog: *Exil-Literatur 1933-1945*, Frankfurt a.M. 1967.

Berthold, Werner - Eckert, Brita: Ausstellungskatalog: *Der deutsche PEN-Club im Exil 1933-1948*, Frankfurt a.M. 1980.

Breycha-Vauthier, A.K.: *Die Zeitschriften der österreichischen Emigration 1934-46*, Wien 1960.

Cazden, Robert: *German Exile Literature in America 1933-1950*. A History of the Free German Press and Vook Trade, Chicago 1970.

Daetz, Lily: Kleines Lexikon zur Sowjetliteratur. In: Gisela Lindemann (Hg.): *Sowjetliteratur heute*, München 1979, S. 234-265.

Danner, Karl-Heinz: Ausstellungskatalog *Dokumentation Deutsche Literatur im Exil*, Saabrücken 1973.

Deutsche Emigrationsliteratur in den Niederlanden 1933-1940. Katalog der Ausstellung des Goethe Instituts Amsterdam und Het onderzoekcentrum voor

Duitse emigrantenliteratuur in Nederland der Universität Leiden, Leiden, o.J.

Deutsche Nationalbibliographie. Ergänzungen I. Verzeichnis der Schriften, die 1933-1945 nicht angezeigt werden durften. Bearbeitet und herausgegeben von der Deutschen Bücherei in Leipzig, Leipzig 1974.

Dotzauer, Gertraude: *Die Zeitschriften der deutschen Emigration in der Tschechoslowakei 1933-1938,* Diss., Wien 1971.

Drews, Richard—Kantorowicz, Alfred (Hg.): *Verboten und Verbrannt,* Deutsche Literatur 12 Jahre unterdrückt, Berlin und München 1947.

Felmayer, Rudolf: Bio-bibliographischer Anhang zur Lyrik-Anthologie *Dein Herz ist deine Heimat,* Wien 1955, S. 367-391.

German Exile Literature. A Symposium and Exhibit. University of Kentucky Foreign Language Conference, 22.-24. April 1971, Lexington, Kentucky 1971.

Grossberg, Mimi—Suchy, Viktor: Ausstellungskatalog *österreichische Autoren in Amerika,* Wien 1970.

Halfmann, Horst: Bibliographien und Verlage der deutschsprachigen Exilliteratur 1933-1945. In: *Beiträge zur Geschichte des Buchwesens,* Bd. 4 (1969), S. 189-294.

Halfmann, Horst: *Zeitschriften und Zeitungen des Exils 1933-1945,* Leipzig 1975.

Huder, Walther: Dokumente der Exilliteratur in den Archiven, Sammlungen und Bibliotheken der Westberliner Akademie der Künste. In: *Jahrbuch für Internationale Germanistik,* Bd. I (1974), S. 120-26.

Huder, Walther (Hg.): Ausstellungskatalog der Berliner Akademie der Künste: *Theater im Exil 1933-1945,* Berlin 1973.

Johannes, Detlev: Ausstellungskatalog: *Verbrannt-Verboten-Verdrängt?,* Worms 1973.

Maas, Lieselotte: *Handbuch der deutschen Exilpresse,* München, Bd. I. 1976, Bd. II. 1971.

Röder, Werner—Strauss, Herbert A. (Hg.): *Biographisches Handbuch der deutschsprachigen Emigration nach 1933,* Bd. I.: Politik-Wirtschaft-öffentliches Leben, München 1981.

Schlösser, Manfred (Hg.): Biographien-Bibliographien als Anhang zur Lyrik-Anthologie *An den Wind geschrieben,* Darmstadt 1961, S. 323-372.

Spalek, John M.: *Guide to the Archival Materials of the German-Speaking Emigration to the United States after 1933,* Charlottsville, Virginia 1979.

Stern, Desider: *Werke jüdischer Autoren deutscher Sprache,* Wien 1970.

Sternfeld, Wilhelm—Tiedemann, Eva: *Deutsche Exil-Literatur 1933-1945,* eine Bio-Bibliographie, Heidelberg 1970.

2. Auswahl von Erinnerungen und Betrachtungen von Exilautoren selbst

Brod, Max: *Streitbares Leben*, München 1960.
Döblin, Alfred: *Schicksalsreise*, Frankfurt a.m. 1949.
Feuchtwanger, Lion: *Unholdes Frankreich*, Mexico City 1942.
Haas, Willy: *Die Literarische Welt*, München 1957.
Kesten, Hermann: *Meine Freunde, die Poeten*, Wien 1953.
Kesten, Hermann: *Der Geist der Unruhe*, Köln 1959.
Koestler, Arthur: *Die Geheimschrift*, München-Wien-Basel 1954.
Lothar, Ernst: *Das Wunder des Überlebens*, Hamburg-Wien 1960.
Mann, Heinrich: *Ein Zeitalter wird besichtigt*, Sticoholm 1946.
Mann, Klaus: *Der Wendepunkt*, Frankfurt a.M. 1952.
Mann, Thomas: *Die Entstehung des Doktor Faustus*, Stockholm-Amsterdam 1949.
Milosz, Czeslaw: *Verführtes Denken*, Frankfurt a.M. 1980.
Neumann, Robert: *Ein leichtes Leben*, Wien-München-Basel 1963.
Regler, Gustav: *Das Ohr des Malchus*, Köln-Berlin 1958.
Solzhenitsyn, Alexander: *Warning to the West*, New York 1975.
Sperber, Manès: *Leben in dieser Zeit*, Wien 1972.
Sperber, Manès: *Bis man mir Scherben auf die Augen legt*, Wien 1977.
Victor, Walther: *Kehre wieder über die Berge*, New York 1945.
Vordtriede, Werner: *Das verlassene Haus*, München, o.J.
Wolfkehl, Karl: *Zehn Jahre Exil*, Briefe aus Neuseeland 1938-1948, hg. von Margot Ruben, Heidelberg 1959.
Zuckmayer, Carl: *Als wär's ein Stück von mir*, Frankfurt a.M., 1966.
Writer's Congress: *The Proceedings of the Conference held in October 1943 ... University of California*, Berkeley and Los Angeles 1944.

3. Bücher und Aufsätze der Sekundär-Literatur einschließlich Anthologien von Text-Sammlungen

Arnold, Heinz Ludwig (Hg.): *Deutsche Literatur im Exil 1933-1945*, Bd. I. Dokumente, Bd. II. Materialien. Frankfurt a.M. 1974.
Berendsohn, Walter A.: *Die humanistische Front*, Teil I, Zürich 1946, Teil II. Worms 1976.
Berglund, Gisela: *Deutsche Opposition gegen Hitler in Presse und Roman*, Stockholm, o.J. (= 1972).
Bermann-Fischer, Gottfried: *Bedroht — Bewahrt: Der Weg eines Verlegers*, Frankfurt a.M. 1971.
Betz, Albrecht: Deutsche Exil-Literatur in Frankreich und ihre Erforschung.

In: *Médidations ou le métier de germaniste. Mélanges offerts à Pierre Bertaux*, Paris 1977, S. 106-110.

Bilke, Jörg Bernhard: Heimatlosigkeit als Schicksal. Der SED Staat verliert seine Dichter. In: Gerd-Klaus Kaltenbrunner (Hg.): *Noch gibt es Dichter*, München 1979, S. 75-97.

Birnbaum, Henrik: *Doktor Faustus und Doktor Schiwago*, Lisse 1976.

Bodisco, Arvid de: Emigration und ihre tiefere Bedeutung. In: *Deutsche Rundschau*, 78. Jg. (1952), Heft 4, S. 381-86.

Brenner, Hildegard: Deutsche Literatur im Exil 1933-1947. In: Hermann Kunisch (Hg.): *Handbuch der deutschen Gegenwartsliteratur*, München 1965, S. 677-694.

Breycha-Vauthier, A.: *Sie trugen Österreich mit sich in die Welt*, Wien 1962.

Broerman, Bruce Martin: *The German Historical Novel in Exile after 1933*, Diss., Albany 1976.

Cowley, Malcolm: *Exile's Return*. (Über die „lost generation" der amerikanischen Literatur), New York 1951.

Döblin, Alfred: *Die deutsche Literatur*, Paris 1938.

Durzak, Manfred (Hg.): *Die deutsche Exilliteratur 1933-1945*, Stuttgart 1973.

Durzak, Manfred: Laokoons Söhne. Zur Sprachproblematik im Exil. In: *Akzente*, Jg. 1974, Heft 1, S. 53-63.

Durzak, Manfred: Das Elend der Exilliteratur-Forschung. In: *Akzente*, Jg. 1974, Heft 2, S. 186-188.

Eidem, Odd: *Digtere i Landsflyktighet*, Oslo 1937.

Eisenberg-Bach, Susi: Deutsche Exil-Literatur in Südamerika. In: *Börsenblatt für den Deutschen Buchhandel*, Nr. 103 vom 29.12.1972, S.A. 437-439.

Elfe, Wolfgang—Hardin, James—Holst, Günther: *Deutsches Exildrama und Exiltheater*, Bern 1977.

Fabian, Ruth—Coulmas, Corinna: *Die deutsche Emigration in Frankreich nach 1933*, München 1978.

Fischer, Wolfgang Georg: Zur Sprache der Emigranten. In: *Literatur und Kritik*, Heft 128, Jg. 1978, S. 475-480.

Franck, Wolf: *Führer durch die deutsche Emigration*, Paris 1935.

Frühwald, Wolfgang: Odysseus wird leben. In: Werner Link (Hg.): *Schriftsteller und Politik*, Düsseldorf 1979, S. 100-113.

Frühwald, Wolfgang—Schieder, Wolfgang (Hg.): *Leben im Exil*, Hamburg 1981.

Gittig, Heinz: *Illegale antifaschistische Flugschriften 1933-1945*, Leipzig 1972.

Grimm, Reinhald—Hermand, Jost (Hg.): *Exil und innere Emigration*, Frankfurt a.M. 1972.

Hamburger, Michael: Einige Bemerkungen zur Kategorie Exil-Literatur. In: *Literatur und Kritik*, Heft 128, Jg. 1978, S. 481-484.

Hansen, Thomas S.: *The Deutschlandroman in Exile*, Diss., Harvard 1977.

Hatvani, Paul: Nicht da, nicht dort: Australien. In: *Akzente*, Heft 6, Jg. 1973, S. 564-71.

Heiden, Konrad: Der Prüfungsfall der Emigration. In: *Das Neue Tagebuch*,

5. Jg. (1937), Heft 12, S. 276-80.

Heller, Fred: *Das Leben beginnt noch einmal*, Buenos Aires 1945.

Hiller, Kurt: *Profile*, Paris 1938.

Hirschfeld, Gerhard: *Exil in Großbritannien*, Stuttgart 1981.

Hohendahl, Peter Uwe—Schwarz, Egon (Hg.): *Exil und innere Emigration II*, Frankfurt a.M. 1973.

Höpker, Wolfgang: Zwischen gestern und morgen. Welt und Scheinwelt der Emigration. In: *Zeitwende*, 21. Jg. (1949/50), S. 363-71.

Jentzsch, Bernd: Offener Brief an Ernst Honecker. In: Berner *Bund*, vom 24.11. 1976.

Kamla, Thomas: *Confrontation with Exile*. Studies in the German Novel, Bern 1975.

Kantorowicz, Alfred: *Exil in Frankreich*, Bremen 1971.

Kantorowicz, Alfred: *Politik und Literatur im Exil*, Hamburg 1978.

Kasack, Hermann: Zum Gedenken der in der Verbannung gestorbenen Dichter. In: *Deutsche Rundschau*, Jg. 1955, Heft 2, S. 147-51.

Kesten, Hermann: Deutsche Literatur im Exil. In: *Deutsche Universitätszeitung*, Jg. 1956, Nr. 22, S. 14-19.

Kesten, Hermann: *Deutsche Literatur im Exil*, Briefe Europäischer Autoren, 1933-1949, Frankfurt a.M. 1973.

Kesten, Hermann: Fragen und Antworten. In: *Akzente*, Heft 2, Jg. 1974, S. 189-91.

Koestler, Arthur: *Ein spanisches Testament*, London 1937.

Krispyn, Egbert: *Anti-Nazi Writers in Exile*, Athens, Georgia 1978.

Laemmle, Peter: Vorschläge für eine Revision der Exilforschung. In: *Akzente*, Jg. 1973, Heft 6, S. 509-519.

Lindt, Peter M.: *Schriftsteller im Exil*. Zwei Jahre deutsche literarische Sendung am Rundfunk in New York, New York 1944.

Malone, Dagmar: *Literarische Kontroversen innerhalb der Exilliteratur der Dreißigerjahre*, Diss., Los Angeles 1970.

Marx, Henry: Exiltheater in den USA 1933-1945. In: *Theater heute*, Jg. 1974, Heft 2, S. 1-4.

Mayer, Hans: Und saßen an den Ufern des Hudson. In: *Akzente*, Jg. 1976, Heft 5, S. 439-46.

Mittag, Susanne: Im Fremden ungewollt zuhaus. Frauen im Exil. In: *Exil*, 1. Jg. (1981), Nr. 1, S. 49-56.

Muehlen, Norbert: Das Exil war keine Volksfront. Wie man die Geschichte der literarischen Emigration von 1933-1945 verfälscht. In: *Welt* vom 18.1.1975.

Paucker, Henri R. (Hg.): *Neue Sachlichkeit. Literatur im „Dritten Reich" und im Exil*, Stuttgart 1974.

Paucker, Henri R.: Exil und Existentialismus. In: *Neue Zürcher Zeitung*, vom 15/16.11.1975.

Pazi, Margarita (Hg.): *Nachrichten aus Israel*. Deutschsprachige Literatur in Israel, Hildesheim-New York 1981.

Pike, David: *Deutsche Schriftsteller im sowjetischen Exil*, Frankfurt a.M. 1981.

Reich-Ranicki, Marcel: *Die Ungeliebten*, Pfullingen 1968.

Reinhold, Ernest: German Exile Literature: Problems and Proposals. In: *Western Canadian Studies in Modern Languages and Literatures*, Jg. 1970, Nr. 2, S. 75-87.

Rose, William: German Literary Exiles in England. In: *German Life and Letters*, Jg. 1949, Nr. 1, S. 175-85.

Rothe, Wolfgang: *Schriftsteller und totalitäre Welt*, Bern und München 1966.

Rühle, Günther: *Literatur und Revolution*, München 1963.

Rühle, Günther: *Zeit und Theater*, Bd. 3: *Diktatur und Exil 1933-1945*, Berlin-Wien 1974.

Sahl, Hans: Emigration — Eine Bewährungsfrist. In: *Das Neue Tagebuch*, 3. Jg. (1935), Heft 2, S. 45.

Sander, Hans Dietrich: *Geschichte der Schönen Literatur in der DDR*, Freiburg i.Br. 1972.

Schaber, Will (Hg.): *Aufbau, Reconstruction. Dokumente einer Kultur im Exil*, Köln 1971.

Schäfer, Hans Dieter: Zur Periodisierung der deutschen Literatur seit 1930. In: *Literaturmagazin*, Jg. 1977, Nr. 7, S. 95-115.

Schirmer, Lothar (Hg.): *Theater im Exil*, Berlin 1979.

Schlösser, Manfred: Deutsch-jüdische Dichtung des Exils. In: *Emuna*, Nr. 4 vom 4.11.1968, S. 250-65.

Schramm, Hanna: *Menschen in Gurs*, Worms 1977.

Schwarz, Egon—Wegner, Matthias (Hg.): *Verbannung*. Aufzeichnungen deutscher Schriftsteller im Exil, Hamburg 1964.

Schweikert, Uwe: Öfter die Schuhe als die Länder wechselnd. In: *Neue Rundschau*, Jg. 1974, Heft 3, S. 489-501.

Seelmann-Eggebert, Ulrich: Wege und Irrwege der Exilforschung. In: *Neue Zürcher Zeitung* vom 8/9.1.1977.

Serke, Jürgen (Hg.): *Die verbrannten Dichter*, Frankfurt a.M. 1980.

Soffke, Günther: *Deutsches Schrifttum im Exil (1933-1945)*, Ein Bestandsverzeichnis. Bonn 1965.

Solzhenitsyn, Alexander: As Breathing and Consciousness Return. In: Alexander Solzhenitsyn (Hg.): *From under the Rubble*, Boston-Toronto 1974.

Spalek, John M.—Bell, Robert F. (Hg.): *Exile: The Writer's Experience*, Chapel Hill 1982.

Spalek, John M.—Strelka, Joseph P. (Hg.): *Deutsche Exilliteratur seit 1933*. Bd. I. Kalifornien, Bern und München 1976.

Sperber, Manès: *Zur Analyse der Tyrannis*, Wien 1975.

Stephan, Alexander: *Die deutsche Exilliteratur 1933-1945*, München 1979.

Stern, Erich: *Die Emigration als psychologisches Problem*, Boulogne-sur-Seine 1937.

Stern, Guy: Über das Fortleben des Exilromans in den sechziger Jahren. In: Wolfgang Paulsen (Hg.): *Revolte und Experiment*, Heidelberg 1972, S. 165-185.

Stern, Guy–Wartenberg, Dorothy: Flucht und Exil. Werkthematik und Autorenkommentare. In: Hans Wagener (Hg.): *Gegenwartsliteratur und Drittes Reich*, Stuttgart 1977, S. 111-32.

Strelka, Joseph–Bell, Robert F.–Dobson, Eugene (Hg.): *Protest – Form – Tradition*, O.O. (= Tusaloosa) 1979.

Tassi-Müller, Claudia: *L'esilio degli 1933 segg.: scrittori tedeschi e di lingua tedescha*, Diss., Firenze 1952.

Ter Braak, Menno: Emigranten-Literatur. In: *Das Neue Tagebuch*, 2. Jg. (1934), Heft 52, S. 1244-45.

Trapp, Fritjof: *Deutsche Literatur zwischen den Weltkriegen II: Exilliteratur*, Bern 1982.

Vordtriede, Werner: Vorläufige Gedanken zu einer Typologie der Exilliteratur. In: *Akzente*, Jg. 1968, Heft 6, S. 556-75.

Wächter, Hans Christoph: *Theater im Exil*, München 1973.

Wegner, Matthias: *Exil und Literatur*, Frankfurt a.M. 1968.

Weissenberger, Klaus: Dissonanzen und neugestimmte Saiten. Eine Typologie der Exillyrik. In: *Literaturwissenschaftliches Jahrbuch*, Jg. 17 (1976), S. 321-42.

Werner, Renate: Transparente Kommentare. Überlegungen zu historischen Romanen deutscher Exilautoren. In: *Poetica*, Jg. 1977, 3-4, S. 324-51.

Winkler, Michael (Hg.): *Deutsche Literatur im Exil 1933-1945*, Stuttgart 1977.

Würzner, Hans (Hg.): *Zur deutschen Exilliteratur in den Niederlanden*, Amsterdam 1977.

Zuckmayer, Carl: Aufruf zum Leben. In: *Aufbau* (New York), 8. Jg. (1942), Nr. 12, S. 3.